Ben Ryder Howe

Begrabt mein Herz im Tiefkühlfach

Mein Jahr als Ladenhüter

Aus dem Amerikanischen
von Nina Pallandt

Ullstein

Besuchen Sie uns im Internet:
www.ullstein-taschenbuch.de

Deutsche Erstausgabe im Ullstein Taschenbuch
1. Auflage Oktober 2012
2. Auflage 2012
© für die deutsche Ausgabe Ullstein Buchverlage GmbH, Berlin 2012
© 2010 by Ben Ryder Howe
Die amerikanische Originalausgabe erschien 2010 unter dem Titel
My Korean Deli bei Henry Holt and Company, LLC
Die Übersetzungen aus *Nighthawks* von Stuart Dybek und
The Elements of Style von William Strunk und E. B. White
stammen von Nina Pallandt
Umschlaggestaltung: semper smile Werbeagentur, München
Titelabbildung: © Gala Narezo
Satz: KompetenzCenter, Mönchengladbach
Gesetzt aus der: Rotis Serif
Papier: Holmen Book Cream von Holmen Paper Central Europe,
Hamburg GmbH
Druck und Bindearbeiten: GGP Media GmbH, Pößneck
Printed in Germany
ISBN 978-3-548-37459-8

Für Dwayne Wright
(1968–2009)

»Die meisten Menschen aus den Slums leiden unter der Zauberer-von-Oz-Krankheit: Sie gehen nirgendwohin, ohne drei andere Leute im Schlepptau zu haben. Nach dem Motto: ›Ich bin der Blechmann und habe kein Herz. Hilfst du mir, eins zu finden? Ich trau mich nämlich nicht allein aus Brooklyn raus.‹«

Erster Teil

Aufwärmen

Letzten Sommer beschlossen die Familie meiner Frau und ich, ein Deli zu kaufen. Dank Darlehen von drei Verwandten, zwei neuen Kreditkarten und den dreißigtausend Dollar, die wir uns als Untermieter im Keller meiner Schwiegermutter in Staten Island vom Munde abgespart hatten, waren wir im Herbst eigentlich startklar. Nun haben wir November und klappern New York City nach einem geeigneten Ladenlokal ab.

Wir haben verschiedene Ansichten, wie der Laden aussehen sollte. Meine Schwiegermutter Kay – der Mike Tyson der koreanischen Großmütter – wünscht sich eine von diesen Imbissbars mit einer Wärmetheke aus rostfreiem Edelstahl, deren Temperatur stets genau unter dem Hitzegrad liegt, der Bakterien abtötet, sprich Krankheitserreger erst so richtig gedeihen lässt. Sie will pappig-süße oder auch pappig-salzige Mahlzeiten anbieten, die den ganzen Tag in der staubigen New Yorker Hitze vor sich hin dampfen, während die Laufkundschaft sie aus nächster Nähe in Augenschein nimmt und darin herumstochert. Kay glaubt, dass man mit einer Wärmetheke eine Menge Geld verdienen kann, über Mittag sogar mehrere tausend Dollar. Außerdem soll der Laden rund um die Uhr und auch zu Weihnachten und am

Labor Day geöffnet sein. Und nicht zuletzt soll er sich mitten in Manhattan befinden, an einer Straße, auf der es von Touristen und Büroangestellten nur so wimmelt.

Ich weiß nicht genau, was ich will, aber jedenfalls kein 24-Stunden-Deli mit Wärmetheke in der Innenstadt. Mir vergeht schon der Appetit, wenn ich nur an einem Imbiss mit Wärmetheke vorbeilaufe. Ich kriege die Motten, wenn ich irgendwo gegrillte Spareribs sehe. Klar, ich muss ja selbst nicht essen, was wir verkaufen, wenn wir ein Deli mit Wärmetheke aufmachen, sondern bloß hinter der Theke stehen und die Kundschaft bedienen. So stellt Kay es sich jedenfalls vor. Aber Kay hat einen unfairen Vorteil: Vor vielen Jahren, kurz nach ihrer Ankunft in Amerika, hat sie ihren Geruchssinn verloren; seitdem kann sie Freesienduft nicht mehr vom Gestank einer Bahnhofstoilette unterscheiden. Mein Geruchssinn hingegen funktioniert nach wie vor prächtig.

Glücklicherweise hat sie mich mit der Immobiliensuche betraut, und bis jetzt ist es mir gelungen, uns vor einem Deli zu bewahren, das warme Mahlzeiten verkauft. Mit dem Ergebnis, dass Kays Frust immer größer wird.

»Was ist los?«, fragte sie mich gestern. »Willst du etwa kein Geld verdienen? Sollen wir als arme Schlucker sterben?«

Berechtigte Fragen. Einer meiner größten Fehler besteht darin, dass mir Geld ziemlich wenig bedeutet und mein Ehrgeiz dementsprechend gering ausgeprägt ist. Was sich beispielsweise auch bei der Suche nach einem geeigneten Ladenlokal zeigt. Nennen Sie mich einen Snob, aber irgendwie erscheint mir ein traditioneller

Feinkostladen angemessener als ein Imbiss, in dem Schlangenfraß en gros in Styroporbehältern verkauft wird. Aber ist das wichtig? Schließlich geht es um den Kauf eines Imbisslokals, nicht um ein Auto oder ein Ferienhaus. Und wenn es mir so wichtig ist, ein Geschäft zu besitzen, das unserer würdig ist, wieso investieren wir unser Geld dann nicht in eine Buchhandlung oder eine Bäckerei?

Verstehen Sie mich nicht falsch: Eigentlich habe ich gar nichts dagegen, Inhaber eines Delis zu werden. Im Grunde gefällt mir die Idee sogar. Schon seit Ewigkeiten hat sich niemand aus meiner Familie mehr von seiner Hände Arbeit ernährt. Und wieso lasse ich hier den Snob heraushängen, nachdem ich mit Ach und Krach die Highschool geschafft und anschließend mein Jurastudium abgebrochen habe?

Ich sag's Ihnen. Weil ich jung bin (mit 31 geht man ja wohl noch als jung durch, oder?) und es mir leisten kann. Als ich siebzehn war, hatte ich einen Aushilfsjob an einer Tankstelle in einem Vorort von Boston, eine völlig hirnlose, aber gewissermaßen auch traumhafte Tätigkeit. Ich fand es toll, nach Benzin stinkend nach Hause zu kommen. Ich fand es toll, in die Autos anderer Leute zu linsen, während ich ihnen den Dreck von der Windschutzscheibe wischte. Ich fand es toll, mit Autofahrerinnen zu flirten, die doppelt so alt wie ich waren.

Wer weiß, wie ich mich gefühlt hätte, wenn mir bewusst gewesen wäre, dass mich weitere fünfzig Jahre als Befehlsempfänger erwarteten.

***

Heute sehen wir uns ein Deli mit Wärmetheke an. Diese Neuigkeit wurde mir am Morgen von eincr Riesin überbracht, einer Gestalt wie aus einem Mutanten-Horrorfilm, deren Schatten sich drohend über meinem Bett erhob, bis ich aus dem Schlaf schreckte und folgende Worte vernahm: *Zwei Wochen, und du hast immer noch nichts auf die Reihe bekommen! Ab heute zeig ich dir, wie man's macht!* Als das Ungeheuer mein Zimmer verließ, meinte ich Ketten klirren zu hören.

Den Rest des Morgens verbringe ich aus Protest unter der Decke, bis meine Frau Gab sich mit einer Tasse Kaffee zu mir ans Bett setzt.

»Ich will, dass du meine Mutter begleitest«, sagt Gab. »Ich kann nicht mitkommen, ich habe noch was zu erledigen.«

Der Laden befindet sich nahe dem Times Square und heißt »Delicious Mountain« oder so ähnlich. Die koreanischen Inhaber behaupten, dass sie am Tag 8000 Dollar einnehmen. Ich glaube kein Wort davon, aber Kay ist Feuer und Flamme.

»Keine Angst vor der Wärmetheke«, sagt sie während der Hinfahrt im Auto. »Wenn's ein bisschen streng riecht, halt einfach den Atem an und denk ans große Geld.«

Ich atme tief aus und versuche, ihren Ratschlag zu beherzigen, doch statt an Berge von Banknoten muss ich pausenlos an trockenen Hackbraten in geronnener Soße und den Geruch von Kochschinken denken. Und so konzentriere ich mich auf die Fahrt in die Stadt, die bedrohlich funkelnden Wolkenkratzer, die Silhouetten von Bankern und Anwälten hinter getönten Fensterscheiben hoch über dem Verkehr, die gigantischen Fernsehbildschirme, auf denen Models mit hohen Wangenknochen mit den neuesten Handymodellen telefonieren, und meine künftigen Genossen im Niedriglohnsektor: Pizzaboten, Tarotkartenleser, unbewaffnete Wachmänner und DVD-Schwarzhändler.

Die Inhaberin des Deli ist eine erschreckend forsche Frau namens Mrs. Yu. Sie ist dicklich, hat einen schlimmen Überbiss und trägt, was offenbar die offizielle Uniform aller koreanischen Deli-Inhaber darstellt: eine Daunenweste und eine Yankees-Baseballkappe, die sie sich über die krausen Haare gezogen hat. Sie ist etwa so alt wie Kay – Mitte fünfzig –, gehört also zu jener Generation von Koreanern, die in den Achtzigern nach Amerika gekommen sind und sich als erfolgreichste Einwanderergruppe aller Zeiten erwiesen haben. Sie haben die Griechen und Italiener aus den Delis verdrängt, die Schnellreinigungen der Chinesen und die Nagelstudios der Afroamerikaner übernommen und mit ihren Kindern dafür gesorgt, dass schlechte Schüler wie ich an Traditionsuniversitäten keinen Studienplatz mehr bekommen.

»Ich heiße Gloria Yu«, stellt sie sich vor, als wir das Deli betreten. »Mein Laden ist eine echte Goldgrube.« Sie zwinkert mir zu. »Für eine halbe Million gehört er Ihnen.«

Schwer vorstellbar, dass ein kleiner Lebensmittelladen eine halbe Million wert sein soll, selbst wenn sie hier das Sixpack Budweiser womöglich für zwölf Dollar verkaufen. Aber für Gloria Yus Geschäft könnte es tatsächlich ein realistischer Preis sein. Der Laden erinnert mich an ein Buddelschiff. Irgendwie ist es Gloria gelungen, einen kompletten Supermarkt hineinzuquetschen, in ein Ladenlokal, in das sonst vielleicht ein kleines Restaurant oder ein Blumengeschäft passen würde. Die Regale beherbergen Tausende von Artikeln und Produkten, und nichts scheint zu fehlen. Als altem Paranoiker kommt mir zwangsläufig der Gedanke, dass man hier im Falle einer Katastrophe, beispielsweise einer Überschwemmung oder einer Giftwolke, monatelang überleben und sogar jeden Tag etwas anderes essen könnte.

»Also.« Gloria Yus Stimme bebt erwartungsvoll, als sie das Wort an mich richtet. »Ist das Ihr erster Laden?«

»Ja, genau«, erwidere ich schuldbewusst.

»Wusste ich's doch!« Um ein Haar hüpft sie vor Aufregung auf und ab. »Sie sehen auch überhaupt nicht wie ein *normaler* Ladenbesitzer aus.« Ein paar Kunden blicken argwöhnisch in unsere Richtung.

»Wo kommen Sie denn her?«, hakt sie nach.

»Ähm, Boston.«

»Boston? Doch wohl nicht Boston, Massachusetts? Nein, nein, nein. Nein, nein, nein.«

»Was meinen Sie damit?«, frage ich irritiert. »Da bin ich geboren.«

»Davon rede ich nicht«, gibt sie zurück. »Woher stammt Ihre Familie?«

»Ursprünglich, meinen Sie? Wo meine Vorfahren herkommen? Na ja, ebenfalls von hier, schätze ich. Jedenfalls ist mir nichts anderes bekannt.«

»Hmm.« Nachdenklich reibt sich Gloria Yu das Kinn. »Sehr interessant. Okay, ich zeig Ihnen mal den Laden.«

Sieht ganz so aus, als würde sie mich für eine Art Sonderling halten. Gar nicht schlecht, wenn sie das davon abhält, uns ihr Deli zu verkaufen.

»Gehen Sie ruhig mit Kay vor«, sage ich. »Ich sehe mich in der Zwischenzeit allein um.«

Bin ich ein Sonderling? Wieso graut mir vor Wärmetheken?

Plötzlich frage ich mich, ob meine Angst damit zu tun hat, dass ich mich nicht festlege, schlicht nicht ins kalte Wasser springen will. Vielleicht sollte ich einfach mal eine Portion Chop Suey essen, bevor ich mir in die Hose mache.

»He, Sie da!«, höre ich jemanden sagen.

Ich blicke mich um, kann aber niemanden entdecken. Kay und Gloria sind zwischen den Regalreihen verschwunden. Ich stehe in der Getränkeabteilung, umringt von diversen Kühlschränken mit Glastüren und Kästen mit allen möglichen Limos und Bieren.

»He, Mister!«

Ich sehe immer noch niemanden.

»Hier drüben«, sagt die Stimme. »Hier drin.« Und jetzt erspähe ich den Mann, dem die Stimme gehört – einen Koreaner mit schütterem Haar in einer Daunenweste, der sich anscheinend in einem der Kühlschränke eingesperrt hat.

»Hallo!«, sagt er, während er sachte von innen an die Scheibe klopft.

»Ja?« Ich öffne die Kühlschranktür. Der Gefangene steht hinter einer Ablage für Softdrinks. Nur seine rechte Hand ragt zwischen den Flaschen hindurch.

»Ich bin Mr. Yu«, sagt er. »Sie sind gekommen, weil Sie mein Geschäft kaufen wollen, stimmt's?«

»Oh«, antworte ich. »Nett, Sie kennenzulernen.« Sollte mich jemand beobachten, muss es unweigerlich so wirken, als würde ich mich mit ein paar Flaschen Wasser unterhalten. Es handelt sich um einen dieser Kühlschränke, die man durch die Hintertür frisch bestücken kann. Von Mr. Yu ist weiterhin nicht viel mehr als seine Hand zu sehen.

»Sehr gutes Geschäft«, sagt Mr. Yu fröhlich und vollführt eine dramatische Geste mit der Hand, wobei er meinem Hosenlatz gefährlich nahe kommt. »8000 am Tag sind kein Problem. Kann ich Ihnen etwas zu trinken anbieten?« Er deutet auf die Flaschen. »Was mögen Sie am liebsten? Nehmen Sie sich, was Sie wollen.«

»Danke«, sage ich zu seiner Hand, während ich nach einer Flasche Code Red greife. »Ja, hübscher Laden.« Mr. Yu will etwas antworten, doch bevor er dazu kommt, schließe ich sacht die Tür, ehe ich mich aus einem Impuls heraus feierlich vor dem Kühlschrank verbeuge.

»Okay, Mister Amerika«, sagt Gloria Yu, die zusammen mit Kay hinter mir auftaucht. »Na, wollen Sie mein Deli kaufen?« Erneut zwinkert sie mir zu und sagt etwas auf Koreanisch zu Kay – offenbar etwas unglaublich Witziges, da die beiden in hysterisches Gelächter ausbrechen.

»Was ist denn so lustig?«, frage ich.

»Ach, nichts Besonderes«, erwidert Gloria Yu und fügt geheimnisvoll hinzu: »Bald geht's bestimmt wieder aufwärts.«

»Was? Wovon reden Sie?«

»Keine Sorge. Bald sind Sie wieder auf der Siegerstraße! Aber zuerst ...« Ein tückisches Lächeln umspielt ihre Lippen. »Kommen Sie. Ich wollte Ihnen und Ihrer

Schwiegermutter nämlich noch zeigen« – mit der weit ausladenden Geste einer Gameshow-Assistentin deutet sie auf die Wärmetheke – »wo unsere Spezialitäten zubereitet werden.«

Wir folgen Gloria in den Keller des Ladens, wo es schnell ziemlich eklig wird. Der Keller ist eng, die Beleuchtung schummrig; mit jedem Schritt wird es heißer, und der Chop-Suey-Mief schwängert die Luft wie eine Mülltonne voller Babywindeln. Wir stoßen auf sechs Mexikaner mit dicken feuerfesten Handschuhen und Stahlkappenstiefeln – Arbeitskleidung, die eher in ein Stahlwerk als in eine Küche passt. Offenbar wird das für die Wärmetheke bestimmte Essen nicht schonend gegart, sondern in einem Ofen, der aus den Restbeständen einer Eisenhütte zu stammen scheint, brutalster Hitze ausgesetzt. Es wird auch nicht etwa frisch zubereitet, sondern fertig von einem Hersteller für Kantinen- und Krankenhauskost in Connecticut geliefert.

Ich bin entsetzt, und Kay scheint deswegen ein schlechtes Gewissen zu haben. Auf dem Heimweg rechne ich zuerst mit der üblichen Häme und Verachtung, doch sie bleibt stumm. Und als wir über die Verrazano-Narrows-Brücke zurück nach Staten Island fahren, sagt sie plötzlich, sie habe es sich anders überlegt.

»Wir brauchen einen kleinen Laden, ein Familienunternehmen. Außerdem traue ich der Frau nicht über den Weg. Wenn das Geschäft wirklich 8000 Dollar pro Tag abwirft, wieso arbeiten sie und ihr Mann dann noch selber mit?«

Als wir ein paar Minuten später zu Hause vorfahren, steht Gab in der Einfahrt und tut so, als habe sie schon auf uns gewartet, obwohl sie bloß rasch eine Zigarette geraucht hat. Zu allem Überfluss hat sie auch noch schlechte Nachrichten.

Sie beugt sich zum Fenster und steckt den Kopf herein, hält aber ein wenig Abstand, damit mir ihr Raucheratem nicht ins Gesicht schlagen kann.

»Ich habe den perfekten Laden gefunden«, sagt sie.

***

Es war nicht meine Idee, ein Deli zu kaufen. Die Idee war meiner Frau an ihrem dreißigsten Geburtstag gekommen. Für Menschen, die dazu neigen, ihre eigenen Leistungen an denen ihrer Eltern zu messen, ist dreißig ein ziemlich kritisches Alter. Gab hatte besondere Schwierigkeiten damit.

»Was habe ich im Leben schon erreicht?«, fragte sie mich.

Ich erinnerte sie daran, dass sie eine der angesehensten Universitäten der Welt (die University of Chicago, an der wir uns vor fast zehn Jahren kennengelernt hatten) besucht und ihr Jurastudium mit Auszeichnung abgeschlossen hatte. Sie hatte sogar eine glorreiche Karriere als Rechtsanwältin in einer Manhattaner Kanzlei vor sich gehabt, dann aber von einem Tag auf den anderen beschlossen, alles hinzuwerfen, um ein Deli für ihre Mutter zu eröffnen.

»Und?«, gab sie wütend zurück. »Hast du eine Ahnung, was meine Mutter mit dreißig schon alles geschafft hatte? Sie musste drei Kinder aufziehen, und das ohne das kleinste bisschen Unterstützung von meinem Vater. Sie hatte einen eigenen Laden. Sie war drauf und dran, nach Amerika auszuwandern, in ein unbekanntes, völlig fremdes Land. Und all das mit dreißig!«

Ich überlegte, ob ich sie daran erinnern sollte, dass ihre Mutter nie eine Universität besucht hatte – in dieser Hinsicht war Gab ihr haushoch überlegen –, aber mir war klar, dass sie das nicht hören wollte.

In den folgenden Monaten verwandelte sich Gabs Geburtstagsparanoia in die fixe Idee, ihrer Mutter etwas schuldig zu sein. Ich hatte irrtümlich angenommen, dass sie diese Schuld durch ihren beruflichen Erfolg bereits beglichen hatte. Doch im Laufe des Jahres stellte sich heraus, dass Gab sich damit nicht zufriedengeben wollte. Sie nahm sich vor, ihrer Mutter etwas von dem zurückzugeben, das diese zurückgelassen hatte, als sie nach Amerika gekommen war: ihren Laden. Und dafür war Gab bereit, ihre Ehe aufs Spiel zu setzen.

Früher hatte Kay eine Bäckerei mit typisch koreanischen Leckereien betrieben. Manchmal sprach sie so sehnsüchtig davon, dass man sich fragte, wie sie mit dem Verlust je fertig geworden war. Doch solange Amerikaner nicht urplötzlich einen Heißhunger auf Mungbohnenbällchen und klebrigen Reiskuchen bekamen, stand eine koreanische Bäckerei nicht zur Debatte. Aber Kay wusste, wie man ein Deli betrieb, nachdem sie zwanzig Jahre lang für verschiedenste Supermarktketten gearbeitet hatte. Trotzdem musste berücksichtigt werden, dass sie nicht mehr die Jüngste war. Obwohl sie für ihre fünfundfünfzig Jahre noch erschreckend viel Kraft besaß (ihre einzige Schwäche bestand darin, Verwandten keinen Gefallen abschlagen zu können), litt sie immer öfter an Erschöpfungszuständen, die sie mitunter tagelang ans Bett fesselten. Sie rauchte nach wie vor, hatte ein wenig Übergewicht, und immer wieder fand sie Mittel und Wege, die Arzttermine zu schwänzen, die ihre Kinder für sie vereinbart hatten.

Doch es ging nicht allein um ihre körperliche Verfassung. Amerika hatte sie auf geheimnisvolle Weise verändert; niemand wusste, warum sie ihren Geruchssinn verloren hatte. Und dann stand noch die Frage im Raum, warum sie nie wieder einen eigenen Laden eröffnet hatte. Aus Angst? Hatte sie die Anstrengung gescheut oder schlicht den Antrieb verloren? Litt sie vielleicht sogar unter Depressionen? Keiner wusste etwas Genaueres, da Kay über ihre Gefühle etwa so häufig zu sprechen pflegte, wie sie zum Arzt ging (Gefühle zu zeigen war für sie in Ordnung, Diskussionen darüber tabu). Aufgrund ihrer komplexen Persönlichkeit mochte von allem ein bisschen zutreffen. Doch der einzige offensichtliche Grund, warum sie keinen Laden eröffnet hatte, war das fehlende Geld. Um ein Geschäft zu eröffnen, braucht man Geld, und um die Zeit, als Gab ihren dreißigsten Geburtstag feierte, hatten wir zum ersten Mal während unserer Ehe ein paar Dollar auf der Bank – eine Summe, die wir hüteten wie unser liebes Leben. Vorher hatten wir nie etwas sparen können, und nun war es, als hätten wir plötzliche magische Kräfte entwickelt. Noch wichtiger aber war, dass uns das Geld endlich wieder unabhängig machen würde, da wir nicht vorhatten, den Rest unseres Lebens in Kays Haus auf Staten Island zu verbringen.

Neun Monate zuvor waren wir dort in den Keller eingezogen, nachdem der befristete Mietvertrag für unser Apartment in Brooklyn ausgelaufen war. Wir hatten es ohnehin satt, unserem Vermieter, einem ehemaligen Börsenmakler aus Bensonhurst, weiterhin unser sauer verdientes Geld in den Rachen zu werfen, mal ganz abgesehen davon, dass die Leitungen im Haus so verlegt worden waren, dass es alle Naselang einen Kurzschluss gab. Wir wollten unsere eigenen vier Wände und eine Familie gründen, und als der Mietvertrag auslief, beschlossen wir, die Gelegenheit beim Schopf zu ergreifen. Kays Haus sollte uns als zeitweiliger Unterschlupf dienen, während wir uns auf Immobiliensuche begaben.

Tiefe Scham begleitete unseren Umzug in Kays Haushalt, doch war das nichts im Vergleich zu dem Gefühl, fortan unser Leben in Staten Island fristen zu müssen, dem ödesten Viertel von New York City – der Friedhof der Trends von vorgestern, eine derart gottverlassene Gegend, dass es hier nicht mal ein Starbucks gibt, geschweige denn ein Thai-Restaurant, sondern bloß Einwanderer aus der ehemaligen Sowjetunion und Menschen, die vor Umweltkatastrophen oder Bürgerkriegen geflohen sind und sich vielleicht deshalb im grauen Dunst der hiesigen Industrielandschaft heimisch fühlen. Wie Gab und ich schnell herausfanden, waren unsere Freunde alles andere als scharf darauf, uns in unserer neuen Umgebung zu besuchen. »Weht der Gestank von der Mülldeponie zu euch rüber?«, fragten sie. »Sprecht ihr schon mit Staten-Island-Akzent?« Wir schworen hoch und heilig, dass sie keine Kapuzenjacken tragen müssten und auch nicht nach Mief stinken würden, aber trotzdem wollte keiner bei uns vorbeikommen.

Unser Zimmer befand sich im Keller. Es hatte genau ein Fenster: einen schuhschachtelgroßen Ausguck auf

Augenhöhe, der es uns erlaubte, gelegentlich einen Blick auf ein Paar Knöchel zu erhaschen. Einer der Nachbarn hatte einen gelangweilten alten Kater, der sich ab und an vor das Fenster hockte und uns beim Ausziehen zusah; wahrscheinlich fragte er sich, welche degenerierte Spezies unter der Erde wohnte, um sich die Knöchel anderer Arten anzusehen. Über unseren Köpfen trampelten den lieben langen Tag Verwandte von Gab herum, die kürzlich aus Korea zu Besuch gekommen waren und sich sichtlich wunderten, was wir hier zu suchen hatten. »In Korea lebt man ja so lange wie möglich bei seinen Eltern«, sagten sie. »Aber hier in Amerika gibt's doch genug Wohnungen für alle.« Einige von Gabs Verwandten blieben Monate und quetschten sich zu dritt ins Gästezimmerbett. Manche von ihnen sprachen kein Wort Englisch, was ihnen aber komplett egal sein konnte, da bei Kay ausschließlich ein Fernsehsender lief, der rund um die Uhr koreanische Soaps zeigte, das Radio ebenfalls auf einen koreanischen Sender eingestellt und der Kühlschrank mit Sojabohnensuppe, Seeschnecken und Kimchi vollgepackt war. Nur mir konnte es nicht egal sein, da ich nicht auf koreanisches Essen stand und auch kein Wörtchen Koreanisch sprach.

In den ersten drei Monaten hatten Gab und ich kein einziges Mal Sex. Viel zu gefährlich. In asiatischen Haushalten trägt grundsätzlich niemand Schuhe, weshalb man nie hört, wenn gerade jemand im Anmarsch ist. Und da in Kays Haus generell die Regel gilt, dass ein unbenutztes Hemd demjenigen gehört, der es als Erster anzieht, platzten dauernd irgendwelche Verwandten herein, in der Hoffnung, ein Plätzchen in *unserem* Bett zu erwischen.

Vom ersten Tag an wünschten wir uns nichts sehnlicher, als wieder aus diesem Keller herauszukommen, was dazu führte, dass wir in knapp einem Jahr 30000 Dollar zusammengespart hatten. Dann aber kam Gabs dreißigster Geburtstag, und plötzlich spielte unsere Misere keine Rolle mehr. Vielmehr schien sich Gab immer besser zu fühlen, je länger unsere Notlage anhielt. »Mach dir keine Sorgen«, sagte sie zu mir. »Ausziehen können wir ja trotzdem.« Sie hatte einen Plan. Wenn wir einen Laden eröffneten, würden wir als Inhaber und Kay als Geschäftsführerin firmieren. Mit dem Gewinn des Ladens würden wir unser Bankkonto sanieren, und wenn der Laden erst einigermaßen lief, würden wir ihn Kay überschreiben und wieder in unser altes Leben zurückkehren.

Dieser Plan war so bescheuert und so zielsicher zum Scheitern verurteilt, dass er genauso gut von mir hätte stammen können.

❖ ❖ ❖

Gabs »perfekter« Laden befindet sich in Brooklyn, einem sehr beliebten Viertel, dem Kay allerdings ganz und gar nichts abgewinnen kann, von Gabs anderen Verwandten ganz zu schweigen. Für die Paks ist Brooklyn nichts weiter als eine schmutzige, gefährliche Gegend, in der es weder koreanische Restaurants noch Supermärkte gibt und die Manhattan in puncto Potential und Prestige bei weitem nicht das Wasser reichen kann. Außer als Durchgangsstation auf der Fahrt zum Flughafen spielt Brooklyn in ihrem Leben keine Rolle.

»Der Laden gehört Leuten aus Nordkorea«, berichtet Gab mit leuchtenden Augen. Das sind hervorragende

Neuigkeiten, da Absolventen der Kim-Il-Sung-Schule für neostalinistisches Unternehmertum sich wahrscheinlich nicht gerade durch große Wettbewerbsfähigkeit auszeichnen. Unsere Chancen stehen gut, den Laden unter Wert zu bekommen.

Doch als wir dann vor dem Deli stehen, stockt uns der Atem. Mit diesem Anblick hätten wir niemals gerechnet. Obwohl sich der Laden in einem Szeneviertel mit schicken Restaurants befindet, die Desserts für elf Dollar auf der Karte haben, ist er selbst ... also, ich habe Jagdhütten mit exklusiverer Ausstattung gesehen. Die Regale sind leer, und der Laden sieht aus, als habe eine Bombe eingeschlagen. In den Ecken liegt abgebröckelter Putz, und die fadenscheinige Markise flattert in der steifen Novemberbrise.

Die Inhaber, ein älteres Paar und seine beiden altjüngferlichen Töchter, sind ausnehmend freundlich, doch unser Treffen wird mit jeder Minute bizarrer. »Landeier«, flüstert Kay mir zu, als die beiden uns durch die Räumlichkeiten führen. Sie wirken wie Menschen aus einem anderen Jahrhundert, haben einen merkwürdigen Akzent und benutzen Worte, die Kay und Gab noch nie gehört haben. Beide haben braune, faule Zähne und schneiden sich die Haare offenbar selbst.

Der Zustand des Ladens ist ihnen peinlich. Die beiden entschuldigen sich tausend Mal und wollen uns zum Essen einladen. Sie führen uns in die Küche, wo eine seltsame dunkelrote Brühe in einem schwarzen Kessel vor sich hin brodelt. »Nein, danke«, sagen wir unisono. Neben dem Ofen erspähe ich einen Karton, in dem sich Reste von Gemüsekisten, Reisig und anderes Feuerholz befinden. Gab geht zur Toilette und kehrt mit alarmierter Miene zurück – das Klo befinde sich in einer improvisierten Kabine mit notdürftig zusammengeklebten Pappwänden, flüstert sie mir zu.

Dieser Ort hat seine Geheimnisse. Ich beginne mich wie ein Eindringling zu fühlen. Wir fragen, ob wir einen Blick in den Keller werfen dürften.

Die Inhaber wechseln einen nervösen Blick. »Okay«, sagt der Mann. »Kommen Sie mit.«

Dort unten ist nichts, dessen sie sich schämen müssten – nur das Gesundheitsamt wäre sicher nicht begeistert. Die Inhaber wohnen offenbar hier unten; wir sehen Betten, allerlei Möbel, und mitten durch den Raum zieht sich eine Wäscheleine, an der feuchte Sachen hängen. Da wir selbst unter Tage leben, halten Gab und ich uns zurück, aber Kay ist sichtlich entsetzt. Den überall brennenden Kerzen nach zu urteilen müssen die Stadtwerke den Strom abgestellt haben, und das Brennholz, das ich in der Küche gesehen habe, wird anscheinend zum Heizen benutzt. Dann erfüllt plötzlich ein lautes Grollen den Keller; die Wände wackeln wie bei einem Erdbeben, und wir hören, wie auf der anderen Seite der Kellerwand die U-Bahn vorbeidonnert.

»Bei dem Lärm tun Sie doch nachts kein Auge zu«, sage ich zu dem Mann.

»Auge was?«, gibt er zurück.

Wir gehen wieder nach oben und sehen uns noch ein bisschen um. Der Laden ist eine einzige Katastrophe – Kunden haben sich während unseres Aufenthalts auch nicht blicken lassen –, aber wenn wir ein wenig Arbeit hineinstecken, könnte sich durchaus etwas daraus machen lassen, und in der Umgebung wohnen lauter Leute mit dicken Portemonnaies. Die Inhaber wollen 75 000 Dollar, und wir bekunden unser Interesse.

Dann warten wir tagelang, aber nichts tut sich. Inzwischen suchen wir schon seit gut drei Monaten nach einem Laden, und allmählich sind die Paks mit ihrer Geduld am Ende.

»Das kann doch nicht so schwer sein, Herrgott noch mal!«, platzt Gab heraus. »In New York gibt es doch Tausende von Delis. Du lieber Himmel, wir suchen doch keinen Supermarkt. Wir wollen bloß ein kleines Geschäft, das ist alles.«

»Vielleicht ist das ein Zeichen«, sagt Kay. »Dass wir kein Deli aufmachen sollen.«

Aber die Alternativen – zur Debatte standen unter anderem ein 24-Stunden-Fotogeschäft, ein Fischladen und die Übernahme einer Subway-Filiale – haben wir längst durchdiskutiert und allesamt wieder verworfen. Die Paks wissen, wo ihre Stärken liegen.

Dann rufen die Inhaber des Ladens in Brooklyn doch noch an. Sie informieren Gab, dass sie nun doch nicht verkaufen wollen – warum, bleibt ebenso im Dunkel wie ihr Keller. Sie sind überaus freundlich und höflich, aber völlig undurchschaubar. Als wir einen Monat später an ihrem Geschäft vorbeifahren, um herauszufinden, ob sie die Wahrheit gesagt haben, sehen wir, dass der Laden tatsächlich keinen neuen Besitzer hat. Stattdessen ist er geschlossen, dunkel und verrammelt. Ein paar Tage darauf erfährt Kay aus der koreanischen Gerüchteküche, dass der alte Mann einen Herzinfarkt erlitten hat und die Familie unbekannt verzogen ist.

»Und was machen wir jetzt?«, fragt Kay kopfschüttelnd. »Ich habe keine Kraft mehr. Wenn das so weitergeht, werde ich noch verrückt.«

Wir sehen Gab an, die auf dem Wohnzimmersofa zusammengesackt ist und darin zu versinken scheint, als würde sie von irgendeiner negativen Energie unter dem Haus immer weiter hinabgezogen. Eine ganze Weile spricht sie kein Wort, aber schließlich bricht sie ihr Schweigen.

»Okay, einen Laden schaue ich mir noch an«, sagt sie. »Einen letzten. Aber das war's dann, ein für allemal.«

Kay holt die koreanische Zeitung, und kurz darauf stolpern wir über folgende Kleinanzeige:

Ladenlokal an belebter Straße, helle Räume, neue Kühlschränke... Brooklyn, 170 000 $.

Und so stießen wir auf Salims Geschäft.

Altpapier

Während ich mich darauf vorbereite, New Yorks neuester Deli-Inhaber zu werden, suche ich Zuflucht in meinem Job bei der *Paris Review*, wo ich seit fünf Jahren als Redakteur beschäftigt bin. Meine Stelle bei Amerikas renommiertester Literaturzeitschrift ist wie ein Hafen, der mir Sicherheit und Schutz bietet. Fest steht aber auch, dass ich mich ein wenig zu freimütig über meine Zukunftspläne geäußert habe. Ich habe zu vielen Leuten von meinem Vorhaben erzählt und dabei außer Acht gelassen, dass man nie weiß, wie die anderen darauf reagieren. Wenn ein Baseballprofi plötzlich in der Amateurmannschaft des Vereins spielen muss, ist er von einer Sekunde auf die andere isoliert; eben noch war er ein vollwertiges Mitglied des Teams, und – zack! – schlagartig ist er ein Gespenst, ein Aussätziger, ein Paria. Ich fürchte, dass mir die Kollegen künftig zwar freundlich begegnen (»Tolle Sache, das mit dem Deli! Ich schau auf jeden Fall mal rein!«), mir aber sonst ebenso freundlich aus dem Weg gehen werden, um sich nicht den Fluch der armen Sau einzufangen und ebenfalls hinter der Theke irgendeiner Bude an der Straße zu landen.

Natürlich habe ich es nicht allen erzählt, nur einer

Handvoll Freunden und Kollegen. Vor allem aber habe ich George Plimpton außen vor gelassen, den berühmten Autor, Bonvivant und Herausgeber der *Paris Review*. Sein Verdikt ist es, vor dem mir am meisten graut. Nicht dass George ein Unmensch wäre. Im Großen und Ganzen ist er ein liebenswerter alter Herr, der gern in seinen Boxershorts durch die Redaktion flaniert und nur selten jemanden feuert. Er ist definitiv keiner von diesen pathologisch veranlagten Magazin-Herausgebern, die ihre Mitarbeiter quälen, bis sie mit Mitte dreißig mit einem Herzinfarkt über ihrem Schreibtisch zusammenklappen. Hier in der Redaktion klappt man höchstens über seinem Schreibtisch zusammen, wenn man zu viel gesoffen hat. Aber da gibt es eine Sache, wegen der George sogar seine eigene Mutter feuern würde: mangelnde Loyalität. In puncto Treue und Ergebenheit ist er wie ein Mafiaboss. Und auch wenn es ein Deli keineswegs mit der nächsten Lorrie-Moore-Geschichte oder einem National Magazine Award aufnehmen kann, könnten bei ihm doch Zweifel an meinem Engagement und Arbeitseifer aufkommen.

Noch schlimmer ist, dass ich mir in letzter Zeit öfter freigenommen habe, was George wahrscheinlich nicht entgangen ist. Obwohl es durchaus vorkommt, dass der eine oder andere Redakteur ein ganzes Jahr nicht in der Redaktion auftaucht. Die Gespräche bei der Rückkehr gestalten sich dann etwa so:

»Wo waren Sie?«, fragt George den Redakteur streng.

»In Europa. Ich musste mich selbst finden.«

»Sehr schön«, sagt George. »Na dann, willkommen zurück.« Andere faule Ausreden, mit denen man meistens durchkommt, lauten: *Ich war im Skiurlaub, musste meinen Roman zu Ende schreiben, hatte einen fürchterlichen Kater ...*

Ich habe auch eine Entschuldigung, die ich George aber nicht auf die Nase binden will. Ich leide schon seit einiger Zeit unter einem Burnout, und auch wenn Sie mich für paranoid halten mögen, bin ich der Meinung, dass man eine derartige Phase lieber allein durchsteht, als sie seinem Chef zu beichten. Seinem Vorgesetzten zu offenbaren, dass man den Spaß an der Arbeit verloren hat, ist etwa so, als würde man seiner Frau gestehen, dass man keine Leidenschaft mehr für sie empfindet. *Du darfst das jetzt nicht persönlich nehmen, Schatz, aber ...* Nein, keine gute Idee.

Das Gefühl, ausgebrannt zu sein, beherrschte mich mittlerweile seit ungefähr einem Jahr. Es war keineswegs urplötzlich über mich hereingebrochen, deshalb konnte ich es auch an keinem bestimmten Moment oder Ereignis festmachen; ich wusste nur, dass mir an irgendeinem Punkt jede Motivation abhanden gekommen war. Am beunruhigendsten fand ich, dass ich vollständig das Interesse an dem verloren hatte, was wir publizierten. Es war mir komplett egal, was in der *Paris Review* stand. Manchmal las ich es, manchmal nicht. Um meine eigenen Artikel und Interviews kümmerte ich mich mit der üblichen professionellen Sorgfalt, doch ansonsten war mir alles reichlich schnuppe. Was mich umso mehr wunderte, da ich – so wie alle anderen Mitarbeiter der *Review* – meinem Job eigentlich aus Leidenschaft nachging. Für mich zählte der Spaß, nicht das Geld; es gibt sowieso nicht viel, und die Redakteure der *Review* nehmen für ihre Passion nicht nur magerste Gehälter in Kauf, sondern auch winzige Schreibtische mit zehn Jahre alten Computern, an denen sie im Keller von Georges Stadtvilla arbeiten. Sie stehen so sehr hinter ihrem Job, dass sie Spitzenstories von weltbekannten Autoren wegen eines lausigen Satzes oder einer halbgaren Szene ablehnen – oder auch einfach, weil es *nicht sein/ihr bestes Werk* ist. Sie legen sich derart ins Zeug, dass es zu lautstarken Diskussionen über Kommasetzung, Gedankenstriche und Nebensatzanschlüsse kommt. Inzwischen aber kann ich es kaum mehr ertragen, wenn wieder einmal darüber debattiert wird, warum es diese oder jene Na-ja-Story ins Blatt geschafft hat oder die Richtlinien des *Chicago Manual of Style* zur Kursivsetzung von Fremdwörtern, die ohnehin jeder kennt, schlicht lächerlich sind. Was früher Feuer in mir entfachte, lässt mich inzwischen völlig kalt. Und daran ist keineswegs die Qualität der *Paris Review* schuld, das Schriftsteller wie Philip Roth und Jack Kerouac entdeckt hat und auch weiterhin für anspruchsvolle Literatur und erstklassige Autoren steht. Vielleicht liegt das Problem eher darin, dass mein Job mit keinerlei Risiko verbunden ist.

Was bedeutet das überhaupt – Risiko? Ich bin mir nicht sicher, ob ich darauf eine schlüssige Antwort geben kann. Ich meine kein simuliertes Risiko, kein Risiko mit Gurt und Überdehnschutz wie beim Bungee-Jumping. Ich spreche von der realen Welt, wo jeder gegen jeden kämpft, wo der Mensch des Menschen Wolf ist. Nicht dass es im Literaturbetrieb keine individuellen Risiken gäbe – man kann ein neues Magazin ins Leben rufen und nach zwei Nummern baden gehen, einen

Roman schreiben und verheerende Kritiken kassieren, und auch in unserer Branche kann man den Job verlieren. Das sind zweifellos unangenehme und schmerzhafte Szenarien, aber Angst vor schlechten Kritiken oder Kündigung treibt einen in den meisten Fällen auch nicht früher aus den Federn. Im Literaturbetrieb gehört Scheitern mit zum Berufskonzept, ja, manchmal wird es geradezu erwartet (»Der Künstler ist zum Scheitern verurteilt ... Kunst und Erfolg schließen sich letztlich aus«, wie Donald Barthelme einmal bemerkt hat). Dadurch bekommt das Wörtchen »Risiko« in diesem Zusammenhang einen ziemlich relativen Charakter. Hinzu kommt, dass die Verlagsszene höchst inzestuös ist. Alle haben denselben Obere-Mittelschicht-Hintergrund, jeder kennt jeden, und ob man Karriere macht, hängt nicht in erster Linie vom Talent, sondern von Kontakten und sozialer Vernetzung ab. Und wenn es auf diese Dinge ankommt, kann man sich ohnehin nie sicher sein, ob man gerade Richtung Erfolg oder Richtung Scheitern steuert.

Nein, ein echtes Wagnis bin ich noch nie eingegangen. Wie ist es, aufs Ganze zu gehen – ohne Netz und doppelten Boden?

Natürlich: Ich habe keineswegs vor, Dummheiten zu begehen. Ich werde nichts übers Knie brechen, nichts Unbesonnenes tun. Außerdem bin ich mir ziemlich sicher, dass meine Arbeitsunlust über kurz oder lang wieder verfliegen wird. Denn in Wahrheit kann ich mir nicht vorstellen, die *Review* zu verlassen oder es darauf anzulegen, dass George mich hinauswirft. Und deshalb liegt mir die Sache mit dem Deli schwer im Magen.

❀ ❀ ❀

Heute ist mein freier Tag. Am späten Nachmittag bekomme ich einen Anruf aus der Redaktion. Pat ist dran, Georges Assistentin.

»George will dich sprechen«, sagt sie.

»Mich?«, platze ich heraus. »Wieso das denn?«

»Keine Ahnung. Aber ich glaube, es wäre am besten, wenn du so schnell wie möglich vorbeikommst.«

Ich werfe einen Blick auf die Uhr und überlege, wie lange ich brauche, um im Feierabendverkehr zur Upper East Side zu gelangen. Keine Chance. Ich sage Pat, dass ich es heute nicht mehr schaffe. »Hat George irgendwie durchblicken lassen, was er will?«

»Nein«, antwortet sie.

»Und wie war er so drauf?«

»Irgendwie sauer, wenn du mich fragst.«

»Echt?« Das klingt gar nicht gut. »Und wie hat sich das geäußert?«

Pat gibt einen Seufzer von sich. »Na ja, er hat dreimal nach dir gefragt. Klingt das nicht sauer genug?«

»Okay, okay«, antworte ich. Da George offenbar schwer verschnupft ist, beschließe ich, morgen tatsächlich im Büro vorbeizusehen, was wiederum Gab *so richtig* sauer macht, weil wir den Laden besichtigen wollten, den wir neulich in den Kleinanzeigen entdeckt haben. Mittlerweile hat sich leise Verzweiflung in ihre Stimme geschlichen. Es schlägt ihr aufs Gemüt, dass wir immer noch nichts gefunden haben.

»In New York gibt es über 14 000 Delis.« Sie schüttelt den Kopf. »Und wir kriegen es nicht gebacken, uns auch nur eins davon unter den Nagel zu reißen. Was für Einwanderer sind wir eigentlich? Haben wir überhaupt keinen Biss mehr, oder was?«

Ich weiß nicht, was ich darauf erwidern soll, sondern sage bloß, dass ich erst mal diese Angelegenheit bei der *Review* klären will, was auch immer Georges Unmut hervorgerufen haben mag. Schließlich einigen wir uns darauf, dass ich Kays Wagen nehmen soll, statt wie üblich Fähre und U-Bahn zu benutzen, damit ich so schnell wie möglich zurück in Staten Island sein kann.

Auf meinem Weg zur Upper East Side spiele ich in Gedanken durch, wie ich vor George zu Kreuze kriechen werde. »Bitte, George. Ich mache alles, was Sie wollen, aber tun Sie mir das nicht an. Sie wissen gar nicht, wo ich lande, wenn Sie mich feuern.« Tja, aber vielleicht liegt das eigentliche Problem ja darin, *dass* er es bereits weiß. Aber egal, ob ihm nun jemand von meinen Deli-Plänen erzählt hat oder es schlicht darum geht, dass mein Schreibtisch zu oft unbesetzt ist, ich werde ihm ein unwiderstehliches Angebot machen – nämlich, mich durch die unverlangt eingesandten Manuskripte zu kämpfen, jenen monströsen Berg Altpapier, in dem man zwar alle Jubeljahre ein brillantes Stück Literatur findet, auf dem sich ansonsten aber fast ausschließlich grässliches, unlesbares Zeug stapelt, das jeden Tag körbeweise vom Briefträger angeschleppt wird. Diese Lektüre ist eine Strafe; genauso gut kann man sich einer Lobotomie unterziehen.

Als ich einen Parkplatz gefunden habe, stelle ich fest,

dass ich kein Kleingeld für die Parkuhr dabeihabe. Ich gehe ins nächste Deli, um einen Schein zu wechseln.

»Kann ich Ihnen helfen?«, spricht mich der Inhaber an. Es handelt sich um einen dieser winzigen Läden, in denen man sich vorkommt, als sei man versehentlich in einen Sarg gestolpert. Obwohl das Geschäft gleich um die Ecke der *Review* liegt, betrete ich es so gut wie nie, vor allem wegen der Katzenhaare (tja, hoffentlich sind es welche), die man als Dreingabe bekommt, wenn man frisches Obst oder süßes Gebäck kauft. Ein Übriges tut das Auftreten des Inhabers, der mich, passend zum Sarg stets an einen Bestattungsunternehmer erinnert.

»Moment«, erwidere ich. Eigentlich wollte ich mir bloß einen Dollar in 25-Cent-Münzen wechseln lassen und ein bisschen Zeit schinden, bevor ich George unter die Augen trete, aber der Laden ist wie immer menschenleer, und irgendwie kommt es mir plötzlich unhöflich vor, ihn wieder zu verlassen, ohne etwas gekauft zu haben.

Der Inhaber richtet den Blick wieder auf einen etwa toastergroßen Schwarzweiß-Fernseher, ohne mir weitere Beachtung zu schenken.

Nimm irgendwas, und dann nichts wie raus hier, denke ich mir.

»Hier«, sage ich, während ich nach einer Packung harmlos aussehender Energietabletten neben der Registrierkasse greife. »Und eine Dose Red Bull«, füge ich hinzu. Der Inhaber nimmt eine aus dem Kühlschrank hinter dem Tresen.

Ein bisschen zusätzliche Energie kann ich jetzt gut brauchen, denke ich, als ich auf die Straße trete. Für das bevorstehende Gespräch muss ich hellwach sein, in Topform, um George nach allen Regeln der Kunst Honig um den Bart zu schmieren. Erst nachdem ich mir die komplette Packung eingepfiffen und mit der Dose Red Bull heruntergespült habe, stelle ich fest, was da wohlig in meiner Magengrube gluckert – Men's 4 Pac, ein »natürliches« Potenzmittel.

George Plimpton ist fünfundsiebzig Jahre alt, so groß wie ein NBA-Flügelspieler, blass wie der Nebel in Neuengland und für gewöhnlich von Schrammen und Kratzern übersät, als sei er gerade aus einer Rosenhecke gekrochen. Die Wunden verdankt er zum einen seiner empfindlichen Haut, zum anderen aber teilt George das Schicksal so vieler hochgewachsener Männer, permanent irgendwo anzustoßen oder über irgendetwas zu stolpern. Seine bloße Präsenz scheint Gegenstände dazu herauszufordern, ihm auf den Kopf zu fallen. Und er ist jederzeit in der Lage, alles Dagewesene noch um Längen zu toppen. So läuft er tatsächlich in Boxershorts durch die Redaktion (wenn auch für gewöhnlich erst nach Feierabend). Einmal zeigte er im Büro Röntgenaufnahmen von seinen Hoden herum, die in Mitleidenschaft gezogen worden waren, nachdem er auf einem Symposium spätabends mit einem Golden Retriever aneinandergeraten war.

Aber auch wenn ich George gerade das Image eines Clowns anhänge, ist er weiß Gott alles andere als das. Ja, er hat Witz und Ironie und ist erfrischend albern für einen Fünfundsiebzigjährigen, aber er hat auch eine äußerst respekteinflößende Seite. Ohne Durchsetzungsvermögen wird man nun mal nicht zum Bestsellerautor, zum Freund mehrerer Präsidenten und zum Actionhelden im wirklichen Leben (George war derjenige, der den Mörder Robert Kennedys in der Küche des Ambassador Hotels niederrang), und ohne Autorität zählt man nicht fünfzig Jahre lang zu den Spitzen der Gesellschaft. George mag gelegentlich wie ein Trottel wirken, aber man weiß nie, ob die Zweige in seinen Haaren oder der Riss in seinem Hosenboden womöglich nicht doch nur ein Trick sind, um andere hinters Licht zu führen. Er ist ein schlauer Fuchs, trinkt jeden unter den Mahagoni-billardtisch in seinem Wohnzimmer und schlägt beim Tennis nach wie vor mühelos Gegner, die halb so alt wie er sind.

Nachdem ich die Redaktion betreten habe, gehe ich nach oben und klopfe an Georges Tür. »George?«, rufe ich. Die Tür zu seiner Wohnung steht offen, aber von unserem Herausgeber ist keine Spur zu entdecken. »George?« Keine Antwort. Ich werfe einen Blick in die Küche und ins Wohnzimmer, und als ich auch dort niemanden finde, beschließe ich, einen Augenblick auf dem Sofa Platz zu nehmen. *Du lieber Himmel, was tun die in dieses Potenzmittel?* Ich fühle mich irgendwie … unwiderstehlich – vielleicht nicht die beste Voraussetzung für das bevorstehende Gespräch.

Ich lasse den Blick durch George Plimptons Wohnung schweifen, genieße den grandiosen 180-Grad-Panorama-Ausblick auf den East River, bestaune die echten De Koonings und Warhols an den Wänden und die Safari-Trophäen aus Kenia. Seit Gab und ich in Staten Island im Keller hausen, das Bad mit ihrer Mutter teilen und vor dem Fernseher essen müssen, bin ich viele Male hier oben gewesen, um mir vor Augen zu führen, wie ein menschenwürdiges Leben aussieht. Ich will beileibe nicht den Snob raushängen lassen, aber ab und zu ist es ganz angenehm, sich in einem Haushalt aufzuhalten, in dem die Lebensmittel nicht auf der Vorderveranda gelagert werden. Hierherzukommen ist, als würde ich aus einer Folge von *Eine schrecklich nette Familie* zum Set eines Foto-Shootings für die neuesten Ralph-Lauren-Anzeigen gebeamt.

Vom anderen Ende der Wohnung dringt plötzlich ein Geräusch an meine Ohren – ein Schnauben, das klingt, als würde ein wildes Tier aus dem Busch brechen.

»George?« Ich springe abrupt von der Couch auf, da ich nicht den Eindruck erwecken will, als würde ich mich bereits als neuer Herausgeber der *Review* sehen – mit dem kleinen Unterschied, dass ich hier künftig wohl sowieso nur noch als Sandwich-Lieferant auflaufen werde.

»*Snuphuluphuluph!!*« Ein weiterer bestialischer Laut, der aber diesmal klingt, als befinde sich irgendwo ein schlafender Bär. Auf Zehenspitzen schleiche ich durch das zweite Wohnzimmer, (was gar nicht so leicht ist, da die alten Eichendielen in Georges Wohnungen knarren wie der Mast eines vorsintflutlichen Schoners), passiere unter dem starren Blick eines afrikanischen Wasserbüffels den Billardtisch, unterdrücke den Drang, mir ein Schlückchen Edelbrandy aus der Hausbar zu genehmigen, und betrete Georges Büro. Der alte Herr sitzt in seinem Drehsessel und schnarcht in Boxershorts und einem falsch zugeknöpften Oxford-Hemd vor sich hin.

»George!«, platze ich heraus.

George gibt einen Laut von sich, der sich anhört wie ein Staubsauger, der gerade eine Rennmaus verschluckt hat. Dann öffnen sich seine Lider wie zwei Jalousien, die abrupt nach oben schnellen.

»Wer ist da?«, schnauzt er verschlafen. »Geben Sie sich sofort zu erkennen!«

»George, ich bin's, Ben.«

Für einen Sekundenbruchteil verengen sich seine Augen zu Schlitzen, ehe sich seine Augenbrauen zusammenziehen, als würde er gleich einen Wutanfall bekommen, doch dann wird mir klar, dass er nur wach zu werden versucht, während er sich weiter in einer Pose vor mir fläzt, die aufreizend wirken würde, wenn George weiblich und ein halbes Jahrhundert jünger wäre.

»Ben ...«

»Äh, ich kann gern später noch mal kommen, George.«

»... war gestern Abend noch mit Norman unterwegs, und wir haben mal wieder schwer übertrieben.«

»Verstehe.«

»*Snuphuluphuluph!!*« Er kratzt sich ausgiebig den Bauch, was ihn allmählich munter zu machen scheint.

»Okay«, sagt er schließlich. »Hast du Zeit für ein kleines Gespräch?«

»Ja, natürlich«, presse ich hervor. George zieht einen Stuhl heran und dreht ihn zu mir. Ich fühle mich genauso schuldbewusst wie seinerzeit in der Grundschule, wenn ich zum Direktor musste – nur dass der Direktor von heute keine Hose anhat.

»Ben ...«

»George ...«

»Ich ...«

»Sie ...«

»Es geht um den Vollmann ...«

»Den was?!«

Jetzt geht mir ein Licht auf. Er meint den Text von William T. Vollmann, den ich vor kurzem eingekauft habe und der in einer der nächsten Ausgaben erscheinen soll.

»Sehr schöne Geschichte«, sagt George. »Aber da muss noch einiges dran getan werden. Lass uns die Story Zeile für Zeile durchgehen.«

Wie? Das ist alles? Ich hatte Schiss, meinen Job und mein letztes Fünkchen Selbstwertgefühl zu verlieren, und er hat keine anderen Sorgen als ein bisschen Lektoratsarbeit? Am liebsten würde ich laut losheulen vor Erleichterung. Ich bin nach wie vor Redakteur!

Während der nächsten halben Stunde brüten George und ich zusammen über dem Manuskript, und es ist, großes Ehrenwort, fast genauso aufregend wie damals, als ich nach dem Studium nach New York kam – so blauäugig und offen für alles wie eine Landpomeranze aus Nebraska, die in Hollywood aus dem Greyhound-Bus steigt. George ist ein brillanter Lektor, insbesondere wenn es um Dialoge geht, auch wenn mir seine Vorgehensweise immer noch nicht ganz klar ist. Manchmal sind die Änderungen nachvollziehbar, manchmal nicht, tragen aber immer zur Verbesserung des Textes bei.

»Sie sind ein Genie, George«, sage ich, als wir fertig sind. »Kann ich jetzt gehen?«

Er mustert mich ernst. »Tja, da wäre noch was.«

Oh je.

»Wie du weißt«, fährt er fort, »bin ich kein Chef, der seinen Mitarbeitern gern Angst einjagt oder sich in ihr Privatleben einmischt. Nun ja, lass mich offen sein, aber betrachte mich bitte nicht als Vorgesetzten, sondern als Freund, als einen Freund, der sich Sorgen um dich macht. Ich hoffe, ich trete dir damit nicht zu nahe, aber ich habe schon seit einer ganzen Weile den Eindruck, dass du irgendwie neben dir stehst. Du wirkst, nun, wie soll ich sagen, ein bisschen traurig. Niedergeschlagen. Und ich wollte einfach mal nachhaken, ob alles okay ist.«

Seine Herzenswärme, sein Feingefühl verblüffen mich derart, dass ich im ersten Moment unumwunden mit der Wahrheit herausrücken will. Aber Halt! Ich kann unmöglich zugeben, dass ich einen Burnout habe, deshalb rudere ich sofort zurück:

»Ja, natürlich, George. Danke der Nachfrage, aber alles läuft bestens, ehrlich, ich ...«

»UND WIESO LÄSST DU DICH DANN TAGELANG NICHT HIER BLICKEN?«, donnert er.

Schlagartig ist mir klar, dass ich ihm reinen Wein einschenken muss. Also rede ich mir alles von der Seele, erzähle ihm von unserem trostlosen Dasein in Staten Island, dem Kellerloch, den koreanischen Verwandten, die es auf unser Bett und unsere Klamotten abgesehen haben, während George mit nachdenklicher Miene lauscht und sein Kinn weiter und weiter nach unten sackt, bis er schließlich sagt:

»Du Ärmster. Wie furchtbar! Das konnte ich ja nicht wissen. Gibt es denn irgendeinen Ausweg aus dieser Misere?«

Ich fahre fort, erzähle ihm von Gabs stetig schwindender Hoffnung, einen Laden zu eröffnen, der ihr nicht nur das Gefühl geben würde, ihrer Mutter den gebührenden Dank erwiesen zu haben, sondern uns darüber hinaus das nötige Einkommen liefern würde, um endlich wieder unabhängig zu sein.

Georges Reaktion ist seltsam. Er spitzt die Ohren, und seine Augen beginnen zu leuchten, als er sich zu mir beugt.

»Hast du gerade ›Deli‹ gesagt?«, fragt er.

Ich nicke.

»Du meinst so einen kleinen Lebensmittelladen, in dem man auch einen Happen essen kann?«

»Ich fürchte, ja.«

»Großartig!«

Ich muss mich verhört haben. »Äh, was?«

»Großartig, sagte ich. Wunderbar! Fabelhaft!«

Um ein Haar verschlucke ich meine Zunge.

»Im Ernst: Kann ich dort mal aushelfen? Ich habe mir schon immer gewünscht, mal als Regalist zu arbeiten.«

»Regalist?«

»Na klar – oder wie nennt man die Jungs, die die Regale auffüllen? Das musst du doch wissen ... ich meine, schließlich willst *du* den Laden aufmachen, oder?«

»Das heißt Regalboy, George.«

»Oh, tatsächlich? Egal, jedenfalls würde ich was darum geben, einmal im Leben für einen Tag, ähm, Regalboy zu sein.«

»Okay«, antworte ich. »Abgemacht.« *Wie konnte ich mich derart in ihm täuschen?*, frage ich mich. *Der Mann ist ein Heiliger.* Anschließend gehen George und ich ins

Wohnzimmer, wo er uns zwei Drinks mixt. Zusammen stehen wir am Fenster und blicken hinaus auf den im Spätnachmittagslicht daliegenden East River. Es gehört zu meinen Lieblingsbeschäftigungen, die Kähne zu beobachten, die sich gegen die mächtige Strömung des Flusses stemmen, als kämpften sie gegen das schiere Ausmaß der Stadt.

»Übrigens, falls du's vergessen haben solltest«, sagt George, »wir geben eine Party heute Abend, und es kommt alles, was Rang und Namen hat. Du bleibst doch hoffentlich, Ben.«

Zerknirscht teile ich ihm mit, dass ich nach Hause muss. Zwar weiß ich nicht, ob Gab einen Besichtigungstermin arrangieren konnte, aber ich habe versprochen, sie dort hinzufahren.

»Verstehe«, meint George. »Die Pflicht ruft. Tja, so wie es aussieht, hat dein Doppelleben bereits begonnen.« Er grinst und trinkt sein Glas aus. «Dir ist schon klar, dass du genau das künftig tun wirst, oder?«, fährt er fort. »Ein Dasein in Zerrissenheit. Glaub mir, derartige Angelegenheiten sind wesentlich kniffliger, als sie auf den ersten Blick erscheinen. Darf ich dir einen Rat geben? Sei vorsichtig. Dein ganzes Leben wird aus dem Gleichgewicht geraten, und irgendwann weißt du nicht mehr, wo dir der Kopf steht. So eine Doppelexistenz ist zuweilen mehr als unpraktisch; im Grunde ist ein solches Kunststück nicht zu bewerkstelligen, und am Ende wirst du wohl oder übel einen der beiden Jobs an den Nagel hängen müssen.«

»Ja, George.«

Vielleicht hofft er ja insgeheim, dass ich am Ende das

Deli und nicht meinen Redakteursjob bei der *Review* aufgeben werde, doch er äußert nichts dergleichen. Schließlich stellt er sein Glas beiseite und verschwindet nach nebenan, um sich für die Party in Schale zu werfen, während ich weiter hinaus auf den East River starre.

Eine Frage der Lage

Im Einzelhandel ist die richtige Lage das A und O – außer bei Koreanern. »Wen interessiert die Lage?«, pflegt meine Schwiegermutter zu sagen. »Laden ist Laden, und wer hart arbeitet, braucht sich nicht um die Lage zu scheren!«

Ich weiß nicht genau, ob diese Einstellung der Grund dafür ist, dass Koreaner so erfolgreich sind, oder ob es ihnen gerade deswegen noch nicht gelungen ist, die Weltherrschaft an sich zu reißen. Ihre Gleichgültigkeit ist bewundernswert, kann einen aber auch mächtig in Schwierigkeiten bringen. Gab hat mir einmal erklärt, dass man den koreanischen Nationalcharakter am besten verstehen lernt, wenn man mit Korean Air fliegt, einst eine der absturzgefährdetsten Fluggesellschaften der Welt. Laut Gab ging es des Öfteren abwärts, weil die Piloten Kleinigkeiten wie Berge oder blinkende Warnlichter im Cockpit übersahen. »Die Betreiber waren derart auf Erfolg fixiert«, sagte sie, »dass Sicherheit überhaupt nicht mehr auf ihrer Agenda stand. Für sie galt die Devise: ›Alles startklar! Ist doch wurscht, ob ein Flügel fehlt. Avanti!‹«

Was nicht zuletzt auch die Dichte von koreanischen Geschäften in Vierteln mit hoher Kriminalitätsrate erklären mag. Wenn man stur davon ausgeht, dass sowieso alle Läden gleich funktionieren und es ausschließlich auf die Arbeitsmoral des Inhabers ankommt, warum sollte man dann mehr Pacht zahlen, nur um seine Orangen in irgendeiner schicken Gegend an den Mann bringen zu können? Die meisten von Gabs Verwandten haben lange in miesen Vierteln gearbeitet, sind bedroht, überfallen und ausgeraubt worden.

Seltsamerweise sind Koreaner abseits ihrer Arbeitsplätze geradezu obsessiv auf Sicherheit bedacht. Sie rüsten ihre Häuser mit Stolperdraht und Flutlichtanlagen aus und schließen zweimal die Haustür ab, selbst wenn sie bloß die Post aus dem Briefkasten holen. Andererseits sind die Paks bereit, einen Laden in der finstersten Gegend dieses Planeten aufzumachen.

Ehrlich, ich stehe aufs Ghetto, wie jeder Amerikaner, der mit Ice Cube und Snoop Dogg aufgewachsen ist. Doch so gern ich Gab dabei helfen will, ihren Traum zu verwirklichen, habe ich keine Lust, dafür den Löffel abzugeben.

Aber vor einem graut mir noch mehr, als in unschönen Vierteln wie East New York oder Brownsville zu enden: vor der Aussicht, in einer absolut sicheren Gegend, einem schicken Block, einem gepflegten Gebäude zu landen – aber eben im Loser-Laden. Der Loser-Laden – jedes Viertel hat einen – ist das Geschäft in Ihrer Gegend, das jedes Jahr unweigerlich aufs Neue pleitegeht und mal eine Boutique für Sportklamotten, mal einen Blumenladen und mal ein asiatisches Bistro oder eine »Wrapperia« beherbergt. Bisweilen liegen die Gründe für so viel schlechtes Karma auf der Hand, etwa wenn sich gleich um die Ecke eine Methadon-Klinik oder das Büro eines Bewährungshelfers befindet, manchmal jedoch kann man nur rätseln, ob unter dem Bürgersteig ein alter Friedhof liegt oder hier einst ein Waisenhaus stand, dessen Insassen bei einem verheerenden Brand ums Leben kamen.

Nach dem Desaster mit den Nordkoreanern herrscht trübe Stimmung in Kays sonst so lebhaftem Haushalt. In den vergangenen Monaten haben wir ungefähr dreißig bis vierzig Ladenlokale besichtigt, jetzt aber haben wir nur noch Salims Geschäft in der Hinterhand.

Als Gab und Kay schließlich nach Brooklyn fahren, kommen sie mit gemischten Gefühlen von der Besichtigung zurück.

»Der Laden ist etwa so groß wie eine Doppelgarage«, berichtet Gab. »Und wenn man drinsteht, wirkt er noch kleiner.«

»Außerdem war er völlig verdreckt«, fügt Kay hinzu. »Aber zugegeben, es war reichlich Kundschaft da.«

Bei allen Einwänden – nach Loser-Laden klingt das eigentlich nicht, und Boerum Hill, das Viertel, in dem sich Salims Geschäft befindet, gehört zu den angesagtesten Wohngegenden der Stadt.

Ein paar Tage verstreichen, dann eine Woche. Schließlich zwei Wochen. Vielleicht war die Sache mit dem Deli ja bloß Gerede, denke ich. Trotzdem, irgendwie passt das nicht zu Gabs Familie. Bei den Paks gibt es kein »Blablabla«, wie Kay es ausdrücken würde, sondern nur »tun«. Und was ist mit den Darlehen von Gabs Verwandten und dem Geld, das sich auf unserem Konto angesammelt hat?

Über kurz oder lang werden Gab und Kay wohl darüber nachdenken müssen, wieder ihr altes Leben aufzunehmen. Als Gab noch in der Kanzlei arbeitete, kam es durchaus vor, dass sie 17-Stunden-Tage durchziehen musste und so erledigt war, dass sie lieber in einem Hotel um die Ecke übernachtete, als noch die Viertelstunde Taxifahrt nach Hause auf sich zu nehmen. Kay hatte sich halbherzig am Community College eingeschrieben, das so nah an den kaum abgekühlten Trümmern von Ground Zero lag, dass die Studenten bei den Vorlesungen Gesichtsmasken trugen. Keine von beiden sehnt sich zurück.

Zwei Wochen später verkündet Gab, aus Salims Deli ließe sich vielleicht doch etwas machen.

»Aber du hast doch gesagt, es sei zu klein.«

»Das habe ich nur gesagt. Aber was ist so schlimm daran? Sind wir seit neuestem Großunternehmer? Wir wollen ja keinen Supermarkt eröffnen.« Ein kleiner Laden, fährt sie fort, sei genau das Richtige für unsere Zwecke, da es uns ja nicht um Profit und Reichtum, sondern nur um ein bescheidenes Geschäft gehe, das ihrer Mutter ein wenig Freude bringt. Klein ist perfekt. Klein bedeutet, dass wir uns nicht groß um Personal kümmern müssen, wenn der Laden erst einmal läuft und Gab und ich nicht mehr dort arbeiten. Klein bedeutet, dass wir uns nicht über beide Ohren verschulden müssen, und klein bedeutet auch, dass Salims Deli relativ erschwinglich ist, auch wenn es sich in einem attraktiven Viertel mit Top-Klientel befindet: Er will 170 000 Dollar Ablöse für Gerätschaften und Lagerbestand. Die Pacht ist ziemlich hoch (3500 Dollar im Monat), aber für so wenig Ablöse werden wir in Boerum Hill sonst nur Bruchbuden finden.

»Klein ist fein«, sagt Gab. »Klein ist praktisch.«

Wir beschließen, uns den Laden während der Woche noch einmal anzusehen. Halb empfinde ich Vorfreude, halb begleite ich Gab, um zu verhindern, dass sie aus Frust womöglich eine falsche Entscheidung trifft. Sie wirkt nicht niedergeschlagen, doch wenn man auf Immobiliensuche ist und die Geduld verliert, kann es durchaus passieren, dass man Fehler macht. Gerade in New York läuft man Gefahr, sich die Dinge schönzureden. *Ist doch egal, ob die Wohnung unter einem Flamenco-Studio liegt – ich gewöhne mich schon an den Lärm! Okay, das Apartment hat nur ein Fenster, das auch noch auf eine Mauer hinausgeht, aber ich bin ja tagsüber sowieso nicht zu Hause.*

Es ist acht Uhr abends, windig und bitterkalt, als wir das Geschäft noch einmal unter die Lupe nehmen. Salims Laden befindet sich an der Atlantic Avenue, dem Broadway von Brooklyn, einer verkehrsreichen, fast acht Meilen langen Durchgangsstraße, die sich durch das gesamte Viertel zieht. Salims Block besteht aus mehrstöckigen Apartmenthäusern und reichlich Geschäften, von denen aber viele leerstehen. Ungefähr einen Block entfernt wandelt sich das Straßenbild abrupt; dort befindet sich das Brooklyn House of Detention, wo männliche Häftlinge auf ihre Verlegung in Gefängnisse im Norden New Yorks warten. Parkplätze mit rasselnden Maschendrahtzäunen nehmen einen Großteil des Areals ein und verleihen der Gegend eine einsame, windgepeitschte Aura. Salims Deli hat eine grüngelbe Markise, von der Taubenscheiße tropft, und ist offenbar das einzige Lebensmittelgeschäft weit und breit.

»Grüngelb – was das wohl bedeuten mag?«, frage ich Gab. Die Farbe einer Markise sagt einem oft, mit was für einer Art Laden man es zu tun hat. In Manhattan weist eine grüne Markise meist auf ein koreanisches Deli hin, das frisches Obst und Gemüse, Schnittblumen und höherpreisige Produkte anbietet. Rot und blau gestreifte Markisen hängen normalerweise über den Schaufenstern von dominikanischen Händlern, die günstigere Nahrungsmittel und Fertiggerichte in Dosen und Einweckgläsern verkaufen. In ärmeren Vierteln, wo Supermarktketten für gewöhnlich keine Filialen unterhalten, kauft man bei diesen Händlern ein. Oft dienen diese Läden auch als Treffpunkt für die gesamte Nachbarschaft; vor Salims Geschäft stehen ein paar alte Kisten und eine Holzbank, auf der im Sommer garantiert alte Männer sitzen und das tun, was alte Männer an Straßenecken eben so zu tun pflegen.

»Salim ist Araber, wenn du das meinst«, erklärt mir Gab. »Aber soweit ich weiß, hat er den Laden vom Besitzer des Hauses gekauft, und der kommt aus Puerto Rico oder der Dominikanischen Republik. Wie auch immer, der Laden ist eine echte Gemischtwarenhandlung – ein bisschen von diesem, ein bisschen von jenem. Geh doch einfach mal rein und sieh dich um. Und bring mir was zu trinken mit. Ich bleib solange im Auto.«

Ich steige aus und warte, bis die Ampel grün wird. Während ich die Straße überquere, nehme ich das Gebäude in Augenschein, das Salims Laden beherbergt, ein trister Bau, der sich ganz offensichtlich nicht in allerbestem Zustand befindet: Die Fassade bröckelt, und wenn ich mich nicht ganz täusche, neigt sich das Haus leicht zur Seite. Das Gebäude ist etwa doppelt so hoch wie breit und erinnert an eine Zigarettenschachtel. Es hat vier Stockwerke und ein Flachdach, so wie die meisten anderen Häuser in dieser alteingesessenen Nachbarschaft. Die umstehenden Gebäude wirken durchgehend gepflegt, nur das Haus mit Salims Laden, dessen Front auf die schmucke, von Bäumen gesäumte Hoyt Street hinausgeht, scheint aus einer anderen Ära zu stammen. Alles befindet sich in Schieflage – die schwarze Feuerleiter, die von Graffiti übersäte Garage, die maroden Fensterrahmen, hinter denen alte Bettlaken und Flaggen hängen, die ich nicht zuordnen kann. Das gesamte Haus scheint sich zur Seite zu lehnen, als wolle es mit dem übrigen Block nichts zu tun haben.

Als ich die Tür geöffnet habe – ausgestattet mit einem Messingtürknauf, den offenbar nur erfahrene Kunden auf Anhieb richtig bedienen können –, stockt mir der Atem. Viel schlimmer geht es nicht. Der Laden ist so eng wie eine feuchte Schuhschachtel. Die Decke ist zu niedrig, und zwischen den Regalen kann man sich nur mit Mühe durchquetschen. Na schön, das nordkoreanische Deli war komplett heruntergekommen, aber wenigstens hätte man aus dem Laden etwas machen können, da genug Platz vorhanden und das Gebäude in annehmbarem Zustand war. Salims Deli ist nicht nur lächerlich klein – von der Tür bis zum anderen Ende sind es gerade mal siebzehn Schritte, und der Laden ist kaum fünf Meter breit –, sondern wirkt so baufällig, als könnte der nächste vorbeifahrende Truck die Wände zum Einstürzen bringen. Zu allem Überfluss – und nun geht mir auch auf, warum der Laden verhältnismäßig preiswert zu haben ist

– befindet sich ein volleyballgroßes Loch in der Decke, das aussieht, als hätte ein Elefant in der darüber liegenden Etage gewütet. Auch andere Teile der Decke hängen durch – sowohl über dem Kassentresen als auch hinten beim Lagerraum –, sind aber mit Alu-Platten gesichert worden, von denen kleine Staubstalaktiten baumeln, die sich unisono hin und her bewegen, sobald ein Lufthauch durch die Tür weht. Im gesamten Laden gibt es keinen einzigen rechten Winkel; der Raum scheint zu irgendeiner verrückten Welt zu gehören, die sich Dr. Seuss ausgedacht haben könnte. Boden, Wände und Decken sind so schmierig und verdreckt, als seien hier mehrere Flaschen Ahornsirup explodiert. Obendrein quietscht der Boden an manchen Stellen höchst bedenklich und scheint ein ums andere Mal die bange Frage zu stellen, wie lange er noch imstande ist, Salims riesige, chromverzierte Großraumkühlschränke zu tragen, die wie frisch gewachste Ferraris glänzen – ein wahrhaft imposanter Anblick, der aber auch nicht vom allgegenwärtigen Geruch abzulenken vermag, einer Melange aus Katzendreck, Lufterfrischer, Pastrami, altem Holz und Kühlschrank-Kältemittel.

Nie im Leben! Aus diesem Geschäft kann selbst Gabs Familie nichts machen. Dazu müsste schlicht zu viel getan werden, um es wieder einigermaßen auf Vordermann zu bringen. Mit diesem Laden würde Gab ihrer Mutter bloß einen Bärendienst erweisen. Und ich kann nicht zulassen, dass sie aus Wunschdenken eine Entscheidung übers Knie bricht, die wir alle miteinander bereuen werden. Bleibt bloß die Frage: Wie soll ich ihr beibringen, dass sie uns alle in Teufels Küche bringt?

Ich will den Laden gerade wieder verlassen, als mir einfällt, dass Gab mich gebeten hatte, ihr etwas zu trinken mitzubringen. Ich öffne einen von Salims schimmernden Riesenkühlschränken und strecke die Hand nach einem Eistee aus, doch da ich keinen mit Meeralgen oder sonstigen »Verfeinerungen« erwischen will, stecke ich den Kopf in den Kühlschrank. Ich habe keine Ahnung, was passiert – vielleicht atme ich eine Überdosis Kältemittel ein, vielleicht habe ich auch nur Angst, Gab die Wahrheit zu sagen –, aber als ich den Kopf wieder herausziehe, denke ich: *He, der Laden ist doch gar nicht übel. Sei nicht so hyperkritisch.* Und auf einmal sieht alles um mich herum irgendwie anders aus, als sei ich ohnmächtig geworden und in einem anderen Geschäft wieder zu mir gekommen. Die angestaubten Bananen sehen plötzlich richtig lecker aus, und die Räumlichkeiten, die ich eben noch als klaustrophobisch empfunden habe, wirken plötzlich wie maßgeschneidert für unsere Zwecke. Insbesondere aber erinnere ich mich daran, dass es in erster Linie auf die Lage ankommt – und Brooklyn ist eben eine Top-Adresse.

Ich gehe nach draußen, überquere die Atlantic Avenue und steige in unseren Wagen.

»Bitte sehr«, sage ich.

»Was ist denn das?« Misstrauisch beäugt Gab das Getränk, das ich ihr mitgebracht habe. »Yoo-hoo mit Erdbeergeschmack?«

»Die Eisteesorten waren eine ekliger als die andere. Oder hättest du lieber ein Malzbier gehabt?«

Gab zieht einen Flunsch, doch als ich ihr sage, was ich von Salims Laden halte, spielt es keine Rolle mehr, was in der Flasche ist. »Wirklich?«, sagt sie wieder und wieder. »Wirklich?« Tränen stehen in ihren Augen, und wir umarmen uns über die Handbremse hinweg. Während wir einander festhalten, spähe ich über Gabs Schulter zu der seltsamen grüngelben Markise am Ende des dunklen Blocks hinüber. Zwei Sekunden lang wird mir der Blick von einem vorbeifahrenden Truck versperrt, und als ich wieder hinsehe, kommt es mir einen Moment lang so vor, als würde mir das Deli verstohlen zuzwinkern.

* * *

Am nächsten Tag rufe ich meine Eltern in Boston an, um ihnen von unserem Vorhaben zu erzählen. Ich kann es kaum fassen, aber sie sind hellauf begeistert.

Als ich meine Eltern im letzten Herbst erstmals in unsere Pläne einweihte, ging ich davon aus, dass ihnen das Herz stehen bleiben würde. »O nein, Ben!«, hörte ich sie schon sagen. »Wozu haben wir dir eine Ausbildung finanziert? Das ist doch deiner nicht würdig!« Aber tatsächlich waren sie von Anfang an Feuer und Flamme.

»Wie aufregend!«, platzte meine Mutter heraus, als hätten wir vor, eine Kunstgalerie zu eröffnen. Sie erbot sich sogar, uns beim Dekorieren der Schaufenster unter die Arme zu greifen. Ihre größte Sorge schien zu sein, dass wir den richtigen Senf im Sortiment haben würden – »und schafft bloß nicht diese grässliche Cola light an.«

Mein Vater zeigte sich ebenfalls erschreckend aufgeschlossen. »Das könnte eine interessante Erfahrung werden«, sagte er. »So etwas wie eine ethnographische Studie über das Leben der urbanen Unterschicht. Orwell hat als Tellerwäscher gearbeitet, und Joseph Conrad hat seine Jugend auf See verbracht.« Worauf ich ihn am liebsten darauf hingewiesen hätte, dass es sich bei unseren Deli-Plänen nicht um ein Auslandssemester handelte.

Mein Vater ist Kulturanthropologe, was bedeutet, dass in seinen Augen so gut wie alles »eine interessante Erfahrung« darstellt. Manche Professoren betrachten die Welt ausschließlich unter dem Aspekt kollidierender Atome oder blubbernder Aminosäuren, und mein Vater ist eben ein Junkie, was die Mechanismen menschlicher Interaktion angeht. Er geht in seinem Beruf völlig auf – dass er ihm Spaß macht, muss ich wohl nicht betonen.

Im Großen und Ganzen ist es eine tolle Sache, der Sohn eines Anthropologen zu sein, insbesondere als Kind, wenn überall im Haus Blasrohre und Speere herumliegen und man ziemlich sicher sein kann, dass man an seiner Schule mit hoher Wahrscheinlichkeit der Einzige ist, dessen Eltern eine umfangreiche Sammlung von Büchern über Teufelsanbeter besitzen. Viele Kulturanthropologen sind zudem Anhänger des Relativismus, was wiederum ihre Autorität als Eltern untergräbt. Wenn ein Anthropologe seinen Sohn beispielsweise um zehn ins Bett schicken will, kann ihn dieser daran erinnern, dass es ein rein westliches Konstrukt ist, Vierzehnjährige um diese Uhrzeit ins Bett zu schicken – bei den Massai würde ein Gleichaltriger jetzt Wache schieben und aufpassen, dass sich kein Löwe an die Herde heranmacht.

Aber auch wenn mein Vater mit beiden Beinen im Lager des klassischen Kulturrelativismus und der Franz-Boas-Schule steht, so stammt er doch aus einer streng konservativen Familie, die tief in ihrem puritanischen Erbe verwurzelt ist – so stockkonservativ, dass unsere Ahnen nach der Ankunft mit der *Mayflower* erst mal zehn Generationen lang stur in Plymouth blieben, wahrscheinlich, um schnell das Schiff zurück nehmen zu können, falls irgendetwas nicht nach Plan lief. Meine Familie ist der schlagende Beweis für die anthropologische Theorie, dass nicht materielle Verhältnisse oder bestimmte Wesensanlagen unser Verhalten bestimmen, sondern der kulturelle Hintergrund entscheidend ist. Manche meiner Verwandten leben so sehr in ihrer puritanischen Vergangenheit, dass sie sich heute noch fragen, ob es wirklich eine gute Idee war, England zu verlassen, und haben eine schwere Aversion gegen neumodischen Kram; so etwas wie Zahnseide käme ihnen in tausend Jahren nicht ins Haus.

Irgendjemand hat einmal gesagt, es gäbe zwei Arten von weißen angelsächsischen Protestanten: die furchtlosen, stets zu einem Späßchen aufgelegten George-Plimpton-Typen und die sauertöpfischen, stets miesepetrigen Kantonisten, aus denen sich meine Verwandtschaft zusammensetzt. Und auch wenn mein Vater aufgrund seines professionellen Instinkts im Prinzip gegen Regeln ist oder sie zumindest als Werkzeuge sozialer Kontrolle in Frage stellt, kommen sie ihm im Grunde seines puritanischen Herzens sehr gelegen.

Nicht dass seine Regeln besonders streng wären. Ich war in der neunten Klasse, als mir mein Vater William Strunks und E. B. Whites *The Elements of Style* schenkte; darin standen die Regeln, die er als verbindlich ansah. Die meisten Menschen glauben, *The Elements of*

Style sei ein Buch übers Schreiben, doch in Wahrheit geht es um Persönlichkeit – genauer gesagt darum, wie man ein griesgrämiger alter Sack wird. Als Teenager hasste ich das Buch natürlich wie die Pest. Statt einem dabei zu helfen, den inneren Salinger oder Hemingway zu entdecken, brachten die Autoren einem bei, Schreiben als Disziplin zu betrachten. Strunk und White betrachteten Stil als gefährlich (»Obacht bei Stil und Ausdruck«, schrieben sie mit erhobenem Zeigefinger, als ginge es um den Bau einer Bombe) und das Schreiben grundsätzlich als »unkontrolliertes Entweichen des Ichs«. Guter Stil, so argumentierten sie, müsse sich durch Bescheidenheit (»Stellen Sie sich niemals in den Vordergrund«), erzählerische Kontinuität (»Keine Experimente«) und Respekt vor der Tradition (»Konvention steht vor Innovation«) auszeichnen. Um einen eigenen Stil zu kreieren, muss man sich ihrer Ansicht nach zuerst nach allen Regeln der Kunst kontrollieren und kasteien – kurz gesagt: Man darf auf keinen Fall über die Stränge schlagen. Ein guter Schriftsteller macht keine Faxen.

Selbstredend gelang es mir als Teenager nicht, mich an die Regeln der beiden Stilapostel zu halten, weder bei Englischaufsätzen noch im wirklichen Leben. Auch verstand ich als Heranwachsender nicht, dass all diese Vorgaben zum stocksteifen puritanischen Hintergrund meiner Familie wie die Faust aufs Auge passten. Mir war nicht mal bewusst, dass es einen derartigen »Hintergrund« überhaupt gab – in meinen Augen waren wir einfach bloß Menschen, die zufällig in Boston und Umgebung lebten, wo fast unsere gesamte Familie seit 400 Jahren ansässig war. Was änderte das an unserer Denkweise, unserem Verhalten? Klar, fast jeder in unserer Familie war nach irgendeinem bigotten Stiefelmacher oder Leibeigenen aus dem siebzehnten Jahrhundert benannt, aber das hieß noch lange nicht, dass die Geschichte unser Handeln bestimmte. Die eingefahrenen Familientreffen, die jeden Sommer in Plymouth stattfanden? Öde und überflüssig.

In den Sechzigern und Siebzigern gab sich die Generation meines Vaters alle Mühe, ihr protestantisches Erbe hinter sich zu lassen; mit pinkfarbenen Hosen und Country-Clubs wollten sie nichts mehr zu tun haben, und Namen wie Flick oder Bunny waren ein für allemal verpönt. Stattdessen nannten sie ihre Kinder Rigoberto oder Cuauhtémoc und heirateten Partner aus nicht protestantischen Kreisen. Trotzdem waren die tradierten Werte so tief verwurzelt, dass sie mehr oder weniger komplett an meine Generation weitergegeben wurden, auch wenn der Kontext nicht mehr richtig stimmte. Zuweilen konnte das ganz schön verwirrend sein – und sollte es wohl auch sein. »Über protestantische Werte redet man nicht«, sagte meine Großmutter einmal. »Man hat sie einfach.« Und genau deshalb war eine Quelle wie *The Elements of Style* unverzichtbar, weil sie half, die Werte, mit denen ich aufwuchs – seien es nun ganz und gar untadelige wie Bescheidenheit oder eher fragwürdige wie das obsessive Beharren auf Selbstkontrolle – zu artikulieren.

Dennoch bestand die große Frage nicht darin, was protestantische Werte eigentlich waren; schwieriger war es, ebenjene Werte in Einklang mit der offenen Weltsicht zu bringen, die mein Vater als Anthropologe zu propagieren schien. Wenn es zu Kontroversen zwischen uns kam, waren es meist harmlose Scharmützel über Politik oder den Kampf der Kulturen; ansonsten musste ich mich eher mit inneren Konflikten auseinandersetzen, etwa mit der Erkenntnis, dass man seinem kulturellen Erbe nicht entkommen kann, egal wie sehr man sich wünscht, Rastafari oder Hummerfischer zu sein. Zu richtigem Streit kam es eigentlich nie, da meine Eltern einerseits zwar gern auf Regeln pochten, andererseits aber strikt dagegen waren, andere mit Vorschriften zu behelligen – insbesondere ihre eigenen Kinder. Und jetzt, da wir erwachsen sind, mischen sie sich erst recht nicht mehr in unsere Angelegenheiten ein. Ganz abgesehen davon, dass sich der puritanische Moralkodex ebenso klammheimlich wie effektiv im eigenen Bewusstsein einnistet und dafür sorgt, dass man letzten Endes zum vorurteilsfreien, stabilitätsorientierten Ebenbild seiner Eltern wird. Wozu braucht es da noch Regeln?

Im Anschluss an unser Telefonat lässt mir meine Mutter über den Mail-Order-Riesen L. L. Bean ein Geschenk zukommen – eine »Mountain-Town-Jacke« (»eine klassische Arbeitsjacke im modernen Chic«) und eine dazu passende Khakihose. Wie alle Mütter sorgt sie sich, dass ihr Sohn nicht warm genug angezogen sein könnte, und tatsächlich sind die Sachen ausgesprochen kuschelig und bequem – nur dass ich darin nicht wie der künftige Inhaber eines Delis aussehe, sondern so, als wolle ich in die Berge zum Fischen fahren.

Während unseres Gesprächs aber lässt sie klar durchblicken – soweit das für Menschen möglich ist, die es grundsätzlich vermeiden, irgendetwas klar auszusprechen –, dass es da eines gibt, was ihr an Gabs und meinem Leben absolut nicht gefällt:

»Könnt ihr denn endlich aus dem Keller ausziehen, wenn ihr das passende Deli gefunden habt?«

Das ist der wahre Grund, warum Salims Deli sie so begeistert. Dass wir vorübergehend bei Kay wohnen, ist meinen Eltern schon seit einiger Zeit ein Dorn im Auge. »Ein junges Paar hat ein Anrecht auf Privatsphäre«, meinte meine Mutter neulich und jagte mir damit einen ordentlichen Schrecken ein, da ich im ersten Moment glaubte, sie wolle über unser Sexleben sprechen. »Eigene Identität braucht eigene vier Wände.«

Natürlich hatte sie recht. Es kann sich zum echten Problem auswachsen, die eigene Identität zu wahren oder gar weiterzuentwickeln, wenn man plötzlich feststellt, dass man seine Unterwäsche mit seinem Schwiegervater teilt. Wie auch immer, vielleicht gelang es mir wider Erwarten ja doch noch, den Paks ihren Alles-gehört-allen-Fimmel auszutreiben und sie davon zu überzeugen, gelegentlich anzuklopfen (kein Mensch weiß, warum es in Kays Haus überhaupt Türen gibt, da ohnehin keine benötigt werden). Aber eigentlich hatte ich nicht vor, so lange bei Kay wohnen zu bleiben, bis ich es ihnen endlich beigebracht hatte.

In meiner Familie verstößt das Zusammenwohnen mit den Erzeugern ab einem bestimmten Alter gegen die Grundgesetze des Universums. Mit fünfzehn schickten mich meine Eltern auf ein Internat, das obendrein – ein kleiner Wink mit dem Zaunpfahl, was das für unser Verhältnis bedeutete – 800 Meilen entfernt lag, nämlich in Colorado. Meinen Eltern ging Unabhängigkeit über alles.

Als Kinder hatten sie selbst so manchen Leidenssommer im Westen verbracht. Es gehörte unabdingbar zur Kindheit, dass Eltern ihren Kindern die brutalstmögliche Abhärtung angedeihen ließen – für gewöhnlich in Form eines alptraumhaften Ferienlagers in der Wildnis, das von irgendwelchen Erziehern geleitet wurde, die offenbar kurz zuvor aus der Psychiatrie entlassen worden waren. Und wenn es an der Zeit war, seinem Elternhaus auf Dauer den Rücken zu kehren, weil Internat oder College riefen, wusste man, dass es ein Abschied für immer war; selbst wenn ich den Ernst der Lage nicht begriffen hätte, so doch spätestens dann, als meine Eltern mein Zimmer vermieteten – praktisch am selben Tag, an dem ich ausgezogen war.

Verstehen Sie mich nicht falsch: Ich beschwere mich nicht darüber, dass meine Eltern mich so abrupt in die Selbständigkeit entließen. Und nichts würde mir mehr widerstreben, als den Eindruck zu erwecken, sie seien stereotypisch gefühlskalte Protestanten, die lieber ihr Silberbesteck polieren, als sich um die emotionalen Bedürfnisse ihrer Kinder zu kümmern. Zugegeben, ich war bestimmt nicht der angenehmste Teenager meiner Generation (die Wände meines Zimmers hatte ich damals mit Richard Avedons Fotografien von abgeschnittenen Kuhköpfen bepflastert). Aber als mich meine Eltern ins Internat steckten, handelten sie wohl vor allem in dem Glauben, dass es für meine Entwicklung besser sei, wenn sie ihren Egoismus überwanden und mich endlich flügge werden ließen. Als Kind behütet im Grünen aufzuwachsen, war in gewisser Weise zu einfach. Sie sahen es als ihre Pflicht an, mich aus dem Nest zu werfen, damit ich erwachsen werden konnte, ob es ihnen nun gefiel oder nicht.

Für Gabs Familie hingegen ist es völlig normal, wenn Eltern mit bereits erwachsenen Kindern zusammenleben. Wie so viele Asiaten empfinden Koreaner ihren Eltern gegenüber großen Respekt – Achtung und Ehrerbietung stehen traditionell an oberster Stelle. In Amerika wird von Kindern geradezu erwartet, dass sie den Aufstand gegen ihre Eltern proben, als Teenager alle Regeln des Familienvertrags brechen, sich nach Studienanfang nicht mehr zu Hause melden und später ein Buch schreiben, in dem sie ihren Erzeugern die Schuld für ihre Lebensmisere in die Schuhe schieben. In Korea indessen stehen Kinder ohne Wenn und Aber zu ihren Eltern. Sie kümmern sich um sie und unterstützen sie nach Kräften; häufig ist sogar das ganze Leben auf die Eltern ausgerichtet. So gut wie alle alt gewordenen Eltern leben bei einem ihrer Kinder, normalerweise dem ältesten Sohn, von dessen Frau erwartet wird, dass sie rund um die Uhr für das Wohl ihrer Schwiegereltern sorgt. Diese Verpflichtungen sind selbstverständlich, ohne dass je groß auf sie hingewiesen würde. Gab hat nie zu mir gesagt: »Ich bin eine gehorsame Tochter aus einer konfuzianischen Gesellschaft und dazu verpflichtet, meine Eltern zu ehren.« Mir fiel lediglich irgendwann auf, dass sie weit mehr für ihre Eltern tat, als es hierzulande selbst bei ergebenen Töchtern üblich ist – etwa, wenn sie Kay und Edward einlud, den Urlaub mit uns zu verbringen, oder wenn sie ihnen Geld zukommen ließ, obwohl sie gar keins brauchten.

Ich nahm an, dass mein Vater, der Kulturexperte, sich

auf all das einen Reim machen konnte, doch er schien ebenso verblüfft wie ich. »Du meinst, Gab macht das *aus freien Stücken? * Ohne Zwang? Was für ein System ...«

Andererseits ist es nicht so, dass die Paks Selbständigkeit und Unabhängigkeit nicht zu schätzen wüssten. Als Gab ein Teenager war, schärfte ihre Mutter ihr immer wieder ein, sich finanziell auf eigene Beine zu stellen. »Mach dich nie von einem Mann abhängig«, hatte sie stets gesagt. »Sieh zu, dass du für dich selbst sorgen kannst.« Fest steht, dass die Paks wahrhaft unabhängig sind – schließlich sind sie es, die in einem fremden Land leben, während meine eigene Familie so unbeweglich bleibt wie der Plymouth Rock.

Alles halb so wild

Am nächsten Abend kehre ich nach Boerum Hill zurück, um die Gegend genauer unter die Lupe zu nehmen und sicherzugehen, dass sich der Laden nicht in der Nähe eines Schlachthauses oder einer Giftmülldeponie befindet. Aber bevor ich mich darum kümmere, betrete ich das Deli, um Salims Bekanntschaft zu machen.

Er steht hinter dem Ladentresen – ein müde wirkender Mann mit arabischen Gesichtszügen, nicht viel älter als ich. Er sieht sich irgendeine Fernsehserie an und isst Chips mit Barbecue-Geschmack aus seinem eigenen Sortiment.

Ich schlendere zum Tresen. »Salim?«

»Ja?« Mit schuldbewusster Miene legt er die Chipstüte beiseite. »Was kann ich für Sie tun?« Sein Akzent ist nicht besonders ausgeprägt, aber wenn ich mich nicht ganz irre, stammt er aus dem Mittleren Osten. Ich stelle mich als Gabs Mann vor und sehe, wie es hinter seinen schweren Lidern zu arbeiten beginnt. *War das nicht 'ne Koreanerin?* Endlich reicht er mir zögernd seine Rechte. »Na klar, sie hat mir telefonisch Bescheid gegeben, dass Sie vorbeikommen.« Er scheint sich leicht zu entspannen, aber sein Argwohn ist noch nicht verflogen. *Wer hat denn bei Ihnen die Hosen an? Sie oder Ihre Frau? Oder womöglich Ihre Schwiegermutter?*

»Wie lange haben Sie den Laden eigentlich schon?«, versuche ich Konversation zu machen.

»Zehn Jahre«, erwidert Salim, und der Gedanke scheint ihm nicht zu schmecken. *Und was haben Sie in den letzten zehn Jahren so getrieben? Erbsen gezählt?*, scheint er zu denken.

»Kennen Sie die Gegend hier?«, fragt er.

Ich erkläre ihm, dass Gab und ich früher in Fort Greene gewohnt haben, bloß ein, zwei Meilen entfernt.

Er explodiert förmlich: »FORT GREENE?«

»Ja ... Ich ... aber nicht lange ... Ich fand's da auch nicht so prickelnd.« *Was um Himmels Willen hat Salim gegen Fort Greene?*

Er beugt sich über den Tresen. »SIE MEINEN FORT GREENE, *BROOKLYN?*«

Ich nicke vorsichtig.

»He, wenn Sie in Fort Greene gewohnt haben, dann kennen Sie doch bestimmt den Laden am Park, oder?«

»Den an der Ecke? Ja, klar.«

»Der gehört meinem Cousin Ibrahim!«, platzt Salim heraus. »Kennen Sie Ibrahim?«

»Ich, äh, ja, natürlich. Den kennt doch jeder.«

Salim blickt sich nach dem Telefon um, er will Ibrahim auf der Stelle anrufen. »Wo ist das Scheißtelefon?«, murmelt er, während er zwischen alten Zeitungen, Quittungen und anderem Kram herumwühlt. »Hier muss es doch irgendwo sein.«

»Machen Sie sich keine Umstände, Salim. Ich glaube nicht, dass Ibrahim sich noch an mich erinnert.«

Inzwischen hat Salim das schnurlose Telefon gefunden, aber egal, wie heftig er die Tasten malträtiert, es funktioniert nicht, weil es mit einer dicken Senfkruste überzogen ist, die jedem Hotdog zur Ehre gereichen würde. »Was für ein Schweinestall«, stößt er hervor, als sei dies nicht sein eigener Laden. Dann vergisst er die Angelegenheit von einer Sekunde auf die andere und wendet sich einem Kunden zu, der ihm wortlos einen Lottoschein hinstreckt, den Salim unter einen Scanner hält.

»Diesmal hat's nicht geklappt, mein Freund. Vielleicht beim nächsten Mal.« Der Kunde zeigt keinerlei Reaktion und verlässt den Laden. Salim tritt wieder zu mir.

»Wo waren wir stehen gelieben? Ah ja, Sie interessieren sich für mein Deli. Wollen Sie die Bücher sehen? Mit dem Vermieter sprechen? Den Keller anschauen? Haben Sie schon entschieden, ob Sie den Laden übernehmen wollen?«

»So weit sind wir noch nicht«, antworte ich. »Ich wollte mich einfach mal vorstellen. Aber uns gefällt Ihr Geschäft.«

Salim wirkt nicht sonderlich beeindruckt. »Gut«, erwidert er. »Aber machen Sie mir ein anständiges Angebot. Der Laden mag nach nicht viel aussehen, aber er ist mehr wert, als Sie glauben. Ich bin nicht der erste Besitzer. Hier in der Nachbarschaft wohnen Leute, die doppelt so alt sind wie Sie und ich zusammen und schon ihr ganzes Leben hier einkaufen. Sie haben hier mehr Geld gelassen, als sie für ihre Wohnungen bezahlt haben.« Er kreuzt die Arme vor der Brust. »Also, ich überlege mir jedenfalls genau, an wen ich verkaufe.«

»Gut zu wissen.« *Ob das die richtige Strategie ist?*

»Machen Sie mir ein akzeptables Angebot«, fährt Salim fort. »Und suchen Sie sich irgendwas aus, bevor Sie gehen. Was immer Sie wollen.«

»Was immer ich will?«

»Egal was.«

»Ich nehme eine Packung Parliament Lights.« Gabs Marke.

»Zu teuer«, gibt Salim zurück. »Nehmen Sie was anderes.«

Warum habe ich plötzlich das dumpfe Gefühl, dass es schwierig werden könnte, mit Salim ins Geschäft zu kommen?

* * *

Es ist ein warmer Dezemberabend, weshalb ich Richtung Smith Street schlendere. In Boerum Hill gibt es nach wie vor unübersehbar schäbige Häuserblocks und Sozialsiedlungen, die düsterer und bedrohlicher wirken als die Wohnsilos drüben in Fort Greene, wo Gab und ich früher gewohnt haben. Zugleich gibt es hier die Smith Street, eine angesagte Einkaufsgegend und damit der perfekte Ort, um ein Restaurant oder eine Boutique zu eröffnen. Hier lässt es sich leben, selbst wenn man nicht davon träumt, in einem Viertel zu wohnen, in dem man um die Ecke handbedruckte Kimonos für Babys erstehen oder seine Katze mit einer Hydromassage verwöhnen kann. Hier vergisst man fast, dass die Sozialsiedlungen – Wyckoff Gardens und die Gowanus Houses, die im Grunde ein Viertel für sich bilden – nur einen Steinwurf entfernt liegen. Dasselbe gilt für das Brooklyn House of Detention und die State Street mit ihren Stundenhotels, den Arbeitsvermittlungen und den

99-Cent-Ramschläden. Aber all das ist eben nur da, wenn man es unbedingt sehen will.

Wie alle angrenzenden Viertel Brooklyns war Boerum Hill anfangs eine typische Mittelstandsgegend, was man selbst den heruntergekommenen Gebäuden noch ansehen kann. In dem Haus, das Salims Laden beherbergt, wohnte einst wahrscheinlich nur eine einzige Familie. Im ersten Stock befand sich womöglich ein geräumiges Esszimmer mit Parkettboden und Kronleuchtern an der Decke, hinter dem Haus ein Innenhof oder ein Garten, und dort, wo jetzt die Garage steht, parkte die Pferdedroschke in einem Unterstand. So stelle ich es mir zumindest vor.

Irgendwann aber verließ Boerum Hill das Glück, möglicherweise wegen des Gowanus-Kanals, in den diverse Fabriken ihre Abwässer leiteten und ihn dadurch in eine stinkende Brühe verwandelten, in der angeblich auch so manches Mal Leichen trieben. Aber vielleicht ging das Viertel auch erst den Bach hinunter, nachdem die Stadtväter beschlossen hatten, dort eine Reihe von Sozialsiedlungen zu errichten. Wie auch immer, irgendwann begannen die einst so prächtigen Bürgerhäuser mehr und mehr zu verfallen, und manche hatten sich von dieser Ära immer noch nicht erholt.

In den sechziger Jahren begann sich Boerum Hill wieder mit Künstlern, Schriftstellern und Aktivisten zu bevölkern. Nicht alle von ihnen wollten ein politisches Zeichen setzen, indem sie in einen »Slum« zogen; einige suchten schlicht und einfach nach alten, erschwinglichen Häusern mit Flair für sich und ihre Familien. Dennoch verschafften sie dem Viertel das Image eines multikulturell geprägten Mikrokosmos, der Klassen- und Rassenschranken überwand. Es war der Beginn eines neuen Zeitalters, das sich nicht zuletzt in den Kulissen der *Sesamstraße* spiegelte, die den Brooklyner Fassaden frappierend ähnlich sahen. Trotzdem zog die Gegend nicht so viele Mittelstands-Newcomer an, als dass diese die alteingesessenen Puerto-Ricaner und Schwarzen hätten verdrängen können, und schließlich sorgten die Rassenunruhen, die Crack-Epidemie und die extrem hohe Mordrate in den Spätsiebzigern und Achtzigern dafür, dass das Viertel wieder an Attraktivität verlor. Das Gebiet um Wyckoff Gardens und die Gowanus-Wohnsilos wurde zu einer der gefährlichsten Gegenden New Yorks. Große Teile von Boerum Hill wirkten weiterhin wie ausgebombt, und die Immobilienpreise blieben relativ niedrig.

Doch dann kam der große Wandel. In den Neunzigern sank die Kriminalitätsrate in ganz New York, und plötzlich war Boerum Hill reif für eine »Neuentdeckung.« Etwa um diese Zeit zogen Gab und ich gleich um die Ecke nach Fort Greene. Die von Bäumen gesäumten Straßen, die schönen alten Gebäude und der offene Himmel hatten es uns angetan, aber auch das Idealbild eines Brooklyn, in dem Menschen verschiedener Klassen und Herkunft friedlich zusammenlebten. Es war merkwürdig: Als ich zum ersten Mal nach Brooklyn kam, hatte ich das Gefühl, schon viele Male dort gewesen zu sein. Fast schien es mir, als warteten dort lauter Freunde auf mich. Eines Tages, als ich zur U-Bahn unterwegs war, kam ich im Fort-Greene-Park an einer Gruppe spielender Kinder vorbei. Sie trugen Papierhüte und schlugen abwechselnd mit einem Stock auf eine mit Süßigkeiten gefüllte Piñata ein – es war eine Geburtstagsfeier –, und zwischen den Kindern entdeckte ich einen Ehrengast, der mein Herz höher schlagen ließ, und plötzlich passte alles zusammen. Es war Bibo aus der »Sesamstraße«, und auf einmal fühlte ich mich, als würde ich einem immer zu Späßen aufgelegten Onkel oder einem Lieblingstier begegnen. Ich befand mich im Land von Oskar, Grobi und dem Krümelmonster. Und während ich an diesem lauen Dezemberabend durch Boerum Hill schlendere, denke ich: Was soll einem schon Böses passieren an einem Ort, wo jedes Problem durch ein Lied, einen guten Rat oder eine Kindersendung gelöst wird?

***

Während der nächsten Tage wird die Stimmung immer angespannter. Kay verkündet, dass sie Salims Laden noch vor Weihnachten übernehmen wolle, damit wir ordentlich Bier und Lose vor den Feiertagen absetzen könnten. Unmöglich. Bis Weihnachten sind es gerade mal noch drei Wochen, und wir müssen nicht nur Salim davon überzeugen, uns den Laden zu verkaufen – mehr noch, ihm beweisen, dass wir seiner würdig sind –, sondern uns obendrein noch auf einen Preis einigen und den Vertrag aufsetzen, die Zustimmung des Vermieters erhalten, Lizenzen beantragen, Versicherungen abschließen und so weiter, ehe wir überhaupt anfangen können, den maroden Laden zu renovieren.

Nur eins habe ich vergessen: Es handelt sich um ein Deli: Erst einmal geht es ums Geldverdienen, erst in zweiter Linie um Bagatellen wie Löcher in der Decke.

Außerdem steht meine Schwiegermutter vor mir, der so ziemlich ungeduldigste Mensch auf diesem Planeten.

»Wenn Salim uns den Laden nicht vor Weihnachten verkauft, ist die Sache geplatzt«, beharrt sie.

Des Weiteren verkündet Kay, dass sie 50 000 Dollar unter dem Verhandlungspreis bleiben wolle, was mir keine sehr schlaue Vorgehensweise zu sein scheint. Doch Kay hat ihre eigenen Strategien. »Ich zahle nie den vollen Preis«, erklärt sie, womit sie zweifellos recht hat; sie feilscht immer und überall, selbst wenn es nur ums Trinkgeld geht. In dieser Hinsicht ist sie schlicht unverbesserlich. Preisschilder stellen für sie lediglich eine Verhandlungsbasis dar, auch wenn ich vermute, dass sie es meist aus reinem Spaß macht. Diesmal aber, sagt sie, sei es wichtig. »Wenn wir den vollen Preis akzeptieren, verliert er den Respekt vor uns.« Was einen ausgewachsenen Rattenschwanz hinter sich herziehen könnte.

Also bietet Gab 120 000 Dollar für den Laden. Und Salim – erst kann ich es nicht glauben – akzeptiert.

»Was?«, stammele ich. »Aber dann wären wir ja vielleicht mit noch weniger durchgekommen! Was, wenn der Laden gar keine 120 000 wert ist?« Plötzlich kommt mir die Sache spanisch vor, aber nachdem ich zuvor gegen Kays Strategie war, kann ich nun schlecht die Gegenposition einnehmen.

Salim scheint ausgesprochen erfreut. »Sehr sympathisch, Ihre Schwiegermutter«, sagt er. Er verspricht, den Laden bis zum 23. Dezember zu räumen.

Und plötzlich geht alles ganz schnell – noch eine besorgniserregende Entwicklung. Gabs Familie hat offenbar kein Problem damit, eine Entscheidung nach der anderen übers Knie zu brechen, aber ich sage mir, dass Vorsicht seit jeher die Mutter der Porzellankiste ist. Ich komme aus einer Akademikerfamilie, in der man seine Vorhaben erst einmal reiflich durchdenkt, dann den Denkprozess analysiert und anschließend ein Buch darüber schreibt, an dem man circa zwanzig Jahre sitzt.

Aber vielleicht ist es doch besser, sich nicht zu viele Gedanken zu machen. Denn wenn ich noch länger über Salims Deli nachdenke, bereue ich womöglich noch, mich je auf diese Sache eingelassen zu haben.

***

Trotz aller Eile gelingt es uns, den Deal mehr oder weniger ordnungsgemäß unter Dach und Fach zu bringen. Zeitraubende Intermezzi sparen wir uns dabei, etwa die Phase, wenn der alte mit dem neuen Besitzer hinter dem Tresen steht, ihm Kunden vorstellt und das eine oder andere Detail erklärt. Normalerweise nimmt so etwas eine gute Woche in Anspruch, doch Kay lässt Salim bereits nach einer Schicht wissen, dass sie Bescheid weiß. Nach einer halben Schicht, um genau zu sein.

Trotzdem sieht es ganz danach aus, als würde alles glatt über die Bühne gehen. Doch dann ruft Salim an und sagt, die Zahlungsmodalitäten müssten geändert werden. Er möchte, dass wir die Hälfte der Summe, die wir ihm schulden, einem Freund im Libanon schicken.

»Sie machen Witze.« Ich lache. »Sprechen Sie etwa von dem Land im Nahen Osten?«

»Von wegen Witze«, gibt Salim zurück. »Oder glauben Sie, ich meine New Lebanon, Pennsylvania?«

Ich schlucke. Offenbar haben wir uns zu früh gefreut,

und nun frage ich mich, wie wir das Geld – satte 65 000 Dollar – in ein Land am anderen Ende der Welt transferieren sollen. Per Überweisung? An eine Bank? Gibt es überhaupt Banken im Libanon? Oder will er etwa, dass wir das Geld in bar an eine Wechselstube in irgendeinem Bazar schicken?

»Sie können das Geld mit Western Union anweisen«, beruhigt mich Salim. Es handelt sich um eine ganz normale finanzielle Transaktion, trotzdem gehen sofort sämtliche Alarmglocken in mir los: *Ein junges Paar wollte in Brooklyn ein Geschäft eröffnen und wurde unfreiwillig zu Geldwäschern eines internationalen Verbrecherrings, der entführte amerikanische Kinder in die Sklaverei verkaufte und den Profit in Pornographie und Drogenhandel investierte. Unser Reporter Steve Kroft hat im Auburn State Prison den Ehemann interviewt, den ehemaligen Redakteur einer angesehenen Literaturzeitschrift, der hartnäckig seine Unschuld beteuert ...*

Plötzlich meldet sich mein schlechtes Gewissen. Deshalb, weil ich die ganze Zeit über in Vorurteilen denke. Würde ich denselben Argwohn empfinden, wenn Salim Schweizer wäre und mich bitten würde, Geld in die Schweiz zu überweisen – ein Land, das ich ebenfalls nur aus dem Atlas kenne? Ja, wenn er Schweizer wäre und mich bitten würde, eben mal 65 000 Dollar in sein Heimatland zu transferieren, würde ich ihn mit Sicherheit fragen, ob er noch alle Tassen im Schrank hat. In Salims Fall aber drücken Gab und ich ein Auge zu, da wir keinesfalls in den Ruch kommen wollen, Vorurteile zu hegen. Wir erklären uns einverstanden, auch wenn wir uns dabei alles andere als wohl fühlen.

»Ich kann mir nicht vorstellen, dass Salim etwas Böses im Schilde führt«, argumentiert Gab. »Würdest du siebzehn Stunden am Tag Muffins verkaufen, wenn du dick mit dem organisierten Verbrechen im Geschäft wärst? Außerdem ist er viel zu nett. Also, ich glaube das nicht.«

Ich auch nicht. Es passt einfach nicht zusammen.

Dann ruft Salim abermals an. Er hat es sich anders überlegt: Wir sollen das Geld nicht mehr mit Western Union anweisen; er will es seinem Cousin Farouk mitgeben, der in ein paar Tagen ohnehin in den Nahen Osten reist. Er fragt, ob wir die Summe in bar besorgen können – in Hundertern und Zwanzigern, wenn möglich.

* * *

Natürlich stimmen wir auch diesmal zu, ebenso wie einer Reihe anderer Last-Minute-Sonderwünsche. Dauernd ändert sich irgendetwas und bringt uns aus dem Konzept. Erst sollen wir Farouk einen Barscheck ausstellen, dann soll sich Salims Steuerberater um alles kümmern, ein chassidischer Jude aus Crown Heights, der samstags nicht arbeitet, dann wiederum will sich Salim der Sache selbst annehmen, sobald alles vertraglich geregelt ist.

Aber Salim zeigt sich auch sehr entgegenkommend. Er hat nichts dagegen, dass wir einen Teil der Summe, die wir im Lauf der nächsten 24 Monate abzahlen müssen, mit Erlösen aus dem Laden begleichen. Und er nimmt keine Zinsen. »Moslems glauben nicht an Zinsen«, sagt er. »Zinsen sind unislamisch.« Ich hätte Salim nicht für religiös gehalten, könnte aber in diesem Moment nicht dankbarer dafür sein.

Am Tag der Vertragsunterzeichnung packt Gab die

Dollarnoten zusammen, die sie im Lauf mehrerer Tage von der Bank geholt hat, und verstaut sie in einem Rucksack. Erstaunlich, wie wenig Platz so viel Geld in Anspruch nimmt; obendrein kommt man sich vor wie ein Nebendarsteller aus den *Sopranos*, der am Ende der Episode unweigerlich von Kugeln durchsiebt in der Gosse landen wird. Man fühlt sich, als trage man ein Schild mit der Aufschrift WEHRLOSE PERSON MIT JEDER MENGE KOHLE auf dem Rücken, und eine Fahrt mit der New Yorker U-Bahn ist so ziemlich das Letzte, was man mit so viel Geld unternehmen möchte.

Genau das aber hat Gab vor. Sie trifft sich mit Salim in der Kanzlei seines Rechtsanwalts in Manhattan, während Kay und ich die Neueröffnung des Ladens vorbereiten.

Der Countdown läuft. In drei Stunden sind wir stolze Besitzer eines Delis. Ich bringe Gab zur U-Bahn; später wird sie mir erzählen, dass sie den Rucksack vor Aufregung wie ein Neugeborenes an ihre Brust gepresst habe. Die U-Bahn rauscht unter dem Hudson hindurch. Als sie das Büro des Rechtsanwalts betritt, fällt ihr gleich auf, wie nervös Salim ist. Er springt vom Konferenztisch auf und späht angespannt aus dem Fenster auf den Verkehr hinaus, während er irgendetwas auf Arabisch in sein Handy brüllt.

»Alles in Ordnung?«, fragt Gab.

»Meine Frau sitzt unten im Wagen, und die Polizei macht ihr die Hölle heiß, weil sie im Halteverbot steht.«

Gab sieht den Deal schon platzen. »Sagen Sie ihr doch einfach, sie soll in die nächste Tiefgarage fahren. Sie wissen ja, wie die Cops hier sind.« Ground Zero liegt nur zwei Blocks entfernt.

Aber wie sich herausstellt, hat Salims Frau keinen Führerschein. *O nein,* denkt Gab. *Muss das jetzt auch noch schiefgehen?*

Doch dann, aus welchem Grund auch immer, lässt die Polizei Salims Frau in Ruhe, und Salim beruhigt sich wieder. Er besteht darauf, das Geld im angrenzenden Raum zu zählen. Draußen wird es allmählich dunkel. Salims Anwalt sieht auf die Uhr und betreibt Smalltalk, während Gab den Papierkram unterzeichnet. *Jetzt passiert garantiert noch was,* denkt sie. *Immer passiert etwas in allerletzter Sekunde.*

»Perfekt!« Salim platzt in das Zimmer. »Alles in bester Ordnung. Ich gratuliere.« Er händigt ihr die Ladenschlüssel aus (Kay und ich haben die Ersatzschlüssel). »Willkommen in der wunderbaren Welt des Einzelhandels.«

Gab fragt sich einen Moment, ob das ein Witz sein soll.

»Und was machen Sie jetzt?«, fragt sie Salim auf dem Weg aus der Kanzlei.

»Ich fahre nach Arizona«, erwidert Salim. »Ein Cousin von mir hat dort eine Tankstelle.«

Er steigt in sein Auto – einen brandneuen Geländewagen, dessen Windschutzscheibe mit Strafzetteln gepflastert ist – und winkt Gab zu. »Alles halb so wild«, sagt er noch, bevor er und seine Frau in der Dämmerung verschwinden.

Amateure

Heute ist mein erster Tag als frischgebackener Deli-Inhaber. Ich stehe neben der Registrierkasse und überlege, was fehlt. Vor ein paar Minuten, um Punkt 16:00 Uhr, war Schichtwechsel, und jetzt herrscht vorübergehend Flaute. Erst einmal muss ich mich hinter der Wursttheke vorbeidrücken, doch dann verspüre ich zu meiner Verblüffung doch einen leichten Adrenalinstoß, als ich mich hinter die Kasse quetsche. Ich fühle mich wie auf einer Bühne (tatsächlich stehe ich sogar auf einer kleinen Plattform), doch gleichzeitig ist es hier so eng, als stünde ich auf einem Parkplatz zwischen zwei Autos, nur dass ich mich wegen der Marlboro-Leuchtreklame über meinem Kopf leicht ducken muss. Hinter mir befindet sich eine Spüle, voll mit feuchtem Kaffeesatz, zu meiner Rechten eine nach Essig riechende Schneidemaschine, auf deren Ablage Salat- und Schinkenreste liegen, und zu meiner Linken eine Lottomaschine, die Papierfetzen ausspuckt und sich wie ein zorniger Roboter anhört. Trotzdem galt mein erster Gedanke nicht all dem Schmutz und der Unordnung hier; irgendwie werde ich das Gefühl nicht los, dass hier etwas *fehlt*.

Nach ein paar Minuten fällt der Groschen: Ich brauche einen Stuhl.

Monatelang haben wir nach einem passenden Laden gesucht, und nun beginnt die nächste Phase. Noch kommt es mir absolut unwirklich vor, auf der anderen Seite des Tresens zu stehen. Gehört das Geschäft tatsächlich uns? Oder besteht die Möglichkeit, dass Salim es sich noch mal anders überlegt und uns den Laden wieder wegnimmt?

Ich will nur noch eins: diesen vier Wänden unseren Stempel aufdrücken. Nur haben wir keine Zeit. Auch wenn jetzt gerade für ein paar Minuten Ruhe herrscht, wird in Kürze eine endlose Flut von abendlichen Kunden über mich hereinbrechen, und es gibt auch sonst jede Menge zu tun – aber ich will nicht meckern, weil ich so wenigstens meiner Schwiegermutter aus dem Weg gehen kann.

»'Tschuldige«, sagt Kay, nachdem sie mich unsanft gegen die Spüle gedrängt hat. Sie und Gab haben hier seit sechs Uhr morgens die Stellung gehalten; Gab ist todmüde nach Hause gefahren, während ihre Mutter immer noch fit wie der berühmte Turnschuh ist.

»Die Schecks für die Lieferanten sind in der Kasse, unter der Ablage«, sagt Kay, bevor sie ebenfalls nach Hause geht. »Wir müssen übrigens Bier nachbestellen, aber kein Heineken, sondern Brooklyn Lager. Die Preisliste liegt da drüben. Hab immer ein Auge auf die Kasse, belege die Sandwiches nicht zu großzügig, gib immer nur ein Tütchen Zucker zum Kaffee, und vergiss nicht, dir einen Ausweis zeigen zu lassen, falls jemand minderjährig aussieht. Hab ich irgendwas vergessen? Ja. Mach die Außenbeleuchtung an, sobald es dunkel wird, sonst glauben die Leute noch, wir haben geschlossen. Ach ja, hast du an der Straße geparkt? Vergiss bloß nicht, Geld an der Parkuhr nachzuwerfen – 105 Dollar Strafe, wenn sie dich aufschreiben! Kannst du das alles behalten?«

Ich nicke, doch die Wahrheit ist, dass ich mich noch nie so schlecht vorbereitet gefühlt habe. Gestern, als Gab zum Vertragsabschluss bei Salims Anwalt war, habe ich bereits einen kleinen Vorgeschmack auf mein neues Leben bekommen, auch wenn ich die meiste Zeit mit dem Auffüllen von Regalen beschäftigt war – Kay ist der Boss, und Widerworte sind nicht angesagt. Und als wir nach Hause kamen, unkte Gab bereits, dass es heute um einiges stressiger werden würde. Ich zweifelte nicht daran, war aber trotzdem nicht nervös. Als New Yorker hatte ich Tausende von Malen in irgendwelchen Delis eingekauft und glaubte zu wissen, wie der Hase läuft. *Schließlich ist jedermann in der Lage, einen Becher Kaffee zu verkaufen oder einen Bagel zu schmieren, oder?*

Nun aber geht mir siedend heiß auf, dass ich mich geirrt habe. Wer ein Deli betreibt, kann froh sein, wenn er sich *nur* darum kümmern muss, einen Kaffee einzuschenken, einen Bagel zu schmieren oder Lottoscheine zu verkaufen. Meist aber ist man damit beschäftigt, mindestens zwei dieser Aufgaben gleichzeitig zu erledigen, während man im Kopf bei tausend anderen Dingen ist, egal, was man gerade mit den Händen macht.

Und dann ist da noch die Registrierkasse, die mich – so wie wohl jeden Neuling – in den Wahnsinn treibt. Unsere ist eine Royal Alpha 9150 mit fünfzig einschüchternden, verschiedenfarbigen Tasten; leider hat sie keinen Preisscanner, mit dem ich die Kunden hinterrücks ins Visier nehmen kann. Die Registrierkasse hat dieselbe

Wirkung auf mich wie Quadratwurzelgleichungen und französische Filme – sie zwingt mich regelrecht zum Gähnen, während ich mich gleichzeitig komplett hilflos fühle. Kay meint, es würde reichen, wenn ich ein Zehntel der fünfzig Tasten bedienen könne, doch wann immer ich auf Kürzel wie CONF-L oder MULTI-TAX LEVEL T starre, verstehe ich bloß noch Bahnhof.

Noch ungeschickter stelle ich mich mit dem Geld selbst an. Das war schon immer so: Sobald ich Münzen oder Scheine in die Hände kriege, werden meine Finger taub und klamm. Es fing in frühem Alter an. Sowie ich meinen Eltern stolz ein paar Dollar vorzeigte, die ich gespart hatte, bellten sie mich an, sie sofort wieder wegzulegen. Kurz darauf stellte ich fest, dass meine Eltern Geld häufig an Orten deponierten, wo sie es todsicher nicht wiederfinden würden, oder kleinere Summen an ziemlich unwürdigen Orten wie etwa der Sockenschublade ablegten. Sie gingen nicht prinzipiell fahrlässig mit Geld um, schienen aber irgendwie demonstrieren zu wollen, dass es ihnen so wichtig nun auch wieder nicht war.

»Hier.« Kay drückt mir ein kleines Bündel Zwanziger in die Hand. »Zähl nach.«

Kaum habe ich damit angefangen, gleiten mir die Scheine auch schon aus der Hand. Kay gibt ein genervtes Stöhnen von sich. Wir bücken uns und klauben die Scheine wieder auf.

»Versuch's mit was anderem.« Sie reicht mir ein Snickers. »Ich will das kaufen. Tu so, als wäre ich eine ganz normale Kundin.«

Ich nehme den Riegel und wende mich zögernd zur Registrierkasse; schon das erste Symbol, das ich erspähe, sieht wie ein Schriftzeichen aus den Zeiten der Maya aus.

»Gibt's ein Problem?«, fragt Kay, während ich mit halb offenem Mund dastehe und mein Zeigefinger unschlüssig über den Tasten schwebt.

Ich verziehe das Gesicht. »Was kostet das?«, frage ich. »Das Snickers, meine ich.«

»Das weißt du nicht? Ich dachte, Gaby hätte dir die Preisliste gegeben.«

Wir haben über tausend verschiedene Produkte im Sortiment, und nur ein Drittel davon ist mit Preisschildern ausgezeichnet. Für jemanden wie mich, der sich nicht mal den PIN-Code seiner eigenen Bankkarte merken kann, ist das eine echte Herausforderung.

»Hat sie auch«, gebe ich zu. »Ich bin bloß noch nicht bis zu den Schokoriegeln gekommen.«

»Fünfundsechzig Cent«, sagt Kay, die sich merklich Mühe gibt, nicht ungeduldig zu klingen. Anschließend zeigt sie mir, welche Tasten ich drücken muss, damit sich die Kasse öffnet. Die Kombination, mit der das amerikanische Atomwaffenarsenal entfesselt wird, kann nicht viel komplizierter sein.

»Na also, geht doch«, versuche ich zu witzeln. »Tja, dann können wir ja jetzt nach Hause fahren.«

Kay runzelt nur die Stirn. Wenn das ein Test war, bin ich gerade mit Pauken und Trompeten durchgerasselt.

***

Kurz darauf kommt mein erster Kunde, ein Mann mit säuerlicher Miene und über die Halbglatze gekämmten Haaren. Hundemüde und niedergeschlagen sieht er aus, und auch der schlecht sitzende Anzug, der seine Schultern besonders schmal wirken lässt, und die schief hängende Krawatte fallen mir gleich ins Auge. Unwillkürlich frage ich mich, ob er ein Zuhause, eine Familie hat. Du lieber Himmel, wie furchtbar, in der Mitte seines Lebens zu stehen und keine Familie zu haben. Ist das sein ganzes Abendessen – eine Büchse Corned Beef und eine Packung Industriebrot? Vor meinem inneren Auge sehe ich, wie er in irgendeinem winzigen Apartment auf der Kante einer verschlissenen Couch hockt und von einem Pappteller isst. Der Gedanke ist schlicht unerträglich.

»Sind Sie neu hier?«, fragt der Mann.

»Wie?« Ich bin immer noch dabei, das verpackte Brot auf der Suche nach dem Preisschild hin und her zu drehen; im selben Augenblick sehe ich, dass der Preis direkt auf der Plastikverpackung steht.

»Entschuldigung«, sage ich.

Der Mann lächelt wohlwollend. »Kein Problem. Jeder hat irgendwann mal neu angefangen. So läuft das eben in New York. Woher kommen Sie denn?«

Tja, wäre ich bloß neu hier, denke ich. Dann hätte ich wenigstens eine anständige Entschuldigung. Ich werfe einen Blick zu Kay hinüber, die mich skeptisch mit verschränkten Armen mustert. Ich war noch nie ein großes Arbeitstier, aber nicht, weil ich mich gern auf die faule Haut lege. Ich konzentriere mich meist leider auf die falschen Dinge – darauf, wie Leute aussehen, was für Kleidung sie tragen und ob sie Worte wie »Metapher« richtig verwenden. Gab hat mal bemerkt, ich sei jemand, der »ganzheitlich« denke, den Überblick bewahren wolle. Was man als Kompliment auffassen kann – oder aber auch als Wink mit dem Zaunpfahl, dass man stets das Wesentliche aus den Augen verliert. Wahrscheinlich meinte sie beides.

Der Witz ist: Ich wäre nichts lieber als ein guter Kassierer. Wer wie ich nicht einmal dazu in der Lage ist, eine Kasse zu bedienen, scheint mir an einem ebenso fundamentalen Defizit zu leiden wie jemand, der nicht Auto fahren kann, weil er sein ganzes Leben einen Chauffeur hatte, oder außerstande ist, sich eine Mahlzeit zu bereiten, weil er immer bekocht wurde. Und ich möchte nicht zu jenen Menschen gehören, die »zwei linke Hände« haben, wie Kay zu sagen pflegt.

Die Arbeit hinter der Kasse hat sogar einen gewissen Reiz: Man muss hellwach sein, Augen und Hände koordinieren und darf nicht die Ruhe verlieren. Während der nächsten halben Stunde versuche ich Kay zu beweisen, dass ich die Kasse genauso schnell bedienen kann wie jeder andere, mit dem Ergebnis, dass ich zig Beträge stornieren muss, einem dankbaren Kunden 19 Dollar zu viel herausgebe, einem anderen zwischendurch statt eines normalen schwarzen Kaffees ohne Zucker einen entkoffeinierten mit Süßstoff mache und es beim besten Willen nicht hinkriege, ein läppisches Putensandwich zuzubereiten (die Kundin verlässt stocksauer den Laden).

Schließlich zieht Kay mich beiseite.

»Kümmere dich ums Lager«, befiehlt sie.

»Schon wieder?«

Sie nickt.

Frustriert trotte ich ans andere Ende des Ladens. Und das Schlimme ist, dass Kay mit ihrer Verbannungsaktion recht hat. Wer sich nicht hinter Kasse und Tresen nützlich machen kann, sollte seinen Kollegen wenigstens nicht im Weg herumstehen. Auf so kleinem Raum ist man entweder Hilfe oder Behinderung, mal abgesehen davon, dass man in Kays Nähe jederzeit Gefahr läuft, versehentlich eine Fingerkuppe an der Schneidemaschine zu verlieren oder mit frischem Kaffee verbrüht zu werden.

Gelegentlich frage ich mich, wie meine Schwiegermutter über mich denkt. Ich glaube, sie nimmt mich und meine Tätigkeit als Redakteur durchaus ernst, auch wenn sie mich des Öfteren fragte, warum die *Paris Review* nicht neben *Pro Wrestling Illustrated* und *People* im Zeitschriftenregal steht, als sie noch im Supermarkt arbeitete. Ich glaube, sie hält mich für einen hoffnungslosen Fall, der wie so viele Männer nicht in der Lage ist, aus eigenem Antrieb den Müll vor die Tür zu bringen oder den Wagen aufzutanken.

Zudem habe ich ihrer Ansicht nach vergessen, was Leiden bedeutet. »Ihr Amerikaner fangt gleich an zu heulen, wenn ihr euch bloß in den Finger schneidet«, sagte sie irgendwann zu mir. »Ich würde nicht mal mit der Wimper zucken, wenn man mir die Hand abhackt.«

Einerseits kann diese Leidensfähigkeit dazu führen, dass nur noch gnadenlos jeder gegen jeden kämpft. Andererseits fördert sie auch bestimmte Eigenschaften, wie zum Beispiel Durchsetzungsvermögen und Konfliktfähigkeit. Und wenn ich mich nicht ganz täusche, ist Kay der Meinung, dass mir genau diese Eigenschaften abgehen.

Nicht dass ich deshalb komplett nutzlos wäre. Mit meinen professionellen, im täglichen Literaturbetrieb geschulten Kommunikationskünsten kann ich als eine

Art interkultureller Mittler auftreten und meine Schwiegermutter mit den subtileren Aspekten der amerikanischen Kultur vertraut machen. Neulich habe ich ihr beispielsweise erklärt, was genau *Eurotrash* bedeutet, und als wir letzte Woche im International House of Pancakes waren, konnte ich ihr ausführlich erläutern, wie Ahornsirup hergestellt wird – »Na ja, ist eigentlich bloß Pflanzensaft.«

Leider glaubt Gab allen Ernstes, dass mein »ganzheitliches« Denken ein echter Aktivposten für unser Deli sein wird. »Du weißt, was die Leute wollen«, sagt sie. Gab meint, die Unternehmensphilosophie ihrer Mutter gleiche ihrem Fahrstil – befindet sie sich erst mal auf dem Highway, fährt sie stur auf derselben Spur geradeaus. »Klar, Konsequenz ist eine Tugend«, fährt Gab fort, »aber sie glaubt, dass die Kunden immer noch das wollen, was vor zwanzig Jahren in Texas und Ohio en vogue war«, den ersten Stationen der Paks, nachdem sie in die Vereinigten Staaten gekommen waren.

Während ich noch darüber sinniere, höre ich plötzlich Kay, die mich wieder nach vorn ruft.

»Ich kassiere«, sagt sie. »Du packst die Tüten voll.«

Der abendliche Ansturm hat begonnen. Es ist, als habe ein U-Bahn-Waggon direkt vor dem Laden gehalten. Die Kunden schwappen regelrecht herein – die Tür schließt sich praktisch schon gar nicht mehr – und stehen, vollgepackt mit Waren, Schlange an der Kasse. Sie sind müde, mürrisch und wollen nach Hause. Doch obwohl ich im Eintüten alles andere als ein Weltmeister bin, gelingt es mir tatsächlich, einen Endlosstau zu verhindern – schließlich bemerken es die meisten Leute erst zu Hause, dass man ihnen zwei Liter Milch auf die frischen Eier gepackt hat.

Kays Kassentechnik ist atemberaubend. Selbst wenn sie vier- oder fünfmal pro Sekunde auf die Tasten tippt, tut sie das mit stupender Akkuratesse, es klingt wie eine Herde galoppierender Pferde. Hält sie zwischendurch inne, herrscht eine Stille, dass man eine Stecknadel fallen hören könnte, und fast erwarte ich dann, dass die geplagte Royal Alpha einen erschöpften Seufzer ausstößt. Kays beständige Präsenz an der Kasse gibt den Leuten das Gefühl, dass im Universum alles seinen geregelten Gang geht und sie eines Tages ihre Familien wiedersehen werden. Unmöglich, ihr zuzusehen und sich nicht insgeheim zu wünschen, selbst hinter der Kasse zu sitzen.

Das Gespenst

Nach wenigen Tagen haben wir heraus, nach welchen Mustern der Tagesablauf in unserem Deli funktioniert. Während der Spätschicht ist anfangs meist erst die Hölle los, doch obwohl das Geschäft dann merklich abflaut, findet man nicht die Zeit, sich zwischendurch anderen Dingen zu widmen, etwa ein Buch zu lesen, da man nie weiß, ob es nun zwei Minuten oder eine Stunde dauert, bis der nächste Kunde hereinplatzt. Hätten wir einen Computer im Laden, wäre das Internet mit seinen geistlosen Informationshäppchen das perfekte Medium, um sich ein wenig abzulenken. Wenn ein Kunde hereinkommt, versuche ich nicht allzu deutlich durchblicken zu lassen, was ich denke: *He, Moment! Hauen Sie bloß nicht gleich wieder ab! Erzählen Sie mir ein paar öde Geschichten aus Ihrem öden Leben – aber lassen Sie mich nicht allein hier sitzen!*

Tatsächlich langweile ich mich derart, dass ich mir die Zeit mit lauter Schwachsinn vertreibe, um überhaupt etwas zu tun zu haben, à la: *20:00 Uhr: Flusen aus Taschen klauben; 21:00 Uhr: Fingernägel schneiden (nur linke Hand, rechte für später aufheben); 22:00 Uhr: Taschen nach frischen Flusen durchsuchen; 23:00 Uhr: Bodenfliesen zählen.*

Das Auffüllen der Regale ist eine unglaublich monotone Tätigkeit, die man sowohl als meditativ wie auch als schwer beschränkt empfinden kann. Zuweilen inspiriert sie einen zu wahrhaft tiefschürfenden Gedanken, etwa über das Wesen der Zeit, auch wenn man die meiste Zeit nur über Nichtigkeiten grübelt, wie etwa: *Funktioniert eine Zugtoilette eigentlich wie ein Plumpsklo? Wieso lassen sich manche Leute den eigenen Namen tätowieren? War Fred Rogers, der Schauspieler, der den Mr. Rogers in »Mr. Rogers' Neighborhood« spielte, tatsächlich ein ehemaliger Ledernacken, der in Vietnam mehr als hundert Menschen getötet hatte?* Gestern kam mir eine U-Bahn-Reklame in den Sinn, mit der nach neuen Lehrern gesucht wurde: »Ein Beruf mit Zukunft! Nichts ist wichtiger als die nächste Generation!« Ohne zynisch klingen zu wollen, aber was macht »die nächste Generation« eigentlich so wichtig? Die jetzige Generation war doch auch schon »die nächste«, oder? Was ist mit ihr passiert? Galten wir bloß als wichtig, solange wir im Erwachsenwerden begriffen waren?

Menschen beschwören die Zukunft, weil sie der Gegenwart Bedeutung verleiht. Doch wenn man tagaus, tagein damit beschäftigt ist, Regale einzuräumen, beginnt man über kurz oder lang daran zu zweifeln. Es ist wie in *Und täglich grüßt das Murmeltier*, in dem Bill Murray feststellt, dass in seinem Leben nie wieder etwas Überraschendes oder Bedeutsames geschehen wird, was ihn zwangsläufig zu der Frage führt: Wenn die Zukunft nicht mehr wichtig ist, was kümmert einen dann noch die Gegenwart?

In diesem Zusammenhang fällt mir ein, dass die Paks,

deren Zukunftsaussichten hierzulande alles andere als rosig waren (das Geld für ein Haus etwa haben sie erst vor ein paar Jahren zusammengebracht), nicht den geringsten Hang zu selbstquälerischen Reflexionen über die potentielle Tragweite ihrer Entscheidungen haben. Denke ich an das Wort Existenzialist, kommen mir Gauloises rauchende Philosophen mit Baskenmützen in den Sinn; die Paks sind sicher keine Philosophen, aber Existenzialisten ganz bestimmt. Sie machen sich keine Sorgen darum, was dieser oder jener Moment bringen könnte, sondern schöpfen ihn einfach voll und ganz aus – zugegeben, bei ihrem Lebensrhythmus bleibt ihnen wohl auch keine Zeit, sich groß den Kopf zu zerbrechen.

Für mich hingegen besitzt jede noch so kleine Entscheidung eine kosmische Bedeutung. Jeder Einkauf ist eine Entscheidung zwischen falsch und richtig. Jedes Hemd, das ich anziehe, ist Ausdruck meiner Persönlichkeit. Kein Wort kommt über meine Lippen, ohne dass ich mir vorher dreimal überlegt habe, was ich von mir gebe. Es ist unmöglich, passiv oder neutral zu bleiben: Egal, was wir tun, stets geben wir etwas von uns preis, und stets fordern wir das Urteil anderer ein.

Keine Frage, diese Lebenssicht ist das Resultat meines bourgeois-neurotischen Narzissmus, verdankt sich aber auch einer der Kardinalregeln meiner elitären Oberschicht-Erziehung, die da lautet: Es gibt keine unwichtigen Details; vielmehr sind die winzigsten Details sogar die bedeutsamsten, da sie am meisten über die betreffende Person verraten. »An den Umgangsformen erkennt man den feinen Mann«, schrieb William of Wykeham, aber einem Protestanten von der Ostküste geht dieses

Statement wahrscheinlich nicht weit genug. Weil man an den Umgangsformen nämlich noch viel, viel mehr erkennen kann. Von der Lautstärke der Stimme bis zur Größe des Logos auf dem Hemd – alles spricht Bände. Und wenn man sich vor Augen führt, welche Vielzahl von Informationen, Symbolen und Botschaften entschlüsselt wird, allein wenn man einen Raum betritt, grenzt es eigentlich an ein Wunder, dass die meisten Protestanten an ihren Verhaltensregeln noch nicht erstickt sind.

Leider hat die antiprotestantische Revolte unserer Elterngeneration nichts Wesentliches geändert, da sie die Hauptregel – »Bedenke die Tragweite deiner Entscheidungen« – beibehalten und diese Verhaltensprogrammierung letztlich sogar noch verschärft haben; mittlerweile fragen wir uns sogar, welche Klopapiermarke Auswirkungen auf die Zerstörung der Meeresriffe hat.

Als meine Vorfahren mit der *Mayflower* nach Amerika kamen (dreizehn von ihnen überlebten die Überfahrt), nachdem sie sich von der englischen Kirche losgesagt hatten, waren sie eher Macher als Denker. Dennoch ist es erstaunlich, wie schnell sie sich nach diesem Abenteuer wieder in zögernde Grübelanten verwandelten. Um sie herum erstreckte sich ein riesiger, fruchtbarer und unerschlossener Kontinent, doch sie zogen es vor, in Plymouth zu bleiben, Maibäume zu verbieten, untereinander zu heiraten und den hoffnungslos kargen Boden der Gegend zu beackern. Sie wollten nicht weiter nach Westen ziehen. Sie wollten nicht die Great Plains, die Adirondacks oder die Okefenokee-Sümpfe erkunden. Sie wollten nicht mal nach Boston, wo es einen besseren Hafen und die neuesten Schnallenschuhe gab. Im Geldverdienen und in der Politik waren sie eher mäßig. Ihre Stärken lagen im Beobachten, im Belehren und in der Meinungsmache; sie wurden Historiker, Richter, Schriftsteller und Prediger. Sie waren überaus kleinlich und lebten in der Vergangenheit; so wie ihre Vorväter hingen sie der Überzeugung an, dass die Welt übersichtlich bleiben musste und durch Neuerungen und Innovationen bloß den Bach hinunterging. Sie waren Amerikas Bremser, seine Erwachsenen, seine Mahner auf der großen globalen Exkursion in die Zukunft – fast bemitleidenswerte Figuren, die sich in »Gottes Land der Zukunft«, wie Thomas Paine die im Entstehen begriffene Nation einst nannte, als Stimmen der Vernunft aufspielten. Im aufstrebendsten, optimistischsten Land der Welt versuchten sie ihre Mitbürger daran zu erinnern, dass es nicht immer nur aufwärts geht. Im Kino wären sie diejenigen, die pausenlos andere Zuschauer anzischen, verdammt noch mal endlich still zu sein – selbst wenn gerade *Auf dem Highway ist die Hölle los* läuft.

Tja, man hat eine Menge Zeit zum Nachdenken, während man Katzenfutter in die Regale räumt. Aber wenn man gleichzeitig das Gefühl hat, etwas geleistet zu haben, und es obendrein gar kein so schlechter Abend ist, vergehen die Stunden wie im Flug, ehe man feststellt, dass man schon wieder nach Hause fahren darf.

∗∗∗

Während ich hinten bei den Kühlfächern eine Tüte Chips esse, betritt jemand den Laden, doch als ich nach vorn gehe, ist niemand da; offenbar hat der Kunde nur kurz den Kopf zur Tür hereingesteckt und ist gleich wieder gegangen. Manche Kunden machen das eben so, wobei ich mich jedes Mal frage, was diese Leute in einem Sekundenbruchteil eigentlich zu erspähen versuchen. Jedenfalls ist am heutigen Nachmittag nicht viel los. Ich widme mich also wieder den Chips – hin und wieder vertreibe ich mir die Zeit auch damit, unsere Produkte zu testen –, bis mir zehn Minuten später wie Schuppen von den Augen fällt, dass die Person, die vorhin die Tür geöffnet hat, nach wie vor hier ist, die ganze Zeit über hier war.

Es ist mein Schwiegervater Edward, ein Mann wie ein Gespenst, der sich seine Brötchen mit der Reparatur von Klimaanlagen und Kühlschränken verdient.

»Ich habe dich gar nicht bemerkt«, rufe ich, als ich ihn im Lager entdecke. Er liegt flach auf dem Rücken, den Arm fast ganz in einem der Großraumkühlschränke, als wolle er ein Baby zur Welt bringen. Er lächelt vage und winkt ab, als ich ihm die Hand reichen will, weil meine Hände mit Fastfood-Resten und seine mit Maschinenöl verschmiert sind.

»Soll ich den Kühlschrank abschalten?«, frage ich. In dem Ungetüm rotieren mehrere Ventilatoren, doch er winkt nochmals ab, da es ihm offenbar lieber ist, ein paar Finger zu verlieren, als die Getränke auch nur um zwei Grad wärmer werden zu lassen.

Als er fertig ist, kommt Edward an den Tresen, um sein Abendessen herunterzuschlingen: eine Schachtel mit gezuckerten Doughnuts und eine in Plastik verpackte Slim-Jim-Monstersalami, die er sich aus einem der Regale genommen hat. Während ich mich hier stets gratis verköstige, besteht er darauf zu bezahlen und weigert sich sogar, das Wechselgeld anzunehmen.

»Wo kommst du denn gerade her?«, frage ich.

Doch Edward macht sich unter zahlreichen Entschuldigungen bereits wieder auf den Weg nach draußen. »Keine Zeit«, sagt er und tut so, als würde er ein Steuer in Händen halten, ehe er seinen ölverschmierten Daumen reckt. Dann steigt er in seinen ziegelfarbenen Kleintransporter, dessen Karosserie notorisch so weit durchhängt, als sei er mit Hanteln oder Felsbrocken beladen, bevor er nach Manhattan durchstartet.

Das war einer der längsten Dialoge, die ich seit Monaten mit meinem Schwiegervater geführt habe. Obwohl ich mit ihm unter einem Dach lebe.

Bevor wir heirateten, verriet mir Gab, dass ihr Vater ein echtes Mysterium für sie sei. »Keiner in unserer Familie weiß, was er den ganzen Tag über macht, mit wem er sich trifft, wie er sein Geld verdient«, sagte sie. »Wir wissen bloß, dass er arbeitet, das ist alles.«

Zwei, drei Jahre später aber ging mir ein Licht auf. Edward ist ein Künstler, gefangen im Körper eines Elektrikers. Sein wahres Medium ist die Musik, insbesondere sentimentale alte Kriegsballaden aus Korea, die sich anhören wie eine Kreuzung aus Bing Crosby und dem Soundtrack eines Samurai-Films. Singen ist seine Berufung. Wenn er abends nach der Arbeit ein Schälchen Ramen gegessen hat, stimmt er gern im Sitzen ein Liedchen an, und sonntags – er schließt grundsätzlich sein Handy in seinem Transporter ein, damit ihn kein Kunde stören kann – bringt er ebenfalls gern das eine oder andere Ständchen, während er es sich zu Hause in seinem übergroßen Flanellschlafanzug gemütlich macht. Natürlich singt er auch im Auto, wo er die meiste Zeit verbringt, und verfeinert seine Technik, indem er Aufnahmen von sich selbst studiert, die er mit seiner Heimkaraoke-Maschine macht, einer VocoPro Wanderer, die auch einschlägigen Bars zur Ehre gereichen würde.

Ansonsten ist er ziemlich schweigsam.

Als wir in den Keller zogen, glaubte ich, dass ich meinen Schwiegervater nun ein wenig besser kennenlernen würde. Tatsächlich aber ist Edward wahrscheinlich der einzige Mensch auf der Welt, mit dem man ein ganzes Jahr auf engstem Raum zubringen könnte, ohne auch nur das Geringste über ihn zu erfahren. Er ist so gut wie immer auf Achse, und ist er mal zu Hause, schläft er, wenn er nicht gerade singt, und wenn ich ihn zufällig mal zu sehen kriege, dann etwa so wie vorhin im Laden: Er materialisiert sich quasi aus dem Nichts, steht urplötzlich neben einem, verstohlen, allwissend und kapriziös wie ein alter Kater.

Immerhin ist es mir gelungen, während der vergangenen Monate doch eine Kleinigkeit über ihn herauszufinden. Ehe wir in Kays Keller zogen, glaubte ich, dass man als Kühlschranktechniker in der Hierarchie schlimmer Berufe vielleicht knapp über einem Grubenarbeiter rangiert, nicht zuletzt, weil die beiden Berufe etliche Gemeinsamkeiten haben, angefangen damit, dass Spezialisten für Heizung, Lüftung und Klimatechnik jede Menge Zeit in dunklen, engen Räumen zubringen, in denen sie gefährlichen Gasen und scharfen Objekten ausgesetzt sind. Tatsächlich aber ist es noch schlimmer. Kühlschranktechniker sind die einzigen Menschen auf der Welt, die zwischen der Zivilisation und dem Mittelalter stehen – sie sind diejenigen, die dafür sorgen, dass unsere Nahrung frisch bleibt. Göttern gleich haben sie die Macht, uns in Höhlenmenschen zurückzuverwandeln, die sich von Beeren und Insekten ernähren, und doch sind sie immer im Dienst, solange die Ladenbesitzer da draußen Lebensmittel wie Sushi und Kartoffelsalat verkaufen, die gekühlt werden müssen.

Aber Edwards Job ist nicht deshalb so brutal hart, weil er pausenlos von einem Reparaturjob zum nächsten düsen muss, sondern weil hysterische Deli-Inhaber nicht davor zurückschrecken, auch mitten in der Nacht anzurufen, Weihnachten und Silvester eingeschlossen. Mag sein, dass er zwischendurch mal ein paar Stunden Ruhe hat, aber Urlaub ist für ihn ein Fremdwort. In Wahrheit habe ich ihn nur ein einziges Mal außerhalb von New York City gesehen: bei unserer Hochzeit in New England.

Seltsam an der Sache ist, dass Edward niemals ein negatives Wort über seinen Job verliert. Ich glaube sogar, dass er ihn für nichts auf der Welt gegen einen anderen eintauschen würde. Warum auch? Als Kühlschranktechniker kann man tagtäglich Auto fahren, rauchen und an großen Maschinen herumfummeln, sprich drei der großen Freuden des Lebens genießen. Und wenn man jetzt noch hinzuaddiert, dass man jede Menge Zeit zum Musikhören hat, während man in der Riesenflotte der Mechaniker, Chauffeure, Kuriere, Pizzaboten und Abschleppwagenfahrer durch New York gondelt, kommt man der Vorstellung mancher Menschen vom Paradies doch ziemlich nahe.

Trotzdem: Edward wird dieses Jahr sechzig, weshalb ihn die ganze Familie schon seit geraumer Zeit davon zu überzeugen versucht, eine Tätigkeit zu übernehmen, bei der er weniger schwere Lasten heben muss und nicht dauernd giftigen Gasen ausgesetzt ist. Doch bei aller Schweigsamkeit kann Edward auch unfassbar stur sein, und wie so viele Freiberufler weiß er nicht, wann es Zeit zum Aufhören ist. Nicht zuletzt hat er etwas von einem Märtyrer: Beispielsweise weigert er sich strikt, eine Gasmaske zu tragen, wenn er giftigen Dämpfen ausgesetzt ist, aus Angst, die Kunden seiner Auftraggeber zu erschrecken.

Allerdings wüsste ich nicht, was wir machen sollten, wenn er wider Erwarten plötzlich doch auf die Idee käme, von heute auf morgen in Rente zu gehen. Wir können sein Geld nämlich gut gebrauchen. Das Haus ist mit einer Riesenhypothek belastet, und obendrein müssen vier erwachsene Mäuler gestopft werden – oft sogar mehr, da bei den Paks ständig Verwandte zu Besuch sind. Der Laden bringt momentan kein Geld ein und wird auch keinen Profit abwerfen, solange wir unsere Schulden nicht abbezahlt haben. Klar, auch ich steuere ein paar Dollar zu unserem gemeinsamen Haushalt bei, doch mein ohnehin spärliches Einkommen hat sich im letzten Jahr noch weiter reduziert, weil mir kaum Zeit bleibt, nebenbei zusätzliche Aufträge zu übernehmen, um mein mageres Redakteursgehalt aufzubessern. Gab hat während ihrer Zeit in der Kanzlei zwar ganz anständig verdient, doch der Löwenanteil des Ersparten ist mittlerweile für die Tilgung ihres Studentendarlehens draufgegangen, und den Rest haben wir natürlich in den

Laden gesteckt. Was bedeutet, dass Edward momentan den Hauptteil unserer Ausgaben stemmen muss. Seit neuestem nimmt er sogar noch zusätzlich Aufträge an und kommt tagelang nicht nach Hause, sondern schläft in seinem Transporter und isst bei seinen Kunden. Um ihn zu sehen zu bekommen, müssten wir ihn anrufen und ihm sagen, dass einer unserer Kühlschränke defekt ist – und selbst dann wäre es möglich, dass er nach getaner Arbeit sofort wieder verschwindet, ohne dass wir ihn überhaupt bemerkt haben.

Wie schnell die Spucke vom Dach fliegt

Die Weihnachtsfeiertage kommen und vergehen, aber der von Kay erwartete Ansturm auf Bier und Lose ist ausgeblieben. Was zum Teil daran liegen mag, dass in Boerum Hill vorwiegend junge Singles leben, die aus anderen Teilen des Landes kommen und über die Feiertage nach Hause zu ihren Eltern gefahren sind. Kay hat eine andere Erklärung parat: Draußen ist es bitterkalt, und nach Weihnachten hat es einen Schneesturm gegeben. »Bei dem Sauwetter« geht doch kein Mensch vor die Tür«, sagt sie. Obwohl es auch im Laden ziemlich frostig ist (es gibt nur einen Radiator, dessen Funktionstüchtigkeit zu wünschen übrig lässt, und ich habe das Gefühl, als ob nur die Kaffeemaschine einen Hauch von Wärme abgibt), sticht mir ins Auge, dass Kay nur ein orangefarbenes T-Shirt mit abgeschnittenen Ärmeln trägt. Vielleicht wird ihr ja warm, wenn sie an die Aufschrift auf dem T-Shirt denkt – COSTA RICA steht dort, ein Land, in dem sie übrigens noch nie gewesen ist.

Nach einer Woche hinter der Kasse mache ich Fortschritte, aber irgendwie ist mir die Sache immer noch nicht geheuer. Kunden kommen und gehen, versammeln sich sogar gelegentlich in kleinen Grüppchen, um etwas auf dem alten Farbfernseher über der Wursttheke mitzuverfolgen. Es sind nie dieselben Leute, zumindest nicht, seit ich versuche, mir ihre Gesichter einzuprägen. Manche haben uns überaus herzlich willkommen geheißen – dabei müsste es eigentlich umgekehrt sein, oder? –, andere wiederum tun so, als seien wir gar nicht da.

Heute sind mehr Leute vor der Glotze versammelt als je zuvor, und das, nachdem ich eben erst nach einem langen Tag bei der *Review* in den Laden hereingekommen bin. Jedenfalls bin ich ganz und gar nicht in der Stimmung für Gesellschaft. Von dem Riesenstapel Post und Manuskripte auf meinem Redaktionsschreibtisch konnte ich nur einen Bruchteil abforsten und habe mir Arbeit mitgebracht, die ich während meiner Schicht erledigen will.

»Na, was läuft?«, sage ich mit Blick auf den Fernseher, ganz der leutselige Ladeninhaber.

Niemand antwortet. Ich nehme meinen Rucksack ab und lasse ihn neben die Kaffeemaschine fallen. Die Leute blockieren die Regalreihen, ein Dunstschleier aus Zigarettenrauch und Alkoholatem hängt in der Luft. Die Kunden, die tatsächlich etwas kaufen wollen, haben ein echtes Problem.

Aus dem Fernseher dringen gellende Schreie, ein elektrisches Messer oder eine Kettensäge kreischt – nicht gerade die Geräusche, die mir Appetit auf ein Sandwich machen würden.

»Mal wieder *Scarface*?«, frage ich vage in die Runde.

»*Chucky die Mörderpuppe II*«, ruft jemand.

»Oh. Danke.« Ich blicke mich um. Zwischen den Getränkeregalen ist ein Mann im Rollstuhl eingeschlafen;

ein seliges Lächeln auf den Zügen, schnarcht er sanft vor sich hin. Neben ihm steht eine Frau in U-Bahn-Kassiererinnen-Uniform und gibt ein wieherndes Lachen von sich. »Mann, bin ich froh, dass Chucky nicht bei uns im Haus wohnt«, sagt sie. »Er ist ein echt fieser Schweinehund.«

»TÖTEN! TÖTEN!«, krächzt Chucky.

Vielleicht kann ich ja im Lager die Manuskripte sichten, überlege ich. Doch als ich nach hinten gehe, höre ich ebenfalls Stimmen, außerdem steigt mir ein schwülsüßlicher Geruch in die Nase – es stinkt, als habe jemand ein paar Lufterfrischer in Brand gesetzt.

Ich ziehe den Vorhang beiseite. »Was ist denn hier los?«

Unser Lager ist kein richtiger Raum, sondern eine größere Nische, die vom Rest des Ladens durch den Kühlschrank getrennt wird. Die Beleuchtung ist trüb; überall stehen Kartons und Müllbeutel herum. Für gewöhnlich halte ich mich hier so wenig wie möglich auf, da der Boden die gefühlte Festigkeit von feuchtem Klopapier besitzt und sich in den wackligen Regalen tonnenweise Bier und andere Getränke stapeln.

Da niemand antwortet, kneife ich die Augen zusammen, und dann erspähe ich im rauchgeschwängerten Dämmerlicht drei, vielleicht vier Gestalten, die es sich auf Bierkästen bequem gemacht haben.

»Kann ich Ihnen helfen?«, frage ich, aus dem einfachen Grund, weil mein Mund manchmal Dinge von sich gibt, ohne mich vorher um Erlaubnis zu fragen.

»Keine Ahnung«, erwidert schließlich jemand. »Aber darum geht's auch gar nicht.«

»Worum dann?«, frage ich die Gestalt, die ganz und gar aus Rauch zu bestehen scheint.

»Die Frage lautet: Können wir *Ihnen* helfen?«

Die Stimme klingt alles andere als freundlich, und im selben Augenblick erhebt sich einer der anderen Kerle. Ich bin hier in irgendwas hereingeplatzt – eine Zockerrunde? Eine geschäftliche Transaktion? Und zugegebenermaßen war mein Auftritt nicht sonderlich diplomatisch. Außerdem sehe ich für jemanden, der mich nicht kennt, wahrscheinlich nicht wie der Besitzer des Ladens, sondern bloß wie ein Kunde aus – ein Kunde, der sich anmaßt, andere blöd anzumachen, die sich womöglich bloß zu einem harmlosen Schwatz eingefunden haben.

Im selben Moment knarrt eine Tür am anderen Ende des Lagers. Die Klotür. Ich höre das Rauschen der Spülung; dann ertönt eine kehlige Stimme, die unzweifelhaft zu einem jungen Afroamerikaner gehört.

»Ben, bist du das?«

»Ja, klar. Dwayne?« Ja, es muss Dwayne sein, der früher bei Salim ausgeholfen hat und jetzt für uns arbeitet. Merkwürdigerweise antwortet er nicht – oder vielleicht lässt er schlicht das Rauschen der Toilette für sich sprechen, während wir auf ihn warten. Warten und warten – bis schließlich ein menschgewordener Geldtransporter aus der Toilette tritt. Er ist wie ein Farmer-Gangster gekleidet (Oshkosh-B'gosh-Overall, XXL-New-York-Rangers-Shirt, rotes Tuch auf dem Kopf) und geht ein bisschen steif, wie ein rostiger Robotersamurai. Doch seine natürliche Autorität ist nicht zu übersehen.

»Yo, Marvin, pflanz dich wieder hin«, sagt Dwayne. »Das ist Ben, der neue Inhaber.«

Marvin setzt sich wieder, doch dann erhebt sich ein Kerl, der sogar noch größer als Dwayne ist.

»Du meinst, der neue Inhaber *von diesem Laden?*«, grunzt er.

Alle beäugen mich argwöhnisch, während ich zögernd nicke und mich plötzlich fühle, als hätte ich ein unaussprechliches Verbrechen begangen. Mir ist, als würde mir der Boden unter den Füßen weggezogen. Ich will mich irgendwo abstützen, suche nach Halt, doch weit und breit ist nichts, außer den Rauchschwaden, an denen ich mich nicht festhalten kann, so massiv sie auch wirken mögen.

Der Kerl, der sich eben erhoben hat, überwindet mit einem bedrohlichen Schritt bereits die halbe Distanz zwischen uns, und nicht einmal Dwayne scheint ihn aufhalten zu wollen. Dann ragt er auch schon vor mir auf, schlingt die Arme um mich wie ein schrecklicher Riesenvogel, und während ich noch versuche, verzweifelt das Gleichgewicht zu halten, taumele ich gegen ihn, wobei ich den seltsamen Geruch identifiziere, den ich bereits beim Betreten des Lagers wahrgenommen habe – den Geruch einer Zigarre mit Vanillearoma, unzweifelhaft eine von den Dutch Masters, die wir an der Kasse verkaufen.

Ich bin Dwayne bislang erst einmal begegnet. Er ist vierunddreißig und hat für Salim gearbeitet, seit er achtzehn war. Die Hälfte von dem, was er so von sich gibt, verstehe ich nicht, entweder weil er zu schnell spricht oder weil er mich völlig aus dem Konzept bringt. Zwei Stunden nach unserem ersten Gespräch kannte ich bereits seine gesamte Lebensgeschichte: wo er aufgewachsen ist (drei Blocks entfernt in der Gowanus-Siedlung), wo er angeschossen wurde (um die Ecke) und was er die Woche zuvor bei einem Versand für Ninja-Ausrüstungen bestellt hatte (acht Wurfsterne, fünf Messer, ein Paar Nunchakus, irgendeine Art Schlagstock und zwei Schleudern inklusive Stahlkugel-Munition – eine für ihn selbst, die andere für seine sechzehnjährige Tochter Keisha).

Zum ersten Mal war ich komplett von der Rolle, als Dwayne mir eröffnete, dass einer seiner Cousins hochbegabte Kinder habe.

»Die sind so clever, dass sie einem die Quadratwurzel von 'nem Doughnut sagen können.«

»Was?« Sekunden zuvor hatten wir uns noch über Radkappen unterhalten. Wie er jetzt plötzlich auf die Kinder seines Cousins kam, war mir völlig schleierhaft.

»Die können sogar berechnen, mit welcher Geschwindigkeit Spucke vom Dach fliegt.«

Hä? Ich blickte mich um – trieben sich die besagten Kids irgendwo in der Nähe herum? War sein Cousin Radkappendesigner? Ich sei in der Birne ja langsamer »wie Wasser, das 'nen Berg hochfließt«, meinte er, während er schneller denken würde, als Renee, der Penner um die Ecke, seinen Fusel in sich hereinkippen könne. Nach seinen Exkursen über Radkappen und die Kinder seines Cousins erklärte er mir, warum man nach dem Genuss von Bier auf keinen Fall beim Chinesen essen dürfe (»Damit ruinierst du dir bloß den Magen«) und wie man sich aus dem Schwitzkasten eines Bullen befreien könne. Den Zusammenhang konnte wahrscheinlich nur ein Genie erkennen.

Was unseren kleinen Zusammenstoß im Lager angeht, ist ziemlich klar, warum Marvin so gehorsam wieder Platz genommen hat. Zwar ist Dwayne gebaut wie eine mit Steroiden gedopte Riesenschildkröte, aber längst nicht der größte Schrank, der je den Laden betreten hat; diesen Titel hat Rapper Biggie Smalls inne, der der Legende nach ein solcher Riese war, dass Dwayne hinter der Kasse hervorkommen und ein paar Ständer mit Knabbereien umstellen musste, damit Biggie sich einigermaßen frei bewegen konnte. Nein, was Dwayne so bedrohlich macht, ist seine Aura, eine Ausstrahlung geballter, unverbrämter Aggression. Überdies trägt sein Körper sichtbare Spuren – Narben, Blutergüsse, Schrammen und andere, darunter offenbar frische Blessuren –, die seine unheilschwangere Präsenz noch verstärken. Fast komplett kahl rasiert, wirkt er wie ein Kampfhund, mit Ausnahme seines schicken, fast militärisch akkurat getrimmten Schnäuzers und der bücherwurmartigen Brille mit den kleinen Gläsern, die kaum auf seinen Quadratschädel passt und jede Sekunde auseinanderzubrechen droht.

Wir mussten Salim versprechen, Dwayne weiter zu beschäftigen – wir würden es bereuen, wenn wir uns von ihm trennten, meinte er, ließ jedoch offen, warum. Es gibt eine ganze Reihe von Möglichkeiten. Wie jeder New Yorker weiß, arbeiten Afroamerikaner so gut wie nie in Delis. Die Gründe dafür sind unklar, aber die tief verwurzelte Feindschaft zwischen koreanischen Einwanderern und Schwarzen spielt dabei sicherlich eine Rolle. Viele koreanische Ladenbesitzer weigern sich schlicht und einfach, Afroamerikaner einzustellen. Schon allein deshalb wären unsere afroamerikanischen Kunden alles andere als begeistert gewesen, wenn wir Dwayne entlassen hätten. Außerdem frage ich mich, ob Salims Beharren auf Dwaynes Weiterbeschäftigung vielleicht etwas mit dem Abschreckungspotential seiner physischen Präsenz oder seinen Verbindungen im Viertel zu tun hatte.

Trotzdem ging uns schnell auf, dass all diese möglichen Gründe keine Bedeutung haben. Nach einer Schicht mit Dwayne meinte Kay, er sei ein Traum von einer Arbeitskraft. Dwayne packt immer sofort mit an, ergreift von selbst Initiative und macht selten Fehler. Wie er selbst sagen würde, neigen manche Aushilfen zum »Schlafwandeln«; er selbst ist stets hellwach, und selbst bei Schichtende redet er noch wie ein Wasserfall. Darüber hinaus scheint er den totalen Überblick über unseren Laden zu haben, ob es sich nun um Ladendiebe, Undercover-Inspektoren von der Verbraucherbehörde oder einfach eine verlorene Kundenseele handelt, die ein Glas Oliven in unseren Regalen zu finden versucht.

Zu Kays und Gabs Freude entgeht Dwayne arbeitstechnisch ebenso wenig, und natürlich hat er auch ein Auge auf mich. Er sieht sofort, wenn ich einen Fehler mache, selbst wenn er gerade drei andere Aufgaben gleichzeitig erledigt, und weist mich Stunden später darauf hin, manchmal sogar erst am nächsten Tag, wenn gerade keine Kunden im Laden sind. »He, Ben, als die Lady von dem Immobilienbüro vorhin Milch gekauft hat, hast du ihr Mehrwertsteuer berechnet, aber Milchprodukte sind steuerfrei. Nur für die Zukunft. Muss man auf dem Zettel haben, Mann. Aber du konntest es ja nicht wissen.«

Das Problem besteht darin, dass Dwayne Groupies, Bewunderer und Jünger aus allen Gegenden Brooklyns hat, die alle naselang vorbeikommen, um ihm zu huldigen.

»Sag mal, Preach« – so nennen ihn seine Fans, die ihn ein ums andere Mal mit neuen Fragen löchern –, »gehst du dieses Jahr zur Founders-Day-Party? He, Preach, hast du 'ne Ahnung, was *wirklich* mit Jam Master Jay passiert ist? Macht Lil' Kim jetzt einen auf weiblichen Michael Jackson, oder was ist mit ihrer Nase los? Dwayne, eine Kanzlei in L. A. hat mir einen echt gut dotierten Job angeboten, aber in meiner jetzigen Kanzlei könnte ich bald Partner werden, und außerdem will ich eigentlich nicht weg aus New York. Tja, was soll ich jetzt machen?«

Der Laden ist Dwaynes Bühne, auf der er seit Jahren mit seinen Freistil-Deklamationen brilliert, ebenso kruden wie bestechenden Weisheiten im Stil Yogi Berras, die viele Kunden ebenso begeistern wie seine erstklassig belegten Sandwiches. Er nimmt kein Blatt vor den Mund, wird zuweilen laut und vulgär, was manchen Miesepeter rot vor Empörung werden lässt. »Was hat er da gerade gesagt? Wem gehört eigentlich dieser Laden? So geht das aber nicht!« Seine Kumpels sind gelegentlich sogar noch schlimmer. Und man benötigt wahrhaft kein Genie, das berechnen kann, wie schnell die Spucke vom Dach fliegt, um vorauszusehen, dass es mit Dwayne eines Tages noch gehörigen Ärger geben wird.

∗∗∗

Die schwierigste Aufgabe eines Unternehmens besteht darin, anständiges Personal zu finden – für einen kleinen

Lebensmittelladen ein Klacks, oder? Schließlich suchen wir nicht nach begnadeten Registrierkassendompteuren wie Dwayne und Kay. Wir verlangen keine großen technischen Kompetenzen, Hauptsache, unsere Aushilfen können die Klettverschlüsse an ihren Tretern zumachen. Von mir aus kann es jemand wie ich sein, der den Preis für eine Einzelflasche Miller Genuine Draft sofort wieder vergisst, nachdem er ihn in die Kasse eingetippt hat, als hätte selbige Ziffernkombination nie existiert. In erster Linie suchen wir jemanden, der jeden Tag pünktlich zur Arbeit erscheint und keine langen Finger macht.

Kay inseriert in der koreanischen Zeitung, und bald darauf trudeln die ersten Bewerbungen ein. Das erste Gespräch führen wir mit einem freundlichen, aber irgendwie glücklos wirkenden Mann mittleren Alters, der mit seinem schulterlangen Haar und den runden Brillengläsern wie ein koreanischer John Lennon aussieht. Da Koreaner es für unhöflich halten, jemanden nach seinem Namen zu fragen, ehe man ihn oder sie besser kennengelernt hat, heißt er bei uns einfach »der Mann« *(ajashi)*. Der Mann hat keinerlei Erfahrung im Einzelhandel, war aber unter anderem als Computerprogrammierer tätig, was ihm vielleicht den Umgang mit der Kasse erleichtern wird. Darüber hinaus wirkt er ziemlich ehrgeizig und besitzt nicht zuletzt eine Sozialversicherungsnummer, weshalb Kay ihn vom Fleck weg einstellt.

Während der ersten paar Tage läuft alles bestens; unser neuer Kollege gibt sich sichtlich Mühe, erweist sich zunächst als überaus arbeitsam und greift uns unter die Arme, wo immer er kann. Dann aber lässt er die eine oder andere Schicht ohne Vorwarnung ausfallen, als sei seine Präsenz mehr oder weniger freigestellt. »Ich hatte Magenschmerzen«, entschuldigt er sich bei Kay, nachdem er wieder einmal nicht aufgetaucht ist. »Habe mal wieder zu reichhaltig gefrühstückt, glaube ich.« Da er so ein netter, fleißiger Kerl ist, gibt Kay ihm nicht nur eine, sondern auch noch eine zweite und eine dritte Chance, doch schließlich reißt ihr der Geduldsfaden. Sie gibt ihm das Geld, das wir ihm noch schulden, und weist ihm vor den Augen einiger irritierter Kunden resolut die Tür. Der Mann hat tatsächlich die Chuzpe, zutiefst gekränkt dreinzublicken, als er geht, doch mein Gefühl sagt mir, dass ihm so etwas nicht zum ersten Mal passiert ist.

Unser nächster Kollege ist ebenfalls ein Koreaner mittleren Alters (»der Mann II«), unterscheidet sich aber drastisch von seinem Vorgänger. Mann II hat sowohl in der koreanischen als auch der US-Armee gedient und ist geradezu alarmierend straff organisiert. Leider hat er auch ziemlich merkwürdige Ansichten.

»Wem haben Sie Ihre Stimme bei der letzten Präsidentenwahl gegeben?«, will er von einer jungen Frau mit strähnigem Haar wissen, die Futter für ihre Katzen kauft.

»Äh – Gore«, erwidert sie verblüfft.

»Was für 'ne Null!«, schnauzt er sie an. »Ronald Reagan war der größte Präsident aller Zeiten!« Kurz darauf stellt er die Vaterlandsliebe eines Kunden in Frage, der eine europäische Biermarke kaufen will, und dann bezichtigt er auch noch Dwayne des Diebstahls. Wie auch immer, bevor er noch mehr Schaden anrichten kann, macht Kay kurzen Prozess und setzt ihn ebenfalls vor die Tür.

Unsere dritte Aushilfe, »die Frau« *(ajuma)*, erscheint pünktlich zur Arbeit und hat auch nicht das Naturell eines Unkrautvernichters. Der einzige Wermutstropfen besteht darin, dass sie bei der Arbeitsvermittlung offenbar nicht ihr wahres Alter angegeben hat – sie behauptet, 55 zu sein, also genauso alt wie Kay. Doch obwohl man vielen Asiatinnen ihr Alter nicht ansieht – Studien beweisen, dass in den USA lebende Koreanerinnen länger leben als jede andere ethnische Gruppe hierzulande –, ist besagte Dame nie im Leben nach dem Niedergang der Chosu-Dynastie (1392–1910) geboren.

»Du liebe Güte«, platzt Gab heraus, nachdem sie die Frau eine Zeitlang beobachtet hat. »Wenn wir nicht aufpassen, klappt sie uns hier noch zusammen.« Die Frau sieht aus wie eine dieser liebenswürdigen Hutzelomas, die man gelegentlich sieht, wenn sie ihren Buick im Schneckentempo über den Supermarktparkplatz steuern.

»Jetzt aber an die Arbeit!«, begrüßt sie uns jedes Mal mit geradezu entwaffnendem Enthusiasmus – womöglich der einzige Satz auf Englisch, den sie beherrscht. Wir achten wie die Schießhunde darauf, dass sie sich nicht zwischen den Regalen herumtreibt – nicht, dass ihr ein paar herabfallende Rollen Klopapier noch ein Schlüsselbein brechen. Aber nachdem sie ein paar Tage an der Kasse gesessen hat, geht der Gewinn auf zunächst unerklärliche Weise zurück – bis wir feststellen, dass sie den Kunden Wechselgeld herausgibt wie ein defekter einarmiger Bandit. Wir bitten sie also, den Kühlschrank mit Getränken aufzustocken – kein allzu anspruchsvoller Job, aber vielleicht doch einer, der sie daran erinnert, dass sie für uns arbeitet (Kay bringt es schlicht und einfach nicht über sich, jemanden zu entlassen, der älter ist als sie selbst). Aber zu unserem Entsetzen müssen wir mitverfolgen, wie sie alle elf Ablagen des Kühlschranks mit Diät-Kiwilimonade bestückt, einem gänzlich unverkäuflichen Gebräu. In letzter Instanz kommandieren wir sie also ab zur Morgenschicht, um uns beim Kaffeeverkauf zu helfen, und anfangs scheint auch alles bestens zu klappen. Doch dann stellen wir fest, dass der Morgenumsatz rapide in den Keller geht, und als plötzlich auch die morgendlichen Pendler, die Basis unseres Tagesgeschäfts, mehr und mehr ausbleiben, schöpfen wir allmählich Verdacht. Ein Kunde schließlich, ein Gebrauchtmöbelhändler mit einer Statur wie ein Ochse, bellt eines Tages plötzlich los:

»Was ist denn das hier für ein Saftladen? Kriegt ihr eigentlich überhaupt nichts gebacken?«

Als wir ihn fragen, wo das Problem liege, erklärt er uns, dass ihm der Morgenkaffee nun schon bereits zum dritten Mal in dieser Woche entweder lau oder kalt serviert worden ist.

»Ich lebe schon mein ganzes Leben in Brooklyn«, schnauzt er, »aber so was habe ich noch nie erlebt! Das ist ja wohl der Gipfel, verdammt noch mal! Kriegt ihr es nicht mal geregelt, 'ne halbwegs anständige Brühe zu machen? Muss ja nicht mal gut schmecken! Wo steckt der alte Besitzer? Ihr Pfeifen seid echt das Allerletzte!«

Nachdem der Möbelhändler gegangen ist, mache ich etwas, was ich normalerweise ganz bestimmt nicht tun würde: Ich lege die Hand auf die Heizplatte der Kaffeemaschine. Sie ist kalt wie eine frisch gekühlte Flasche Diät-Kiwilimonade. Hat der Frau niemand gesagt, dass man die Kaffeemaschine erst anstellen muss, bevor man sie benutzt? Nein, *natürlich nicht!* Wer würde das für notwendig halten? Als ich nach draußen gehe, sticht mir unmittelbar ins Auge, dass der Mülleimer an der Straßenecke überquillt von Pappbechern; im Schnee sind Spuren weggeschütteten Kaffees zu sehen. Du liebe Güte – die Kunden sind wir los. Bleibt nur zu hoffen, dass sie vielleicht irgendwann zurückkommen, immer vorausgesetzt, dass der Service in anderen Delis noch beschissener ist als bei uns. Was höchst unwahrscheinlich ist.

Der Unfall

Wöchentliche Redaktionskonferenz in Georges Wohnung. Seit wir den Laden gekauft haben, lasse ich mich immer mal wieder zwischendurch bei der *Review* blicken und hoffe, dass meine Kollegen nicht merken, wie ich weiterhin meine Arbeit vernachlässige. Vielleicht sollte ich die Redaktionskonferenz heute lieber sausen lassen. Ich könnte mich damit herausreden, dass ich komplett erledigt bin, nachdem ich so viele Nachtschichten am Stück durchgezogen habe (vier pro Woche, seit wir angefangen haben, und obendrein war ich tagsüber pausenlos unterwegs, um alle möglichen Geräte und Utensilien zu besorgen). Aber will ich Georges Aufmerksamkeit tatsächlich ein weiteres Mal darauf lenken, dass ich nicht mit vollem Eifer bei der Sache bin? Unsere Unterhaltung über das Deli hat er wahrscheinlich längst vergessen; mit Sicherheit wird er weit weniger verständnisvoll reagieren, wenn ich das Thema erneut aufs Tapet bringe. Auch wenn er gern auf jugendlich macht, ist George kein junger Mann mehr – wenn man ihm irgendetwas erzählt, erinnert er sich am nächsten Tag meist nicht mehr daran.

Andererseits sind nicht alle Redaktionskonferenzen rein nüchterne Meetings, bei denen es ausschließlich um die Arbeit geht. Die Redakteure, die gerade nicht bei Autoren-Workshops herumhängen oder sich in Paris an Milan Kunderas Fersen hängen, lassen sich, gelbe Notizzettel in Händen, auf die Sofas fallen und lauschen Georges neuesten Geschichten aus dem Elaine's, der berühmten Szene-Bar, wo sich Schriftsteller, Verleger und Kritiker die Klinke in die Hand geben. Ab und an unternimmt jemand den schwachen Versuch, zur Tagesordnung überzugehen, aber wann immer wirklich ernsthafte Themen angeschnitten werden, zum Beispiel die chronische finanzielle Misere der *Review*, läuft es stets auf dieselbe Lösung hinaus: Party. Was mich stets an die eine Szene aus *Ich glaub, mich tritt ein Pferd* erinnert, wenn die Jungs von der Delta-Tau-Chi-Verbindung erfahren, dass sie auf der Abschussliste des Dekans stehen und beim nächsten Blödsinn unweigerlich von der Uni fliegen: »Diesmal meint er's ernst.« – »Du hast recht. Wir müssen was unternehmen.« – »Und weißt du auch, was? Wir machen 'ne Toga-Party!«

»Aber wer greift uns unter die Arme?«, pflegt George bei solchen Gelegenheiten zu klagen. »Wer macht die Lesungen? Wer kümmert sich um die Publicity? Wo veranstalten wir das Ganze?«

»Wie wär's mit dem Yankee-Stadion?«, ruft dann jemand. »Ruft doch einfach mal bei George Steinbrenner an.«

»Nein, lasst uns lieber 'ne Party auf der Brooklyn Bridge machen.«

»Oder am LaGuardia-Airport. Unsere Autoren lesen auf der Landebahn, und wir werfen Knallfrösche gegen die Flugzeuge.«

»Der Busbahnhof wäre auch nicht schlecht.«

»Hat jemand die Nummer von Norman Mailer?«

»Und Swifty Lazar müssen wir auch mit ins Boot nehmen.«

»Swifty ist tot, Mann.«

»Na, dann eben Bobby Zarem!«

George liebt unsere Sitzungen, egal wie chaotisch es auch zugehen mag. Wenn wir gemeinsam debattieren, Ideen wälzen, Lösungen zu finden versuchen, hat er das Gefühl, dass wir nicht nur vorankommen, sondern obendrein auch noch jede Menge Spaß haben. In Wahrheit sind die meisten Sitzungen bei der *Paris Review* so obszön unproduktiv, dass wir, geplagt von unserem schlechten Gewissen, hinterher an unseren Schreibtischen regelrechte Fleißanfälle bekommen – es sei denn, der eine oder andere hat sich zu intensiv an Georges Biervorräten gelabt, was für gewöhnlich ein ausgiebiges Nickerchen nach sich zieht.

Die heutige Konferenz aber ist anders. Während ich darauf warte, dass die Sitzung beginnt, fragt mich ein anderer Redakteur, ob ich bemerkt hätte, wie sehr George sich seit seinem Unfall verändert habe. »Unfall?«, erwidere ich. Wie sich herausstellt, ist George ein paar Tage zuvor in einer seiner Lieblingsbars gestürzt und hat sich dabei den Schädel angestoßen. Eine Nacht lang war er zur Beobachtung im Krankenhaus, und seitdem ... hmm, bei Kopfverletzungen weiß man ja nie. Er ist wieder auf dem Damm, aber definitiv nicht der Alte.

Als George schließlich hereinkommt, sieht er tatsächlich um einiges gebrechlicher aus als bei unserem letzten Zusammentreffen.

»Der eine oder andere von euch hat es wahrscheinlich schon gehört.« Er starrt seltsam geistesabwesend auf den Teppich. »Mir ist ein kleines Missgeschick unterlaufen. Der Boden im Colony Club – Quatsch, im Century Club – ist um einiges härter, als er aussieht. Oder war's im Brook? Na egal, der Boden ist jedenfalls aus Marmor, reinstem Marmor, und seit mein Hinterkopf Bekanntschaft mit ihm gemacht hat, stehe ich ein bisschen neben mir, wie ihr vielleicht schon bemerkt habt.«

Offenbar hat George keinen Schimmer, dass er aussieht wie jemand, der mitten in der Nacht aus dem Bett gerissen, in einen Laster verfrachtet und irgendwo am Arsch der Welt ausgesetzt worden ist, aber wir werden den Teufel tun, ihm das unter die Nase zu reiben.

»Geht's Ihnen denn wieder besser?«, fragt eine der Redakteurinnen.

Kopfbewegungen scheinen George Schmerzen zu bereiten, jedenfalls verdreht er lediglich die Augen. »Momentan kann ich mich nicht mal aufs Lesen konzentrieren. Selbst Telefonieren fällt mir schwer, und wenn ich fernsehe, kriege ich kaum etwas mit von dem, was über die Mattscheibe flimmert. Eigentlich will ich nur noch schlafen. Und Ginger Ale trinken.« Er hält eine kleine grüne Schweppes-Flasche in die Höhe.

George fällt natürlich auf, wie betreten die versammelte Runde dreinblickt. Keiner von uns hat ihn je in einem derart besorgniserregenden Zustand gesehen.

»Tut mir leid, dass ich dermaßen durch den Wind bin«, fährt George fort. »Es ist mir peinlich.« Im selben Moment frage ich mich, ob das Meeting gleich beendet sein wird. Doch George hat sich nicht umsonst vom Krankenlager aufgerafft; er scheint seine ganze Kraft zusammengenommen zu haben, um uns etwas Wichtiges mitzuteilen.

»Hört mir bitte zu«, sagt er. »Mein Gesundheitszustand hat mich ein wenig nachdenklich gemacht.«

Im Zimmer ist es totenstill.

»Ich werde mich schon wieder erholen.« Er hält einen Moment inne. »Aber wer weiß, was als Nächstes passiert. Vielleicht kriege ich beim Tennis einen Schlaganfall oder laufe auf der York Avenue vor einen Bus. Habt ihr das mitbekommen?«

Alle nicken. Außerdem kennen wir diese Rede schon. Wenn ihm das Bus-auf-der-York-Avenue-Szenario nicht bildhaft genug ist, setzt er für gewöhnlich noch einen drauf (»Was, wenn ein Brückenpfeiler über mir einstürzt? Oder ich in das Eisbärengehege im Zoo falle?«) Wenn George solche Reden schwingt, wird unmittelbar klar, dass auch ein alter Haudegen wie er Angst vor dem Tod und somit auch der Zukunft hat, was für einen Fünfundsiebzigjährigen wohl nur natürlich ist. Es hört sich nicht mal morbide an: Der Bonvivant, der Spaßvogel in ihm sieht den Tod wohl eher als eine Herausforderung, mit der er seinen Erfahrungshorizont erweitern kann, als eine tolle Story, die man leider nicht weitererzählen kann.

»Wir haben's schon verstanden«, sagt einer der Redakteure, als George mit weiteren Beispielen aufwarten will.

»Sehr schön«, erwidert George. »Ausgezeichnet. Ich versuche bloß zu sagen, dass wir alle besser dran tun, unser Leben nicht für eine Selbstverständlichkeit zu halten. Von heute auf morgen kann sich alles unwiderruflich verändern. Und das Leben warnt uns nicht vor, kapiert?«

Er lässt den Blick durch die Runde schweifen, um sich zu vergewissern, dass wir aufmerksam zuhören.

»Tja, also, mehr wollte ich gar nicht sagen. Wie auch immer, hat heute schon jemand die Klatschseite der *New York Post* gelesen? Da steht nämlich, dass ...«

Im selben Moment geht mir auf, dass die *Paris Review* im Grunde einem Deli gleicht: Es ist ein Relikt aus einer anderen Zeit, eine Institution, die irgendwie nicht so recht in unsere moderne Welt passt. Die *Review* ist nicht groß, an keinen Konzern angebunden. Unsere Zeitschrift hat weder viel Geld noch Rieseneinfluss. Es gibt keinen Marketing-Direktor, IT-Manager oder eine Personalabteilung. George tut zwar gern so, als wären wir so eine Art globale Institution – immer wieder heuert er Mitarbeiter an, die er mit großspurigen Titeln wie »Südamerikakorrespondent« oder »Chefredakteur Moskau« ausstattet –, doch letzten Endes ist die *Review* kaum mehr als ein Käseblatt, im Grunde so etwas wie ein Familienbetrieb. Zur Geschäftsleitung gehörte jahrzehntelang eine liebenswürdige alte Dame namens Nicky, deren Büro sich in einer Dachstube in Flushing befand und die sich grundsätzlich nie in der Redaktion blicken ließ, obwohl sie gar nicht weit entfernt wohnte. Die meisten kannten sie nur vom Telefon. Im Schatten von Manhattans Mediengiganten wie Condé Nast oder der Times-Gruppe gelegen, sind wir Amateure unter Megaprofis.

Aber klein kann ja bekanntlich auch fein sein. Im Fall eines Delis bedeutet geringe Größe, dass der Person, die einem in den vergangenen zwanzig Jahren den Kaffee eingeschenkt hat, mit hoher Wahrscheinlichkeit auch der Laden gehört und nicht irgendeinem gesichtslosen Konzern. Im Fall der *Review* bedeutet geringe Größe, dass George die Freiheit besitzt, aus heiterem Himmel unkonventionelle verlegerische Entscheidungen zu treffen und Experimente zu wagen, die bei einem größeren, weniger flexiblen Unternehmen schlicht und einfach nicht möglich wären.

Nehmen wir nur mal den Stapel unverlangt eingesandter Manuskripte, diese riesige Papierhalde mit literarischen Ergüssen von Möchtegerns, die sich für den nächsten Jeffrey Eugenides oder die nächste Ann Patchett halten (die beide übrigens aus ebendiesem Stapel gezogen wurden). Natürlich könnten wir uns auf das Material verlassen, das wir von Literaturagenten und bereits publizierten Autoren zugeschickt bekommen, so wie andere vergleichbare Magazine auch. Dennoch geschieht es nicht selten, dass wir einen bislang unveröffentlichten Schriftsteller drucken.

Das ist eine Heidenarbeit. Wir erhalten etwa dreißigtausend Manuskripte im Jahr – eine derartige Flut von Papier, dass wir kaum Platz dafür finden. Bei der *Paris Review* kann es jederzeit passieren, dass man einen Schrank öffnet, weil man einen Kaffeebecher sucht, und plötzlich eine Lawine von Geschichten auf einen herabstürzt. Man öffnet einen Garderobenschrank, aber anstelle von Jacken und Mänteln findet man nur Pappkartons mit Manuskripten. Man setzt sich an den Schreibtisch, will die Beine ausstrecken und stößt gegen eine Kiste mit weiteren unveröffentlichten Werken. In den Regalen türmen sich Manuskripte bis zur Decke;

überall befindet sich stapelweise Papier, im Keller, neben der Toilette, unter den Waschbecken, sogar in einem rattenverseuchten Tunnel im Keller, der von Georges Haus bis zu East 96. Street verläuft. Tatsächlich beherbergt die Redaktion so viele Manuskripte, dass man sich unwillkürlich fragt, ob ganz Amerika lieber Geschichten schreibt, statt sich mit Reality-Shows oder Videospielen den Tag zu vertreiben. Doch George besteht darauf, dass wir jedes einzelne Manuskript begutachten, weil ihn nichts mehr freut, als wenn wir eine echte Entdeckung machen, und er nichts mehr genießt als den Moment, wenn wir ein Talent ausgraben, das bis jetzt unbeachtet geblieben ist. Das geschieht etwa ein, zwei Mal im Jahr – und wenn es passiert, dreht die gesamte Redaktion schier durch vor Begeisterung.

Trotzdem sieht sich so ein Kleinunternehmen auch mit gewissen Problemen konfrontiert: Nur weil man keinen Marketing-Direktor hat, heißt das noch lange nicht, dass man keinen benötigt, und dasselbe gilt in Sachen Abo-Service, Kapitalbeschaffung, Abdruckgenehmigungen – alles Aufgaben, die George zusätzlich an uns Redakteure delegiert. Natürlich hat keiner von uns Ahnung von solchen Dingen.

Leider zeichnen sich mittlerweile dunkle Wolken am Horizont ab. Die engen Räumlichkeiten der *Review* erinnern seit jeher mehr an das Hauptquartier einer Uni-Zeitung als an die Büros einer seriösen Literaturzeitschrift. Sechs Redakteure teilen sich ein winziges, durch Trennwände unterteiltes Zimmer, in dem sie quasi wortlos miteinander kommunizieren können (»Knurrt da dein Magen, oder war ich das?«). Neuerdings türmen sich noch mehr Manuskripte als sonst auf unseren Tischen, und nehmen uns langsam die Luft zum Atmen, als handele es sich gar nicht um Papier, sondern unkontrolliert wachsende Schlingpflanzen, die alles um sich herum irgendwann ersticken. Gedichte lesen wir schon gar nicht mehr, da wir für mehr als ein Jahr voraus genug haben, aber mit jedem Tag trudeln wieder neue ein. Du meine Güte, braucht die Welt wirklich so viel Lyrik? Allmählich macht sich leise Verzweiflung breit, weil wir einfach nicht Schritt halten können.

Was sich natürlich auf unsere Arbeit auswirkt: Die Ausgaben der *Review* haben inzwischen so viele Satzfehler, dass es uns selbst peinlich ist, darin herumzublättern. Selbst die berühmten, stets bestens besuchten Cocktailpartys in Georges Apartment sind nicht mehr das, was sie mal waren.

Insofern hat George durchaus Grund zur Sorge. Es sieht nämlich ganz so aus, als würden wir mit Volldampf in eine schwere Krise schlittern. Die Frage ist nur, ob er sich genug Sorgen macht.

Lucy

Meine Hände spielen wieder mit. Nach ein paar Wochen an der Kasse gehorchen sie mir endlich wieder. Wenigstens verkrampfen sie nicht mehr, wenn sie mit Geld in Berührung kommen, weil ich mich nach und nach damit abgefunden habe, dass ich mir so oder so die Finger schmutzig mache, und wenn nun jemand tief in seiner Hose wühlt, als würde er Taschenbillard spielen, und einen Schein zutage fördert, der sich so anfühlt, als hätte er ihn gerade aus der Badewanne gefischt, zucke ich nicht länger zurück. Kohle ist Kohle, oder?

Ich habe gerade Dienst, als Chucho, unser rotgesichtiger Vermieter, den Laden betritt. Wie immer wirkt er leicht außer Atem.

»Ich lebe seit dreißig Jahren in diesem Haus«, sagt er. »Ich hab's 1973 gekauft, nachdem ich im Lotto gewonnen hatte.«

»Für wie viel?«

»Vierzigtausend. Und jetzt raten Sie mal, was man heute dafür hinlegen muss.«

»Keine Ahnung. Eine Million?« Da ich nur allzu gut weiß, dass Chucho als Vermieter eine harte Nuss ist – wir frieren uns den Hintern ab, weil er zu geizig ist, Geld für Heizöl auszugeben –, nenne ich eine möglichst geringe

Summe. Nicht dass er noch glaubt, mir würde das Haus gefallen.

»Sieben.«

»Sieben *Millionen?*«

»Aber hallo. Und zwar mit Leichtigkeit. Erst letzte Woche hat mir jemand ein Angebot gemacht.«

»Wow. Das ist eine Menge Geld.« Vor allem für eine Bruchbude, die sich derart gefährlich zur Seite neigt. Allerdings kaufe ich Chucho die Geschichte nicht ganz ab. Na schön, in dieser Lage muss man bestimmt zwei, drei Millionen locker machen, aber doch wohl kaum für ein Haus, dessen Böden sich biegen wie Salatblätter. Chucho hat nicht alle Tassen im Schrank. Und überhaupt, was soll seine Frage? Will er diese Ruine an den Meistbietenden verscherbeln?

»Da, wo Sie jetzt stehen, hat meine Frau die Kugel erwischt.«

»Was?«

»Blam!« Er deutet mit zwei ausgestreckten Fingern auf meine Magengegend. »Blam! Blam! Früher war das unser Laden, verstehen Sie?«

»Ja, weiß ich.«

Er nickt und atmet geräuschvoll ein, scheinbar in Erinnerungen verloren.

»Das tut mir leid«, ergänze ich. »Wie schrecklich.«

»Wieso? Meine Frau lebt jetzt in Virginia.«

»Oh.«

»Mein Bruder wurde ebenfalls angeschossen.« Er holt abermals tief Luft. »Draußen vor dem Laden. Er hat's nicht überlebt.«

Ich schweige.

»Also, kriege ich jetzt 'nen Lottoschein oder nicht?«

Ich gebe ihm einen gratis, und er verzieht sich wieder nach oben in seine Wohnung. Wenn die Lottomaschine – ein klobiges, blaues Gerät, das entfernt an eine Registrierkasse erinnert – einen Schein ausspuckt, klingt es jedes Mal, als würde ein Schraubenzieher in einen elektrischen Bleistiftanspitzer gesteckt. Das Ungetüm steht gleich neben der richtigen Kasse, ein Bollwerk gegen die dreisten Finger von Ladendieben. Ein paar Tage, nachdem wir den Laden übernommen hatten, fragte ich unseren Kontakt bei der staatlichen Lotteriekommission, eine chinesische Immigrantin namens Glenda, wie wir das verdammte Ding entsorgen könnten.

»Loswerden?« Glenda war offenbar entsetzt. »*Niemand* entsorgt eine Lottomaschine!«

»Wieso nicht?«, fragte ich. Einen Moment lang hatte ich die Vision, dass mich die Lottomaschine bis ans Ende meines Lebens begleiten würde, wie ein Parasit, den man nie wieder los wird. Niemals würde ich dem grässlichen Knirschen entkommen; stets würde eine alte Frau in Nachthemd und Armeestiefeln vor mir stehen und mir näselnd die Zahlen auf ihrem Schein vortragen: »Drei! Sieben! Zwei! Vier!«

Glücklicherweise meinte Glenda tatsächlich, dass kein Besitzer einer Lottomaschine auch nur im Traum daran denken würde, selbige wieder loswerden zu wollen, da es überaus kompliziert sein kann, eine solche Maschine überhaupt zu bekommen. Die staatliche Lotteriekommission erlaubt nämlich nur eine bestimmte Anzahl von Maschinen pro Viertel; wer nicht bereits eine besitzt, wartet womöglich jahrelang auf seine Chance, eine Lizenz für staatlich sanktioniertes Glücksspiel zu erhalten, mit dem vor allem ärmere Menschen über den Tisch gezogen werden.

Glenda meinte, sie könne unsere Lizenz problemlos wieder einziehen, gab uns aber den Rat, erst mal eine Woche in uns zu gehen und unsere Entscheidung in aller Ruhe zu überdenken. »Sie sind neu im Geschäft«, sagte sie. »Brechen Sie nichts übers Knie. Sie könnten damit eine Menge Geld verlieren.«

Ja, dachte ich. *Wie beim Lotto.*

Und so verfolge ich genau, was uns die Maschine eigentlich bringt, wie viel Geld wir damit verdienen und welche Kunden überhaupt Lotto spielen. Rein wirtschaftlich gesehen gibt es nicht viel zu rechnen: Unser Anteil an jedem eingenommenen Dollar beträgt erbärmliche sechs Cent, wobei die Lohnkosten für denjenigen, der das Gerät bedient, natürlich nicht einkalkuliert sind. Kay saß neulich eine Stunde lang an dem Ding und rechnete hinterher aus, dass wir gerade mal drei Dollar verdient hatten. Ein Sixpack Bier bringt denselben Profit, und fragen Sie gar nicht erst, ob wir an den Gewinnscheinen beteiligt sind: Solange man nicht den Schein für den Hauptgewinn ausgegeben hat, erhält man rein gar nichts.

Tja, und was lässt sich über die Kunden sagen? So wie ich es sehe, ist der typische Lottospieler jemand, der kurz nach Verlassen seines Hauses um ein Haar von einem Bus überfahren wird; als er dem Bus hinterher sieht, fällt ihm auf, dass das Nummernschild vier Ziffern mit dem Geburtstag seiner Mutter gemein hat, woraufhin er schnurstracks in den nächsten Tante-Emma-Laden rennt und selbige Ziffern mit weiteren kombiniert, etwa der 9 (die Nummer des Hauses, in dem sie lebte), der 4 und der 6 (weil besagte Mutter ein Riesenfan von John F. Kennedy war, der mit 46 Jahren starb) und der 2 (weil auf diesem Fernsehkanal ihre Lieblingsserie *Judge Judy* lief). Diese einfache, von Herzen kommende Geste wird anschließend mit sechzehn weiteren Scheinen ausgekostet, auf denen jede vorstellbare Variation mit 9, 2 und 46 verewigt wird, ehe dem Lottospieler plötzlich eine der Orangen an unserem Obststand ins Auge fällt. »Die ist aber auch nicht mehr gerade frisch«, bemerkt er, und als er sieht, dass sie satte 35 Cents kostet, zieht er eine finstere Miene, aber dann geht er in die Vollen, nimmt noch ein paar Scheine, weil er die Zahlen 3 und 5 keinesfalls unberücksichtigt lassen will. Dabei steht er die ganze Zeit den anderen Kunden im Weg und unterhält sich mit jemandem über sein Handy, dessen Beitrag zum Gespräch offenbar nur aus der Frage »Was?« besteht.

Einige unserer Lottokunden sind derart schwierige Kantonisten, dass ich ihnen Spitznamen gegeben habe: der »Nuschler« etwa, der »Brüllaffe« oder »Klopapier« (benannt nach dem Material, auf das er die Zahlen gekritzelt hatte, die ich eingeben sollte). Zwar gehen mir einige schwer auf den Geist, aber wie auch immer, sie sind unsere Kunden – mehr noch, Stammkunden, so wie die Männer, die ich neulich zusammen mit Dwayne im Lager angetroffen habe; eine internationale Bruderschaft von Männern meist mittleren Alters, die unserem Laden an manchen Abenden die Atmosphäre eines illegalen Wettbüros verleihen. Einige unserer Stammkunden kommen nach sieben, wenn sich der abendliche Ansturm ein wenig gelegt hat, und gehen erst wieder nach Mitternacht. Anfangs waren unsere Begegnungen von gegenseitiger Skepsis geprägt. Wahrscheinlich fragten sie sich, ob ich sie rauswerfen würde, während ich mir Gedanken darüber machte, ob sie unseren gerade erst eröffneten Laden in Verruf bringen würden. Insbesondere die jüngeren Burschen mit ihrem Gangster-Gehabe – *Motherfucker hier, Schlampe da, He, dem Motherfucker stopfe ich sein blödes Maul* – machten mir ein wenig Sorgen. Manchmal hatte ich fast Angst, sie könnten sich in unserem Laden besaufen und anschließend ein Deli um die Ecke überfallen. Aber inzwischen bin ich der Meinung, dass unsere Stammkunden wohl kaum Typen sind, die Tante-Emma-Läden ausrauben – eher Kerle, die sich besaufen und dann unter irgendeiner Brücke fischen gehen. Selbst die jüngeren sind eigentlich schon zu alt, um es auf echten Ärger ankommen zu lassen, und wenn sie bei einer Schlägerei verletzt würden, müssten sie ja den Rest des Abends zu Hause vor ihrem eigenen Fernseher verbringen, wo das eisgekühlte Bier wahrscheinlich doch mehr als drei Schritte entfernt ist.

Heute meint einer unserer Stammkunden, ein mürrischer alter Puerto Ricaner mit engelhaftem Haarkranz, er sei froh, dass man bei uns weiterhin Lotto spielen könne. Tja, und ich bringe es nicht übers Herz, ihm zu sagen, dass die Tage unserer Maschine gezählt sind.

»Sonst müsste ich ja rüber zum Deli in der Bergen Street«, sagt er. »Und mein Büro ist gleich da drüben.«

»Verstehe«, erwidere ich. Ich habe ihn zwar schon ein paarmal gesehen, dachte aber, er sei Rentner. »Was machen Sie denn beruflich?«

»Ich bin Installateur«, erklärt er stolz.

»Oh?« Ich kann mich nicht erinnern, irgendwo eine Klempnerwerkstatt gesehen zu haben. »Wo ist denn Ihr Büro?«

»Na, da vorne.« Er deutet zur Straßenecke, wo nichts außer einer Telefonzelle steht. Dann geht er nach draußen und hockt sich auf unseren Zeitungskasten. Leicht verwirrt frage ich Dwayne, was der alte Mann meinte – oder wollte er mich bloß veräppeln?

»Pedro ist Straßenklempner«, erklärt mir Dwayne. »Da vorn ist seine Ecke. Dort steht er tagsüber, bis irgendwer kommt, dessen Toilette verstopft ist oder so. Der tut keiner Fliege was zuleide.«

»Und wo hat er sein Werkzeug?«, frage ich.

»Als er noch hier in der Gegend wohnte, hatte er es zu Hause. Aber jetzt lebt er drüben in Flatbush und bewahrt sein Zeug in einem Keller um die Ecke auf.«

»Wann ist er denn nach Flatbush gezogen?«

»Keine Ahnung. Vor zehn Jahren oder so, kann aber auch schon länger her sein.«

»Was? Und seitdem steht er jeden Tag da drüben an der Straßenecke?«

»Wie gesagt, Pedro tut keiner Fliege was zuleide.«

»Das habe ich auch nicht behauptet, Dwayne. Ich wollte bloß wissen, womit er seinen Lebensunterhalt bestreitet. Steht er allen Ernstes jeden Tag da drüben?«

»Ja«, erwidert Dwayne. »Direkt neben der Telefonzelle.«

Seltsam, seltsam, denke ich. Wenn Pedro tatsächlich jeden Tag dort drüben steht, wie kommt es, dass ich ihn nie bemerke? Kann er sich unsichtbar machen? Und als ich vor die Tür sehe, ist er auch schon wieder verschwunden.

Danach beginne ich zu überlegen, ob wir die Lottomaschine nicht doch behalten sollen; auf jeden Nuschler oder Brüllaffen kommt schließlich ein Pedro, den man nicht unbedingt als Lottofreak bezeichnen kann. Und als würde sie ahnen, was in mir vorgeht, gibt die verdammte Lottomaschine, dieses erzböse, allwissende Gerät, plötzlich einen zufriedenen, blechern klingenden Rülpser von sich – ich schwöre, wann immer ich die Kiste ansehe, grinst sie und flüstert: *He, versuch's doch auch mal, ich weiß genau, dass du es willst.* Da das Gerät per Kabel mit irgendeiner Zentrale verbunden ist, wird es regelmäßig mit Updates versorgt und gibt dann von Zeit zu Zeit seltsame Hickser und fieberhafte Blubbergeräusche von sich, mit denen es offenbar in telepathischer Verbindung zur Lottogemeinde steht. Das ist zweifellos das Schlimmste an einer Lottomaschine – dass man sich manchmal vorkommt, als mache man mit einem Scientologen gemeinsame Sache, einem üblen Demagogen und Massenverführer Vorschub leisten. Lottospielen bringt die Leute um den Verstand, verwandelt sie in nervöse, obsessive Arithmomaniker, Menschen mit der Zwangsstörung, pausenlos an Zahlen denken zu müssen. Am 1.2.2003 standen bei uns Leute mit abgekauten Fingernägeln und dunklen Ringen unter den Augen Schlange, um noch kurz vor Ultimo die Zahlen 1, 2 und 3 in allen möglichen Varianten zu spielen...

»Nein, verdammt noch mal!«, fuhr einmal eine Kundin mit russischem Akzent ihre heulenden Kinder an, während sie einen Haufen Münzen auf den Tresen beförderte. »Wir haben kein Geld für Frühstück!«

Aber hätten wir Probleme damit, uns an den Lastern anderer Menschen gesundzustoßen, könnten wir der Laden genauso gut gleich wieder dichtmachen. Unsere Regale wären ebenso leer wie die Registrierkasse. Unsere Stammkunden würden meutern. Und deshalb werde ich Glenda sagen, dass wir unsere Lottomaschine noch eine Weile behalten wollen.

∗∗∗

Nicht zuletzt hasse ich die blöde Maschine, weil sie meine Inkompetenz so offen zutage treten lässt. Jeder kann Butter auf einen Bagel schmieren oder eine Tasse Kaffee einschenken, aber um die Lottomaschine bedienen zu können, muss man jede Menge Spezialvokabular beherrschen, das sich einem erst nach und nach erschließt – »Tagesdoppel«, »Tag-Nacht-Kombi«, »Fifty-Fifty-System«, »Auswahlsystem«, »Anteilsystem«. Wann immer ich vor das verflixte Ding trete, geht mir die Muffe, diesmal komplett zu versagen und mir Kommentare wie »Da ist wohl der Bücherwurm drin« oder »Ja, ja, der Herr Hochwohlgeboren« einzufangen.

Nicht dass ich mich in diesem Laden irgendwie aufgespielt hätte. Ich habe nichts erzählt, was nicht der Wahrheit entsprechen würde. Ebenso gut aber hätte ich auch den Mund halten können, da hier außer Dwayne ohnehin niemand etwas Persönliches von sich erzählt. Eigentlich ist es frappierend, dass manche Stammkunden so viel Zeit mit uns verbringen, ich aber nicht mal weiß, ob sie ledig oder verheiratet sind, geschweige denn, ob ich es mit Mördern oder Nobelpreisträgern zu tun habe.

Aber egal. Das eine oder andere kriegt man trotzdem mit. Man muss nur auf die Einzelheiten achten.

Vorhin kommt ein junger Typ mit ziemlich unsympathischen Nackentattoos herein. Die anderen Kunden machen einen großen Bogen um ihn, als hätten sie sofort bemerkt, dass er eine Pistole unter seinem Kapuzenshirt verbirgt, und plötzlich wird es totenstill; nur Dwayne ist zu hören, der drüben im Lager telefoniert. Der Typ bleibt vor mir stehen und verkündet, dass er gerade aus dem Knast entlassen worden und auf der Suche nach einer gewissen Lucy sei.

»Lucy?« Ich lasse den Blick durch die Runde schweifen, sehe aber nichts als ratlose Mienen. Ich frage mich, ob sie vielleicht für Salim gearbeitet hat, und einen Moment lang sehe ich ein Mädchen mit netten Grübchen und ausladendem Hintern vor meinem inneren Auge. Oder meint er etwa die exotische Tänzerin mit den strähnigen Haaren, die mich jedes Mal so finster mustert, wenn sie unseren Laden betritt?

Vielleicht sollte ich den Burschen erst mal in ein Gespräch verwickeln – möglich, dass Dwayne zwischendurch etwas spitzkriegt, sein Gespräch beendet und mir zu Hilfe kommt. »Lucy« klingt wie das Codewort für irgendetwas Illegales, und nun erinnere ich mich, dass ich von Delis gehört habe, die das eine oder andere kleine Nebengeschäft betreiben. Aber was meint er? Eine nicht ganz jugendfreie Massage? Drogen? Um ein Haar platze ich heraus: »Nein, so was haben wir hier nicht! Wie kommen Sie denn darauf?« Doch dann ermahne ich mich, cool zu bleiben, spiele in Gedanken durch, was ich sagen könnte: *Hier gibt's keine Lucy. Früher schon, aber jetzt nicht mehr, Mann.* Immer vorausgesetzt, dass wir tatsächlich keine Lucy haben. Was, wenn mein eigener Laden eine Lucy-Hochburg ist, ohne dass ich davon weiß? Kurz überlege ich, einfach »Na klar« zu sagen, um herauszufinden, wer oder was Lucy eigentlich ist, doch gleichzeitig befürchte ich, dass dann eine Horde Thai-Nutten mit Flauschhandtüchern und Massageöl wie aus dem Nichts auftauchen wird und *wirklich* Schluss mit lustig ist.

Wie auch immer, am Ende verzichte ich darauf, irgendwelche Spielchen zu spielen, um meine Unwissenheit zu kaschieren. »Tut mir leid«, sage ich, »aber Lucy ist nicht hier. Sie ...« – ich bemühe mich nach Kräften, mir meine Zweifel nicht anmerken zu lassen – »... arbeitet hier nicht mehr.«

Der Typ sieht mich an, als hätte ich nicht alle Tassen im Schrank, ehe er kopfschüttelnd den Laden verlässt. Zwei Sekunden später legt mir Leslie, einer unserer Stammkunden, die Hand auf die Schulter. »Wer is'n diese Lucy, Ben?«, fragt er mit rauer Stimme. »Die Lady würde ich echt mal gern kennenlernen.« Worauf die ganze Meute zu wiehern beginnt, besonders ein gewisser Floyd kriegt sich fast nicht mehr ein. »Süßes Schätzchen, was, Ben? Die ist sogar noch Single, oder?«

Dwayne kommt aus dem Lager. »Was geht denn hier ab?«, fragt er. Als ihm die anderen erklären, was los ist, bricht er ebenfalls in Gelächter aus.

»Lucy ist keine Frau«, sagt er. »Eine Lucy ist 'ne einzelne Zigarette.« Er nimmt eine Newport aus seiner eigenen

Schachtel und wedelt mir damit vor der Nase herum. »Der Typ wollte eine Einzelkippe, das ist alles. Eine *Loosie*, versteht du?«

»Oh.«

»Deine Lucy schmeckt nach Aschenbecher«, grient Floyd.

»Kein Problem«, sagt Leslie. »Wie sollst du das auch als Nichtraucher wissen?«

Wenn er nur wüsste. Früher habe ich nämlich geraucht, zehn Jahre lang, anderthalb Packungen am Tag. Wie konnte ich so lange in New York leben, ohne mitzubekommen, was eine Loosie ist?

***

Am nächsten Abend beschließe ich, mich in unserem Laden ein wenig häuslicher, vor allem aber ohrenfreundlicher einzurichten. Tagsüber und nachmittags läuft meist das Radio, am Abend der Fernseher. Wenn meinem Gehör nicht gerade durch Mord, Totschlag und Steelcage-Wrestling Gewalt angetan wird, läuft garantiert ein Musiksender, den jemand anderes ausgewählt hat. Aber damit ist ein für allemal Schluss. Ich habe ein Recht auf ein Mindestmaß an Ruhe und Frieden, und ab heute wird hier nur noch meine Musik gehört. Ab jetzt ist Feierabend mit Schmusejazz, Klassik-Rock, Grunge, Hip-Hop und den grässlichsten Hits der siebziger und achtziger Jahre. Heute Abend hören wir National Public Radio, bis die Stimmen der Nachrichtensprecher die Ohren der Kunden zum Bluten bringen, und bis der Polit-Talk kommt, hören wir zwischendurch den einen oder anderen New Yorker Klassiksender.

Ah, endlich Musik, die nicht das Bedürfnis in mir auslöst, mich vor den nächsten Zug zu werfen. Plötzlich fühle ich mich, als habe ich gerade einen zwölfspurigen Freeway verlassen und würde eine von der Sonne beschienene Landstraße entlangfahren, über kleine Brücken, unter denen idyllische Flüsschen gluckern. Ich fühle mich wieder ausgeglichen, ganz im Reinen mit mir, statt so, als sei ich in ein Videospiel geraten, in dem mich pausenlos Roboter und Aliens attackieren.

Dann platzt Dwayne herein.

»Yo, Ben, wieso läuft denn hier Klassik?«, fragt er kopfschüttelnd. »So was hört man doch nur an Feiertagen.« Statisches Rauschen ertönt, als er am Knopf des Radios dreht, bis er seinen Lieblingssender Power 105.1 (»R&B, Hip-Hop und Soul«) gefunden hat und die Lautstärke voll hochfährt.

»Dwayne!«, fahre ich ihn an und stelle wieder den Klassiksender ein, aber es nützt alles nichts. Den ganzen Abend führe ich einen schlicht ausweglosen Kampf: Sobald ich einen Moment nicht hinsehe, schleicht sich jemand zum Radio und stellt einen anderen Sender ein. Schließlich platzt mir der Kragen. »Wer spielt hier dauernd am Radio rum?«, blaffe ich Super Mario an, einen ziegenbärtigen Einwanderer aus der Dominikanischen Republik, der drüben in der State Street als Hausmeister in einem Apartmentkomplex arbeitet.

»Na ja«, erwidert er. »Das muss irgendein Kunde gewesen sein.«

»Ein Kunde?« Schrill widerhallt meine Stimme in meinen Ohren. »Was soll das heißen, ein Kunde? *Du* bist hier Kunde! Oder seit wann arbeitest du hier?«

Eine Frau, die vor dem Regal mit dem Hundefutter steht, runzelt die Stirn, doch Super Mario pfeift nur unbeeindruckt durch die Zähne und zuckt mit den Schultern. Offenbar bringt einen so schnell nichts mehr aus der Ruhe, wenn man genug verstopfte Toiletten gesehen hat.

»Ich habe eine Idee«, sagt Raj, ein stets freundlicher Parkplatzwächter. »Lasst uns doch lieber fernsehen.« Raj ist der Undurchschaubare aus Guyana, eine sphinxgleiche Existenz, der sich jeden Abend bis zum Stupor besäuft und selbst dann noch schwermütig grinst, wenn er bewusstlos im Lager liegt. Zu seinen Geheimnissen gehört unter anderem, dass ich seine leeren Flaschen nie finde, obwohl er fünf bis sechs Flaschen Guinness am Abend leert.

»He, kommen jetzt nicht gleich Nachrichten?«, fragt Barry, während er einen Apfel sauber rubbelt, für den er nicht bezahlt hat und den er gleich wieder weglegen wird. Barry ist Taxifahrer und leidet unter Narkolepsie; wie so viele unserer Stammkunden würde er selbst bei einer Hungersnot keinen Cent bei uns ausgeben.

»Stimmt«, antworte ich, greife nach der Fernbedienung und schalte die *NewsHour* mit Jim Lehrer an. »Schauen wir doch mal, was in der Welt so passiert.«

Die Runde im Laden blickt verwirrt drein, als der sauertöpfische Jim Lehrer mit einer Gruppe von Außenpolitikexperten auf dem Bildschirm erscheint.

»Ist das amerikanisches Fernsehen?«, fragt jemand.

»Liest der irgendwann auch die Lottozahlen vor?«, fragt ein anderer.

Ich drehe den Fernseher so laut, dass man ihn garantiert noch im Nebengebäude hört. Das wird wohl das erste Mal in der Geschichte New Yorks sein, dass jemand die Polizei ruft, weil jemand mit Jim Lehrers *NewsHour* die Gegend beschallt.

Trotz meiner Durchsetzungsversuche hängen um halb neun ein halbes Dutzend Männer im Laden herum, lehnen an den Regalen, öffnen zwischendurch die Tür, um auf den Bürgersteig zu spucken (wobei jedes Mal ein Schwall eisiger Luft hereinweht), und machen mich komplett kirre, da ich keinen Überblick mehr habe, was überhaupt vor sich geht. Ab und an taucht ein zahlender Kunde auf und stutzt beim Anblick der herumlungernden Gestalten. Jemand zündet sich direkt unter einem No-Smoking-Schild eine Zigarette an. Kronenkorken fallen zu Boden. Und natürlich zieht die kleine Party weitere Gäste an, darunter Leute, die ich in den drei Wochen, die wir inzwischen den Laden betreiben, noch nie gesehen habe. Sollte es tatsächlich Menschen geben, die mal eben Milch holen gehen und erst drei Stunden später wieder bei Frau und Kindern auftauchen? So nach dem Motto: »Tut mir leid, Schatz, drüber im Tante-Emma-Laden war super Stimmung, und da bin ich einfach ein bisschen länger geblieben.«

Immer mehr Leute trudeln ein, und allmählich fühle ich mich wie ein einsamer Aufpasser, dem ohnehin niemand wirklich gehorchen will. Ich muss ein Machtwort sprechen... aber was soll ich tun, wenn mir keiner Beachtung schenkt? Die ganze Bande vor die Tür setzen? Und was, wenn sie mich dann nur auslachen?

Gegen neun kommt Andre herein, der drüben im Brooklyn House of Detention als Tellerwäscher arbeitet.

Andre gehört ebenfalls zur abendlichen Meute, ist aber stiller als die anderen, ein kleiner, höflicher und extrem unauffälliger Mann, der sich stets im Hintergrund hält. Dwayne meinte neulich, Andre sei »ein endgeiler Sieben-ender mit 'ner achten Antenne vom Feinsten«, was irgendwie genau richtig klingt, auch wenn ich mir absolut keinen Reim darauf machen kann. Er sieht aus wie jemand, der auf keinen Fall Aufmerksamkeit erwecken will. Dezidiert äußert er sich nur zu aktuellen Nachrichten, was ihn ebenfalls von den anderen Stammkunden unterscheidet, die politische Themen scheuen wie der Teufel das Weihwasser. Dwayne erklärte mir vorgestern, Andre sei »ein extrem gebildeter Schwarzer«. Ich musterte ihn irritiert. »Andre ist Tellerwäscher«, gab ich zurück. »Ich glaube nicht, dass er besonders gebildet ist.« Worauf Dwayne nur sagte: »Genau.«

Kurz nach Andre kommt auch noch der schmierige Floyd, einer der Stammkunden, mit denen ich mich beim besten Willen nicht anfreunden kann. Floyd ist Kabel-TV-Techniker und ein Schwadroneur allererster Güte, der pausenlos zum Besten gibt, wie viele Ehefrauen während seiner Hausbesuche schon untreu geworden seien. Floyd steht drauf, mich vor den anderen Stammkunden aufzuziehen (»Was ist los, Ben? Steh mal aufrecht und tu nicht immer so, als hättest du keine Eier in der Hose.«), und Gab hat er schon mehr als einmal dreist angemacht; außerdem weiß ich nie, wie viele Flaschen er insgesamt aus dem Kühlschrank genommen hat. Am heutigen Abend aber hat er jemanden im Schlepptau: ein kerngesundes, überaus ansehnliches Exemplar des anderen Geschlechts.

»Wie, du bringst 'ne Tusse mit?«, sagt Dwayne. »Wo hast du denn die aufgegabelt?«

»Halt's Maul, Dwayne«, erwidert Floyd. Die Frau heißt Audra, und sie ist nicht nur ausgesprochen hübsch, sondern verhält sich obendrein, als könne sie sich nichts Schöneres vorstellen als eine Fete in einem Deli, und die Männer behandeln sie ebenso respektvoll wie zuvorkommend. Floyd ist bester Laune und sieht ausnahmsweise sogar mal davon ab, mich mit seinen Sticheleien zu nerven. Im Gegenzug nehme ich zwei große Dosen japanisches Bier auf seinen »Deckel«.

Als sich die Meute verzogen hat, kehren endlich wieder Ruhe und Frieden ein. Spätabends ist Brooklyn so still, dass ich mir vorkomme, als hätte ich die Stadt eben zu Bett gebracht. Im Lager fülle ich einen Eimer mit Wasser und gebe den letzten Spritzer Reinigungsmittel aus der Plastikflasche dazu; das scheint auf dem grauen Linoleum nicht viel auszurichten, aber immerhin mehr, als wenn wir gar nicht putzen würden. Als ich dabei bin, den Boden zu schrubben, trete ich versehentlich auf die Hand eines Mannes, der in der Ecke neben ein paar leeren Pappkartons liegt. Ein unterdrückter Schrei ertönt, dann erhebt sich ein älterer Herr mit burgunderfarbenem Teint und Ray-Charles-Sonnenbrille und starrt mich unverwandt an.

»Raj«, platze ich heraus. »Du hast mich zu Tode erschreckt!«

Wie üblich, wenn er an diesem Punkt angelangt ist, sagt Raj kein Wort. Er grinst bloß, macht dann aber eine Handbewegung, die wohl andeuten soll, dass er jetzt gehen will.

»Du kannst auch hier schlafen, Raj. Ich schalte die Alarmanlage aus, kein Problem. Ich muss nur kurz an das Regal da.«

Ich steige auf einen kleinen Hocker und versuche mir eine Fünf-Liter-Flasche Reiniger zu angeln – doch im selben Moment knallt mir etwas genau zwischen die Augen, zersplittert einen Sekundenbruchteil später auf dem Boden, und während ich mir unwillkürlich an die Stirn greife, höre ich bereits, wie eine weitere Flasche ins Rollen kommt. Als ich aufblicke, sehe ich gerade noch, wie sie von der Regalkante kippt, ehe sie ebenfalls in tausend Stücke zerbirst – und während ich mich ducke, folgen noch zwei weitere Flaschen, die mich ebenfalls nur haarscharf verfehlen. Der Boden ist übersät von zersplittertem Glas, aber nicht alle Granaten sind explodiert, und als ich den Blick nach unten richte, sehe ich ... eine leere Guinness-Flasche, die sich wie ein Kreisel auf dem Boden dreht. Im selben Augenblick schießt mir durch den Kopf: Wer um Himmels Willen kommt auf die Idee, leere Bierflaschen dort oben auf dem Regalbrett zu deponieren, ohne einen Gedanken daran zu verschwenden, dass sie irgendwann jemandem wie Meteoriten auf den Schädel hageln könnten?

»Raj!«, brülle ich, während ich mir den Kopf mit beiden Händen halte.

Doch er hat bereits die Beine in die Hand genommen. Kaum zu glauben, wie schnell er es in seinem Zustand zur Tür schafft, und dann ist er auch schon auf der Straße verschwunden.

Dwayne, der an der Kasse gesessen hat, platzt herein. »Was ist denn hier los?« Zunächst amüsiert ihn die Geschichte, doch ein paar Tage später meint er, ich solle bloß nett zu Raj sein, wenn er wieder reinsieht; schließlich habe er doch gar nichts getan, »sondern bloß das, was er seit fünfundzwanzig Jahren tut.«

Aber Raj taucht nie wieder auf.

Stets zu Diensten

Als wir Salims Laden gerade übernommen hatten, wagte ich es nicht einmal, eine Packung Erdnüsse an einen anderen Platz zu stellen oder unser Chips-Sortiment neu zu arrangieren, aus Angst, damit unsere Langzeitkunden zu verschrecken. Inzwischen habe ich das nötige Selbstvertrauen, um die eine oder andere kleine Änderung vorzunehmen; so habe ich das Brotregal ein winziges Stück verrückt, damit die Leute, die Geld am Automaten ziehen, nicht den Kunden im Weg stehen, die gerade Bier aus dem Kühlschrank geholt haben, und das Display mit den Lottozahlen hängt nicht länger hinter der Kasse, sondern im Schaufenster – völlig banale Änderungen, die kein Mensch bemerken wird.

Von wegen.

»Ich habe gesehen, dass die Mülltonnen jetzt rechts neben der Kellertür stehen«, spricht mich Mr. Leventhal an, ein Schuldirektor, der drüben in der Pacific Street wohnt. »Gibt's einen bestimmten Grund dafür?«

»Wieso steht das Budweiser jetzt unten im Regal?«, mault mich ein uniformierter Cop an, der offenbar gerade Dienstschluss hat. »Jetzt muss ich mich ja bücken, verdammt noch mal!«

»Wo sind die Vollkornmuffins?«, schnauzt ein Anwaltstyp, dessen Kopfhörerkabel unter seinen Kamelhaar-Ohrwärmern hervorlugen. »Ist doch wohl logisch, dass ich die Vollkornmuffins übersehe, wenn Sie die Dinger unter den Maismuffins deponieren, und das macht mich STOCKSAUER, klar? Also seien Sie bitte so freundlich, die Vollkornmuffins wieder dorthin zu legen, wo sie auch sonst waren, und sie auch künftig dort zu lassen. Besten Dank!«

Allmählich frage ich mich, ob wir die Inhaber des Ladens sind oder nicht vielmehr seine Sklaven. Niemand hat Salim eine Träne hinterhergeweint, und auch uns würde bestimmt niemand vermissen, aber ändern wir auch nur die kleinste Kleinigkeit, gibt es sofort ein Riesengeschrei.

Manche Kunden bringen mich an den Rand des Nervenzusammenbruchs, besonders eine Gruppe von Krankenschwestern aus dem Wohnheim um die Ecke. Es hat den Anschein, als kümmerten sie sich mit eher mäßiger Hingabe um ihre Patienten, da sie offenbar eine Datenbank über die Preise aller Delis in Brooklyn erstellen – die sie regelmäßig verwenden, um uns als Betrüger und Preistreiber bloßzustellen.

»Neunundsiebzig Cent für eine Dose Thunfisch?! Vor drei Wochen waren es noch *fünf*undsiebzig! Das ist WUCHER!«

Die Ironie besteht darin, dass wir die Preise keineswegs erhöht haben. Kay will das nicht. Sie weiß, wie der Hase im Einzelhandel läuft, und ihre oberste Devise lautet, unsere Preise möglichst niedrig zu halten. Trotzdem können wir die Augen nicht vor der Tatsache verschließen, dass Salims Schleuderpreise aus einer anderen Ära stammen: zwei Dollar für ein Sandwich mit Käse, ein Dollar das Bier, sechzig Cent für eine Tasse Kaffee … Aber als Inhaber eines Ladens kann man nun mal nicht so tun, als sei die Zeit stehengeblieben. Erwartet irgendjemand ernstlich, dass das Leben in New York mit der Zeit billiger wird?

»Vergiss die Rasta-Drachen aus dem Schlachthaus«, sagt Dwayne über die Krankenschwestern. »Statt über unsere Preise zu nörgeln, sollten sie sich lieber Gedanken machen, warum ihre Patienten alle so beschissen aussehen.« Er legt die Hände um den Hals, gibt ein grässliches Keuchen von sich und lässt die Zunge aus dem Mund hängen.

Selbstredend hat auch Dwayne klare Vorstellungen, wie unser Preisniveau aussehen sollte. Andere Zahlen beschäftigen ihn ebenfalls; kurz nachdem wir den Laden übernommen hatten, erklärte er Kay, dass ein Sandwich mit mindestens 150 Gramm Fleisch belegt sein müsse.

»150 Gramm?«, erwiderte Gab. »Wer sagt denn so was?«

»Na, alle!«, antwortet Dwayne. »Fragen Sie doch mal rum – auf ein Sandwich gehören 150 Gramm Fleisch, sonst ist es kein Sandwich!«

Wurst und Schinken satt – du lieber Himmel, kein Wunder, dass sich Dwaynes Sandwiches einer derartigen Beliebtheit erfreuen. Mit 150 Gramm Fleisch – plus reichlich Käse, Ei, Gemüse und Sauce nach Wahl, vom frisch aufgebackenen Baguettebrötchen gar nicht zu reden – kann man eine komplette Familie ernähren, und für die maximal sechs Dollar, die so ein Sandwich bei uns kostet, kriegt der Kunde noch Dwaynes Performance gratis obendrauf. Wenn Dwayne ein Sandwich zubereitet, dann sozusagen mit Blitz und Donnerhall, so wie er die Baguettebrötchen –, bei der Größe fast schon Brote – mit Karateschlägen aus ihrer Verpackung befreit, die Kühlschranktüren zuknallt und die Messer in die Spüle feuert. Seine Sandwiches sehen tatsächlich so aus, als würden sie nicht unter der Brooklyn Bridge durchpassen, wenn man sie den East River hinuntertreiben lassen würde. Klar, dass er bei unseren Kunden Pawlowsche Reflexe auslöst; die Augen treten ihnen aus den Höhlen, wenn sie sich verstohlen nähern, um einen Blick über die Theke zu erhaschen. Sie sehen aus, als seien sie in Trance, und wenn sie schließlich an die Kasse kommen, können sie kaum noch sprechen, sondern bringen gerade noch ein »Wasmachtdasdenn?« über die Lippen. Zuweilen können sie ihre Gier nicht einmal zähmen, bis sie draußen auf dem Bürgersteig sind, sondern reißen die Verpackung bereits auf, bevor sie die Tür erreicht haben, und schlagen die Zähne wie Grizzlybären in ihr Riesensandwich. Wohnte ich hier um die Ecke, würde ich mich wohl ausschließlich von Dwaynes Sandwiches ernähren, gerade jetzt im Winter, wo überall die Preise steigen.

Früher ist mir nie aufgefallen, wie das Wetter die Preise beeinflusst. Dieser New Yorker Winter ist der kälteste des Jahrzehnts. Lange Unterhosen sind fast überall ausverkauft; laut Tagespresse sind sogar Ratten Mangelware, da die Biester sich in den Untergrund verkrochen haben. Weil nicht nur New York, sondern die gesamte Ostküste verschneit ist, hat sich der Preis für Orangen beinahe verdoppelt, und auch Milchprodukte sind deutlich teurer als sonst – und das, obwohl die hiesigen Preise im letzten Jahr ohnehin bereits um neun Prozent gestiegen sind, eine dreimal so hohe Teuerungsrate wie im Rest des Landes. Zudem ist die Zigarettensteuer um einen weiteren Dollar pro Packung erhöht worden, und obendrein hat die Stadt die Grundsteuer heraufgesetzt. Die Mietpreise sind um acht Prozent gestiegen; eine Wohnung in New York ist inzwischen mehr als doppelt so teuer wie in jeder anderen Großstadt, während die Löhne stagnieren, und nun sollen auch noch die U-Bahn-Tarife um 50 Cent angehoben werden. Zugegeben, New York war schon immer ein teures Pflaster, aber inzwischen sagen selbst alteingesessene New Yorker, so etwas hätten sie noch nie erlebt. Und so steht für mich fest, wo ich in Boerum Hill einkaufen würde: bei uns selbstverständlich.

**

Tatsächlich?

Neulich gehe ich rüber zu Sonnys Laden, dem anderen Deli in unserem Block. Sonnys Laden ist nur eine Minute von uns entfernt und sozusagen unsere direkte Konkurrenz. Sonny kontrolliert den Markt für Sojamilch, Sorbet und nicht abgepackte Käsesorten. Er ist der Spezialist für Biolebensmittel und heimische Produkte. Und während die Neo-Bohème von Boerum Hill sich eher selten zu uns verirrt, ist Sonnys Laden immer voll mit Leuten, die aussehen, als wollten sie anschließend zu einem Weezer-Konzert.

Natürlich will mich der Neid schier auffressen. Die Körbe von Sonnys Kunden sind voll mit teuren Produkten. Still und konzentriert streifen sie durch die Regalreihen; nur im Gewimmel an der Kasse kommt es gelegentlich zu kurzen Wortwechseln. (»Oh, habe ich mich vorgedrängelt?« – »Ach was, gehen Sie ruhig vor.« – »Nein, nein, Sie haben den schwereren Korb.«)

Anschließend versuche ich Kay zu überreden, doch selbst mal bei Sonny vorbeizuschauen.

»Wozu?«, fragt sie. »Was gibt's denn da?«

»Erstklassige Feinkost«, erwidere ich. »Sorbet, Havarti, frisches Sauerteigbrot – sieh dir selbst an, was er alles im Angebot hat.«

Kay ist nicht unbeeindruckt, sieht aber keinerlei Grund, selbst Konkurrenzbeobachtung zu betreiben.

Genau das meinte Gab, als sie die Unternehmensphilosophie ihrer Mutter mit ihrem Fahrstil verglich. Kay ist der felsenfesten Überzeugung, dass man an einer einmal gefundenen Strategie festhalten muss; sie ist sozusagen die Fahrspur, die ans Ziel führt. Zudem meint Kay genau zu wissen, was amerikanische Kunden wollen: Coca-Cola, Chips und Süßigkeiten – je mehr, desto besser. Sie sieht keinen Sinn darin, die Fahrbahnen zu wechseln oder die Bremse zu benutzen, so wie es ihr Schwiegersohn zu tun pflegt.

Nicht dass ihr egal wäre, was wir verkaufen. Kay ist genau informiert, welches Produkt was kostet und wie es sich verkauft. Mitentscheidend ist natürlich unsere Gewinnspanne, und ganz allgemein lässt sich sagen, dass Herzinfarkt begünstigende oder Krebs erzeugende Produkte prinzipiell geringe Gewinnspannen haben. Colt 45 zum Beispiel, ein besonders fieses Fuselbier, ist letztlich nichts weiter als flüssiges Crack – und eine Plage für jeden Ladeninhaber, dank der beliebten Halbliterflaschen, deren 99-Cent-Dumpingpreis bereits auf dem Etikett steht, was wiederum bedeutet, dass uns preislich keinerlei Spielraum bleibt, auch wenn wir höhere Betriebskosten haben als irgendein Laden auf dem Land. Dasselbe gilt für Doritos, Twinkies und Wonder-Toast.

Natürlich entgeht Kay nicht, dass man mit Bioprodukten mehr verdient als mit den Fastfood-Erzeugnissen der Lebensmittelgiganten, doch die Vorstellung, künftig keine Chips und Schokoriegel mehr zu verkaufen, steht offenbar in krassem Widerspruch zu dem, was sie über amerikanische Geschmäcker in Erfahrung gebracht hat. Und so wird es wohl Zeit, ihr zu zeigen, dass die Amerikaner allmählich ein anderes Essverhalten entwickeln. Bislang kennt sie nur eine Person, die sich mehr oder weniger bewusst ernährt: mich. Aber das ist immerhin ein Anfang.

$$* * *$$

Als wir den Laden kauften, wusste ich bereits, dass Boerum Hill ein multikulturelles Viertel war, doch bei der letzten Volkszählung stellte sich heraus, dass die Gegend um Salims Laden fast genau zur Hälfte von Weißen und Nichtweißen bewohnt ist. Einerseits hat Boerum Hill also das amerikanische Gesellschaftsideal verwirklicht und die perfekte demographische Balance hergestellt. Andererseits könnte dieser Umstand für uns bedeuten, dass wir in einer üblen Zwickmühle stecken, weil wir uns entscheiden müssen, welcher Bevölkerungshälfte wir unser Hauptaugenmerk schenken wollen. Es ist nämlich unmöglich, beiden gleichermaßen gerecht zu werden.

Tja, und nun frage ich mich, warum wir das nicht schon vorher bedacht haben. Alle sagen, Boerum Hill sei gentrifiziert, aber tatsächlich kommt das auf die Uhrzeit an. Tagsüber sind Leute aller sozialen Schichten auf den Straßen unterwegs, Menschen aus anderen Vierteln, die drüben im Gefängnis oder bei der Schulbehörde beschäftigt sind, und natürlich viele Leute von hier, die in der City arbeiten. Abends kriegt man einen erheblich repräsentativeren Eindruck davon, wer wirklich hier lebt, auch wenn die Bewohner der Slums meist ebenso unter sich bleiben wie die Anwohner der Smith Street. Die einen begegnen den anderen eher selten; nur in Läden wie unserem kreuzen sich ihre Wege.

Und so nehme ich die nachbarschaftliche Infrastruktur ein wenig genauer unter die Lupe. Unser Laden befindet sich auf dem Weg zum U-Bahnhof Hoyt-Schermerhorn. Als wir den Laden übernahmen, schenkte ich den Sozialsiedlungen keine Beachtung, da sie vier Blocks entfernt sind und es dort ohnehin andere Läden gibt. Dennoch ist unser Laden der erste auf dem Weg von der U-Bahnstation Richtung Sozialsiedlung und darüber hinaus einer der wenigen im Viertel mit einer Lottomaschine. Zu den anderen Pluspunkten gehören Dwayne, seine Sandwiches und der Fernseher – die älteren unter unseren Kunden haben wir also schon mal in der Tasche.

Unser größtes Problem besteht darin, dass wir nicht genug Platz haben, um all unseren Kunden überhaupt ihre Lieblingsprodukte anbieten zu können. In Wahrheit haben wir nicht mal genug Platz, um jedem Kunden behilflich sein zu können. Ja, wir könnten unser Sortiment verfeinern und abwarten, wie es bei unserer Klientel ankommt, doch bin ich mir ziemlich sicher, dass unsere Stammkunden nicht plötzlich auf belgisches Trappistenbier für zwölf Dollar die Flasche umsteigen würden. Sie trinken lieber weiter Budweiser aus der Dose, sogar mit Strohhalm.

Trotzdem, wir müssen uns verändern, mit der Zeit gehen. Daran führt schlicht kein Weg vorbei.

»Am besten, wir gehen einfach schrittweise vor«, sage ich zu Gab. »Lass uns nichts übertreiben.«

So viel zu meinem Versuch, wenigstens besseren Kaffee anzubieten.

Salims Kaffee mag beliebt sein, aber er schmeckt scheußlich – finde ich zumindest. Dabei gehöre ich keineswegs zu jenen Menschen, die grundsätzlich nur jamaikanischen Blue-Mountain-Kaffee oder andere Sorten aus kontrolliert ökologischem Anbau trinken, produziert von landwirtschaftlichen Kooperativen, die sich selbstredend in Ländern mit pazifistischer Vorschulerziehung befinden. Gern wäre ich ein solcher Konsument, aber mir fehlen sowohl der Ehrgeiz als auch das Geld dazu. Ich möchte einfach einen Kaffee, der auch nach Kaffee schmeckt, während Salims Brühe mir vorkommt wie der Versuch eines Biochemikers, Kaffee ohne Kaffeebohnen zu kreieren. Der Name des Rösters, der Salims Kaffee herstellt, spricht den Patrioten in mir an – USA Coffee heißt die Firma, die sich laut ihrer Werbebroschüre auf Kaffee »für Unternehmen und Großbetriebe« spezialisiert hat. Tatsächlich ist ihr Kaffee so grottenschlecht, dass ihm der Beigeschmack eines Styroporbechers sogar eine besondere Note verleiht. Der Geruch erinnert mich an Kantinen und Frühstücksräume in billigen Pensionen.

Trotzdem hat Salims Kaffee durchaus seine Fans, was damit zu tun haben mag, dass er unmittelbar auf das menschliche Nervensystem einwirkt – oder womöglich auch mit dem Umstand, dass die Plörre nach Beigabe von Milch und Zucker exakt wie warme Milch mit Zucker schmeckt. Keine Frage, die Brühe ist billig, und wir verdienen recht gut daran, aber ich bin fest davon überzeugt, dass wir noch besseren Umsatz machen können, wenn wir künftig Kaffee von Houston Brothers anbieten, einem in Brooklyn ansässigen Hersteller mit einer erstklassigen, dazu noch preisgünstigen Mischung, die, obwohl nicht zu stark, nach richtigem Kaffee schmeckt und es uns nicht zuletzt erlauben wird, unseren Preis um geringfügige zehn Cent zu erhöhen.

Kay ist nicht sonderlich begeistert, doch schließlich lenkt sie zögernd ein – wahrscheinlich, weil sie genau weiß, dass nichts unter Dach und Fach ist, solange ich nicht mit Willy Loman gesprochen habe.

***

Den USA-Coffee-Repräsentanten für unser Viertel nennen wir Willy Loman, weil er wie die lebende Karikatur eines typischen Vertreters der alten Dale-Carnegie-Schule wirkt. Er ist Anfang sechzig und wird langsam grau, doch trotz seiner schmalen Schultern und der hängenden Lider macht er immer auf beschwingt und optimistisch – ein krasser Kontrast zu seiner sonstigen Erscheinung. Auf Gab und mich macht er den Eindruck eines armen Hunds, der geradewegs aus einem Drama der fünfziger Jahre zu stammen scheint. Aber der Mann hat Biss, er kämpft mit Zähnen und Klauen um jeden Zentimeter seines Territoriums.

Als Willy Loman das nächste Mal vorbeisieht, warte ich bereits mit der schlechten Neuigkeit auf ihn. Doch bevor ich mit meinem genau zurechtgelegten Monolog anfangen kann, habe ich bereits die Kontrolle über unser Meeting verloren, weil er mich an der ausgestreckten Hand zu einem vertraulichen Schwätzchen in die nächste Ecke zieht. Im ersten Moment verstehe ich nicht, warum er im Flüsterton mit mir redet, doch dann geht mir plötzlich auf, dass er mich mit dieser Taktik auf seine Seite ziehen will.

»Und, schmeckt Ihnen unser Kaffee?«, fragt er leise.

»Ja«, lüge ich. Ich bringe nicht den Mut auf, ihm unter die Nase zu reiben, dass ich von seinem Kaffee die Krätze kriege. Tatsächlich will ich ihm erklären, dass *unsere Kunden* mit seinem Muckefuck nicht zufrieden sind.

»Na, ausgezeichnet«, sagt Willy Loman und notiert etwas auf einem Klemmbrett. »In unserem Lager liegt eine ganze Palette für Sie bereit. Reichen Ihnen vier Kartons Brown Gold fürs Erste?«

Brown Gold? So heißt die Brühe also?

»Im Moment ist unser Bedarf gedeckt.« Plötzlich muss ich schlucken. *Wieso schaffe ich es nicht, das Kind beim Namen zu nennen?* Habe ich Angst davor, Willy Loman den Todesstoß zu versetzen – diesem Inbegriff des traurigen Verlierers, der ohnehin längst unter Amerikas Räder gekommen ist.

Willy Loman ahnt bereits, was Sache ist, will es aber nicht akzeptieren.

»Oh?«, erwidert er betont beiläufig. »Hätten Sie lieber eine andere Mischung? Dann schicke ich Ihnen unsere Donut Blend.« Ohne mit der Wimper zu zucken, streicht er seine Notiz auf dem Klemmbrett durch und schreibt stattdessen: »Sechs Kartons Donut Blend.«

»Äh, Moment«, sage ich zunehmend verzweifelt. Ich spüre, dass Gab uns beobachtet. »Es geht nicht um die Mischung«, fahre ich fort. »Ich ... Wir wollen eine neue Marke anbieten.«

Willy Loman lässt den Kugelschreiber sinken.

»Eine neue Marke?«, fragt er. »Kunden wollen keine Veränderungen.«

»Das ist mir bewusst. Aber manchmal ist es einfach Zeit für etwas Neues.«

Willy Loman mustert mich unverwandt, doch wirkt er weder so wütend noch so niedergeschlagen, wie ich erwartet habe. Entschlossenheit steht in seinen Augen, und im selben Augenblick wird mir klar, dass er nicht kampflos aufgeben wird, auch wenn er weiß, dass er auf verlorenem Posten steht.

»Verstehe«, sagt er. »Aber darf ich Sie kurz etwas fragen?«

Ich nicke, während ich innerlich alle Muskeln anspanne.

»Verkauft sich unser Kaffee nicht?«

»Doch, bestens.« Und das ist die Wahrheit. Mit USA Coffee lässt sich Geld verdienen.

»Aber warum wollen sie dann die Marke wechseln?«

Tja, nun ist es an der Zeit für den Monolog, den ich in mühevoller Kleinarbeit vorbereitet habe. Ohne mich despektierlich über USA Coffee zu äußern, versuche ich ihm auseinanderzusetzen, was ich für die Wahrheit halte: Geschmäcker ändern sich mit der Zeit, und unsere Kunden wollen keinen Brown-Gold-Kaffee mehr. Blöderweise bin ich zu aufgeregt, um mich einigermaßen verständlich auszudrücken, und Willy Loman steht einfach wortlos da, während ich herumdruckse und keinen geraden Satz herauskriege. Als ich schließlich fertig bin, sagt er:

»Okay, wenn Sie mir noch eine Frage gestatten würden: Sie wollen also einen echten Qualitätskaffee anbieten?«

»Genau«, antworte ich wahrheitsgemäß. Endlich habe ich reinen Tisch gemacht; ich fühle mich erleichtert wie selten, nicht zuletzt, weil ich glaube, dass Willy mich verstanden hat und wir doch noch als Freunde auseinandergehen können. Fast höre ich ihn schon sagen: »Aber warum haben Sie das denn nicht gleich gesagt? Stimmt, unser Kaffee ist grauenhaft. Das weiß doch jeder.«

Stattdessen sagt er: »Dann sollten Sie vielleicht mal unsere Gourmet-Mischung ausprobieren.« Mit eleganter Geste greift er in seine Jacketttasche und fördert eine Broschüre zutage.

Mir rutscht das Herz in die Hose. »Sie haben eine Gourmet-Mischung?«, stammele ich. »Wie heißt sie denn?«

»Gourmet Blend. Eine exquisite Import-Mischung, vorzügliche Qualität, feinste Röstung. Nehmen Sie doch erst mal vier Kartons, und dann lassen Sie mich baldmöglichst wissen, wie der Kaffee bei Ihren Kunden ankommt.« Er reicht mir das Klemmbrett mit der Bestellung und lächelt professionell. »Na also, geht doch«, sagt er. »Kurz und schmerzlos, oder?«

Ich weiß nicht mehr, wie ich mich aus der Affäre ziehen soll. Aber just in diesem Moment tritt Gab zu uns.

»Alles so weit okay?«, flötet sie.

Willy Loman starrt sie an, als habe er gerade eine Schlange erblickt.

»Nur 'ne Sekunde, Schätzchen«, sagt er mit einem dünnen Lächeln. »Wir sind gleich so weit.« Es ist sein erster Fauxpas in einem ansonsten perfekt geführten Verkaufsgespräch, und ich sehe Gab an, dass er es sich mit dem »Schätzchen« ein für allemal mit ihr verdorben hat. Mehr noch: Sie ist drauf und dran, Willy Loman das Herz herauszureißen und es ihm in den Rachen zu stopfen.

»Kann ich das mal sehen?«, fragt sie und nimmt ihm das Klemmbrett aus den Händen. »Okay, was steht denn da? Sechzehn Monate Vertragslaufzeit … acht Kartons monatlich … interessant. Hmm. Kann ich mal Ihren Kugelschreiber haben?« Sie streicht die ersten Vertragsparagraphen, einen nach dem anderen, bis nur noch eine erbärmliche Klausel ganz unten übrig bleibt, die besagt, dass wir von USA Coffee einen Gratiskarton Gourmet Blend erhalten.

»Bitte sehr«, sagt sie und reicht das Klemmbrett an mich weiter. »Jetzt kannst du unterschreiben.«

Willy Loman starrt mich an, als hätte ich ihm gerade die Kehle durchgeschnitten. Ein paar Sekunden später ist er verschwunden. Wir sehen ihn nie wieder. USA Coffee ist fertig mit uns – für immer.

***

Ein paar Tage später trifft die erste Lieferung von Houston Brothers ein, zusammen mit einer neuen Kaffeemaschine und ein paar brandneuen Kaffeekannen. Plötzlich werde ich nervös. Was, wenn unsere Kunden unseren neuen Kaffee ablehnen? Wenn er ihnen nicht schmeckt oder nicht genug Koffein enthält? *Kunden wollen keine Veränderungen,* widerhallt es plötzlich in meinen Ohren. Was, wenn Willy Loman recht hatte? Bin ich ein Visionär oder bloß ein geldgeiler Vollpfosten? Zudem sind noch andere Veränderungen im Schwange, was meine Bedenken noch verstärkt. So hat Kay vor kurzem beschlossen, Colt 45 aus dem Sortiment zu nehmen. Abgesehen davon, dass wir kaum etwas daran verdienen, ist es unser meistgestohlenes Bier, und die Leute, die es klauen, sind für gewöhnlich so betrunken, dass sie sich die Flaschen in die Hosentaschen schieben – was wiederum bedeutet, dass wir über kurz oder lang damit rechnen müssen, dass sich jemand eine Oberschenkelarterie aufschlitzt.

Außerdem werden Dwaynes Sandwiches künftig nur noch mit halb so viel Aufschnitt belegt, und unseren Sandwich-Lieferservice gibt es auch nicht mehr. Nicht zuletzt haben wir nach langer Diskussion beschlossen, den Fernseher abzuschaffen, um unsere Kunden nicht vom Einkaufen abzulenken, und dann wäre da noch eine Kleinigkeit: Klammheimlich hat Kay nun doch damit begonnen, die Preise zu erhöhen, wenn auch zunächst bei Artikeln, die ohnehin nur selten gekauft werden, wie Alufolie oder Spielkarten.

Daher beschließe ich, möglichst behutsam vorzugehen und die neue Kaffeemarke so unauffällig wie möglich einzuführen. Vielleicht fällt ja niemandem auf, dass wir eine neue Mischung anbieten.

Pustekuchen – der neue Kaffee hat einen Duft, mit dem man Wände streichen könnte. Ein solches Aroma hat sich noch nie in diesem Laden ausgebreitet. *Wäre es vielleicht besser, wenn ich die Tür öffne und die Klimaanlage anschalte? Der Duft ist einfach zu intensiv! Schluss jetzt! Dieser Kaffee ist der Wahnsinn!*

Im selben Moment erblicke ich Andre, den Tellerwäscher aus dem Gefängnis, der auf der anderen Straßenseite darauf wartet, dass die Fußgängerampel auf Grün umspringt.

O nein. Nicht Andre. Warum muss *ausgerechnet er* jetzt auftauchen? Andre trinkt so um die acht Tassen Kaffee am Tag. Ich habe keine Ahnung, ob er je schläft.

»Na?«, begrüßt er mich, als er hereinkommt. »Schon gehört, was der Bürgermeister gesagt hat?«

»Nein. Was denn?«

»Er hat gesagt, New York sei purer Luxus, so wie irgendwas, das man bei Tiffany's oder Mikimoto kauft.«

»Tatsächlich?«

»Steht hier in der Zeitung.«

Er drückt mir die *Daily News* in die Hand, während ich ihm beiläufig einen Becher Kaffee reiche, wie immer mit fünf Stück Zucker. Ich tue so, als würde ich den Artikel lesen, beobachte aber verstohlen, wie er den ersten Schluck nimmt.

Dann stellt er den Becher wieder auf die Theke.

»Ist das euer normaler Kaffee?«, fragt er. »Ziemlich stark, das Zeug. Haben Sie ein paar Löffel zu viel in die Maschine getan, oder was?«

Ich beschließe, gleich mit der Wahrheit herauszurücken, und erzähle ihm, dass wir auf eine neue Marke umgestiegen seien. Andre mustert mich wortlos, während sein Kaffee langsam kalt wird.

Schließlich nimmt er noch einen Schluck, überlegt eine kleine Ewigkeit und sagt dann:

»Schmeckt irgendwie, wie sagt man gleich ... na ja, irgendwie erdig. Aber gar nicht schlecht.« Er nimmt noch einen Schluck. »Könnte ich mich dran gewöhnen.«

Mir fällt ein Stein vom Herzen. Na also! Ich freue mich so, dass ich ihm den Kaffee ausgebe, und Andre prostet mir mit dem Becher zu, ehe er nach draußen geht, sich ein Zigarette anzündet und sich wieder zum Gefängnis aufmacht.

Seltsam, wie einfach manchmal alles sein kann.

* * *

Am nächsten Tag blicke ich gerade zufällig auf die Straße hinaus, als Andre über die Straße marschiert kommt – und er sieht alles andere als zufrieden aus.

»Sie haben den Kaffeepreis erhöht!«, zischt er mich an, als er vor mit steht. Er ist außer sich vor Wut.

»Nur mit der Ruhe«, erwidere ich. »Es sind doch bloß zehn Cent.« Er hat mich auf dem falschen Fuß erwischt. Es sind einige Kunden im Laden, und ich will nicht, dass sie etwas mitbekommen.

»Zehn Cent!«, schnauzt Andre. »Zehn Cent!« Eine Vene an seiner Schläfe pocht, als befände sich ein zorniger Wurm darin, und seine Augen blitzen irre.

»Genau, zehn Cent. So wild ist das ja wohl nicht, oder?«

»In New York kostet eine Tasse Kaffee fünfundsechzig Cent«, knurrt Andre. »Und keinen verdammten Cent mehr.«

Na, toll. Etwas Lächerlicheres habe ich noch nie gehört. Es gibt keinen Festpreis für ein Tässchen Kaffee in New York, ebenso wenig wie eine Vorgabe, wie viel Aufschnitt auf ein Sandwich gehört, oder eine Regel, die festlegen würde, dass zwei Stück Zucker und zwei Schuss Milch in einen Kaffee gehören (obwohl es Kunden gibt, die mir genau das x-mal im Brustton der Überzeugung erzählt haben). Trotzdem hat Andre zunächst einmal das Terrain des *echten* New Yorkers abgezirkelt, während ich dastehe wie ein ahnungsloser Tourist, der mit offenem Mund die Gebäude am Times Square bestaunt und fragt, ob sich die Freiheitsstatue in der Nähe befindet.

»Das ist doch Schwachsinn«, sage ich. »Noch nie in Manhattan gewesen?«

Ich Vollidiot! Manhattan? Genauso gut hätte ich Europa als Referenz angeben können. *Wie, Sie kennen die Preise in Kopenhagen nicht?* Im Grunde habe ich jetzt schon alles vergeigt.

»Wann bin ich schon in Manhattan?«, gibt Andre zurück. »Und wenn dort jemand versuchen würde, mir 'ne Tasse Kaffee für mehr als fünfundsechzig Cent anzudrehen, wäre Schluss mit lustig.«

»Okay, und was ist mit Starbucks? Haben Sie eine Ahnung, was *die* für eine kleine Tasse verlangen?« In Brooklyn gibt es einige Starbucks-Filialen, und bei seinem Kaffeedurst hat Andre bestimmt schon mal die eine oder andere aufgesucht. Aber er ist derart sauer, dass er mir wortlos den Rücken kehrt und erst mal nach draußen geht, um sich mit einer Zigarette zu beruhigen. Als er zurückkehrt, scheint er sich wieder einigermaßen im Griff zu haben. Zuerst mustert er mich nur schweigend, lang und hart. Dann sagt er:

»Wissen Sie, was mich ankotzt? In zehn Jahren hat Salim so gut wie nie seine Preise erhöht. Und dann kommen Sie und machen sofort alles teurer!«

Dann macht er kehrt und geht, aber im Gegensatz zu Raj und Willy Loman, die wir nie wiedersehen, kommt Andre immer noch ab und zu vorbei, auch wenn er nie wieder Kaffee bei uns kauft. Er holt sich Zigaretten oder spielt Lotto, und meist spricht er keinen Ton.

Für lau

Als Geschäftsinhaber gilt es drei goldene Regeln zu beachten. Erstens sollte man davon absehen, einen Laden zusammen mit Verwandten zu führen. Zweitens sollte man die Finger von eigenen Produkten lassen. Und drittens sollte man genug Geld in der Hinterhand haben, um potentielle Startschwierigkeiten zu überstehen.

Wer auch immer diese Regeln aufgestellt haben mag, war definitiv niemals Inhaber eines Tante-Emma-Ladens. Meist werden Delis nämlich von Leuten eröffnet, die keinen Cent auf der hohen Kante haben; vielmehr besteht ihr Kapital in ihrer eigenen Arbeitskraft und Aufopferungsbereitschaft (und der ihrer Verwandten). Genau aus diesem Grund werden Delis so häufig von Einwanderern mit immensem Erfolgshunger und weitläufiger Familie betrieben. Wer mehr Geld zur Verfügung hat, wird ganz bestimmt keinen Laden eröffnen, in dem er rund um die Uhr schuften muss, um sich über Wasser halten zu können.

Nach unserem ersten Monat als Deli-Betreiber spüren wir nur allzu deutlich, welche Auswirkungen unser neues Leben auf uns hat. Die ersten zwei, drei Wochen waren wir voller Energie und Tatendrang, aber nun pendeln wir wie Zombies zwischen unseren Betten und der Ladentheke. Kay ist es immer noch nicht gelungen, zuverlässige Aushilfen zu finden, Edward malocht weiter rund um die Uhr, und ich arbeite zwischendurch in der Redaktion, so oft ich kann. Wir sind erschöpft, komplett ausgelaugt – nicht gerade ein idealer Zustand, um vernünftige geschäftliche Entscheidungen zu treffen, ganz abgesehen davon, dass wir unsere Gesundheit aufs Spiel setzen.

Heute Abend aber wollen Gab und ich trotzdem feiern. Anlass ist ein ganz besonderes Jubiläum: Vor genau zehn Jahren haben wir uns kennengelernt. Ein ganzes Jahrzehnt sind wir nun schon zusammen – wohl das Einzige, was ich in meinem Leben erreicht habe, das mich wirklich als Erwachsenen qualifiziert. Deshalb habe ich einen Tisch in einem schicken Restaurant in Manhattan reserviert, auch wenn das bedeutet, dass wir anschließend noch mal einen Fünfziger für ein Taxi drauflegen müssen, um wieder nach Hause zu kommen.

Doch wir sind so müde, dass wir uns in letzter Sekunde gegen die lange Fahrt in die Stadt entscheiden und stattdessen in einer Bar um die Ecke landen, wo es Chicken Wings und frittierte Zwiebelringe gibt.

Vielleicht liegt es nur an der Weihnachtsbeleuchtung und der flackernden Budweiser-Neonreklame hinter der Bar, aber Gab sieht absolut schachmatt aus; schlimmer noch als damals, als sie in der Kanzlei gearbeitet hat. Sie hat den ganzen Tag über der Buchhaltung für unseren Laden gebrütet, und die Linien der Excel-Tabellen scheinen sich gleichsam in ihre Züge eingegraben zu haben. Außerdem wirkt sie geistesabwesend, irgendwie nicht bei der Sache. Und kaum steht ihr erster Cocktail vor ihr, kippt sie ihn alles andere als ladylike hinunter. So kenne ich sie gar nicht.

»Möchten Sie auch etwas essen?«, fragt die Bedienung.

»Erst mal nicht«, gibt sie zurück.

Nachdem ich einen Cheeseburger bestellt habe, erfüllt mich eine seltsam beunruhigende Vorfreude. Unfassbar, womit ich mich plötzlich zufrieden gebe. Selten in meinem Leben habe ich so hart gearbeitet wie in den letzten Wochen. Ich habe es mir verdient, reich belohnt zu werden, und doch wünsche ich mir nichts weiter als einen Cheeseburger, einen zweiten Cocktail und ... nun ja, es wäre schön, einfach mal wieder eine Nacht durchschlafen zu können, ohne dass jemand in unserem Schlafzimmer Geld zählt oder mir die Bettdecke zu mopsen versucht.

Wir sind so platt, dass wir keine Energie zum Feiern haben. Aber ein bisschen Spaß sollten wir uns gönnen, oder? Was bedeutet es schon, wie lange wir zusammen sind, wenn wir nicht mal die Kraft aufbringen, den Anlass gebührend zu begehen?

»Erinnerst du dich noch, wie wir uns kennengelernt haben?«, frage ich.

Gab schenkt mir ein schwaches Lächeln, auch wenn ich ihr genau ansehen kann, dass meine Frage alles andere als angenehme Erinnerungen in ihr wachruft. Wir haben uns als Erstsemester in Chicago kennengelernt, damals, als wir gerade unsere »dekadente« Phase hatten – will heißen, einen auf supernegativ und abgefuckt machten. Das war unsere Art, mit der Hölle um uns herum fertigzuwerden. Der Grund, warum wir uns an der University of Chicago (»Weniger Spaß gibt's nirgends«, hatte das *Maxim*-Magazin seinerzeit geschrieben) immatrikuliert hatten: Wir wollten leiden, sehnten uns nach Plackerei und bitteren Erfahrungen; ein Wunsch, den uns die Uni – deren inoffizielles Motto: »Ackern, bis der Arzt kommt« lautet – nur allzu gern erfüllte. Es war allgemein bekannt, dass die Professoren Leistungsfaschisten waren, die einen bis zum Umfallen schuften ließen, und niemand wäre auch nur im Traum darauf gekommen, das zu bedauern. Man war stolz darauf, einen durch und durch verknöcherten, beinahe klosterartigen Wissenschaftsbetrieb zu führen, und viele Studenten, wie Gab und ich hatten einen Heidenrespekt davor.

Aber wir hatten nicht nur Gemeinsamkeiten. Gab war, um im Jargon der Uni zu bleiben, eine Liberale der Locke-Schule, während ich mich dem Lager der Rousseau-Anhänger zugehörig fühlte. Und im Gegensatz zu mir ging Gab meist zu den Vorlesungen und bekam entsprechend bessere Noten.

Der auffälligste Unterschied bestand natürlich in unserer Herkunft. Während Gab am anderen Ende der Welt, im südkoreanischen Daegu, geboren worden war, hatte ich das Licht der Welt nur ein paar hundert Meilen entfernt erblickt, in einem hübschen kleinen Ferienort am Lake Michigan, in dem meine Eltern ihren Sommerurlaub zu verbringen pflegten. Gab hatte ein hochdotiertes Stipendium erhalten, wohingegen ich nicht einmal wusste, wie und wo man eins beantragte. Nicht zuletzt waren es diese Kontraste, die ein Zusammenleben voller Überraschungen zu verheißen schienen. Und Beziehungen leben nun mal von Überraschungen – auch wenn man vielleicht nicht gleich gemeinsam einen Tante-Emma-Laden übernehmen muss.

Eigentlich haben wir uns vorgenommen, das Deli heute Abend außen vor zu lassen, aber nachdem wir ein wenig in alten Erinnerungen geschwelgt haben, wissen wir auf einmal nicht mehr, worüber wir sonst reden sollen. Plötzlich geht mir auf, wie sehr der Laden unser Leben beherrscht.

Gab schiebt abrupt ihr Cocktailglas beiseite.

»Ich wollte dich noch etwas fragen«, sagt sie. »Ich kann doch auf dich zählen, oder? Trotz all der Dinge, die uns momentan belasten?«

Ich nicke, wenn auch ein bisschen zögernd, da mir schwant, dass jetzt etwas kommt, was ich nicht hören will.

»Gut«, fährt sie fort. »Ich habe nämlich heute die Buchhaltung gemacht, und ... na ja, ich weiß nicht, wie ich's sagen soll, aber es sieht nicht gerade berauschend aus.«

Oje. Habe ich's doch gewusst.

»Wie schlimm ist es?«

»Schlimm«, erwidert sie. »Echt schlimm.«

Anfangs schien alles wie am Schnürchen zu laufen. Wir machten um die zweitausend Dollar Umsatz am Tag, genau wie Salim es uns vorausgesagt hatte. Natürlich war auch der eine oder andere enttäuschende Tag dabei, aber alles in allem sah es ganz danach aus, als könnten wir unsere Schulden in wenigen Monaten begleichen und das Geschäft dann Kay überlassen.

Aber manchmal dauert es eben ein Weilchen, bis man begreift, wie der Hase tatsächlich läuft. Einen Laden zu übernehmen ist etwa so, als säße man in einem Flugzeug, dessen Cockpitinstrumente erst funktionieren, wenn man die Reiseflughöhe erreicht hat – man weiß nicht, welches Tempo man drauf hat, wo exakt man sich gerade befindet und ob womöglich gleich die Triebwerke ausfallen. Da man zu wenig weiß, läuft man Gefahr, die Situation falsch einzuschätzen. Dazu kommen die Anfängerfehler. Wir zum Beispiel kommen beim besten Willen nicht mit der Registrierkasse klar; an manchen Tagen haben wir nicht die geringste Ahnung, wie viel Umsatz wir gemacht haben. Und einfach ins Blaue zu schätzen, kann fatale Irrtümer mit sich bringen.

Aber für den wahren Unternehmer sieht die Zukunft doch immer rosig aus, oder? Schließlich haben wir einen Laden und die dazugehörigen Kunden – eine Basis, die leicht zu dem Trugschluss führt, dass es immer nur aufwärts geht. Erst vorgestern hatte ich einen Anfall von Größenwahn. Nachdem wir samstags fast 2500 Dollar eingenommen hatten, konnte ich mich nicht beherrschen und prophezeite, dass wir im Sommer doppelt so viel Umsatz machen würden.

Aber das war ein Samstag, und der Samstag ist immer der beste Tag der Woche, nicht zuletzt, weil die Leute sich fürs Wochenende mit Bier eindecken. Sonntage sind auch nicht schlecht, weil die Leute schon mal für den Wochenanfang einkaufen, dafür ist montags so gut wie gar nichts los. Außerdem haben wir Monatsende und noch gefühlte tausend Rechnungen zu begleichen – 3000 Dollar für Orangensaft, 2000 für Lotterielose und noch mal 3000 Miete. Ein paar unserer Zulieferer sind zudem indirekt mitschuldig an unserer finanziellen Misere, weil sie das Zahlungsziel verlängert haben. Aber aufgeschoben ist natürlich nicht aufgehoben, und jetzt kommen diese Posten noch zu den aktuellen Rechnungen hinzu.

»Wir sehen gerade ziemlich alt aus«, sagt Gab. »Unser Konto ist quasi auf Null, und mit unseren Einkünften können wir unsere Schulden nicht decken. Außerdem kommt noch die Steuer.«

»Was? Wir haben doch erst Februar.«

»Die Umsatzsteuer, Blödmann, nicht die Einkommensteuer. Und das sind noch mal ein paar tausend Dollar.«

»Ein paar tausend Dollar?« Plötzlich bin ich hellwach, während ein ungekanntes Gefühl Besitz von mir ergreift – nicht Panik oder Verzweiflung, sondern eine Art Schock, als habe mir ein Arzt soeben eröffnet, dass ich unheilbar krank bin. Wie sollen wir das Geld hernehmen, das wir Salim noch schulden, geschweige denn unsere laufenden Kosten begleichen? *Unser Laden läuft nicht* – das ist es doch wohl, was Gab mir sagen will. Wenn sich nicht grundlegend etwas ändert, können wir in Kürze einpacken. Wir haben darauf gesetzt, mit dem Deli unsere Schulden abbezahlen zu können. Stattdessen sehen wir jetzt dem Pleitegeier ins Auge.

Einen Moment lang bin ich wie vor den Kopf gestoßen. Dann aber wird mir plötzlich bewusst, dass ich mich genau danach gesehnt habe – nach Risiko und Konsequenzen. Nach Herausforderungen und wirklichem Leben. Und obwohl es in der Bar ausgesprochen kühl ist (momentan scheint ganz New York tiefgefroren zu sein, was ebenfalls Gift fürs Geschäft ist), wird mir plötzlich heiß vor Scham. Wie töricht ich mich verhalten habe! Statt nüchtern und sachlich an die Sache heranzugehen, habe mich von meinen Gefühlen leiten lassen. Am liebs-

ten würde ich mich ohrfeigen, aber im selben Augenblick bemerke ich, dass Gab mich mit seltsam gefasster
Miene anblickt.

»Warum bleibst du so ruhig?«, frage ich.

»Weil ich einen Plan habe«, erwidert sie.

Erschrocken sehe ich sie an. Einen Plan? Aber klar, ich
hätte es wissen müssen. Gab hat immer irgendeinen
Plan in der Hinterhand.

Sie fördert ein Blatt Papier zutage, auf dem sie die
Maßnahmen zusammengetragen hat, die wir ergreifen
müssen, um uns aus dem Sumpf zu ziehen – ein rigoro-
ses Sparprogramm, wie es die Ökonomen der University
of Chicago früher für so manche Dritte-Welt-Länder zu-
rechtgezimmert haben. Ihr Plan sieht folgendermaßen
aus:

*Wir werden noch eine Weile länger in Kays Keller
hausen.* »Wie lange?«, frage ich. »Keine Ahnung«, gibt
Gab zurück. »Erst mal müssen wir finanziell wieder in
den grünen Bereich kommen, dann sehen wir weiter.«
Mit anderen Worten, solange wir Chucho, den Orangen-
saftheini, die Lotteriegeier und den Rest der ganzen
Bande nicht zufriedengestellt haben. Und da das bedeutet, erst mal den Laden auf Vordermann zu bringen,
könnte das ziemlich lange dauern.

*Wir werden noch mehr Zeit in den Laden investieren
müssen.* Was sich von selbst versteht, solange wir bei
Gabs Eltern wohnen – da wir mit ihnen unter einem
Dach wohnen, können wir schlecht so tun, als gäbe es
gar keine Krise. Also will Gab weiter die Tagesschicht
übernehmen und sich nebenbei um die Buchhaltung
kümmern, während ich vier bis fünf Nachtschichten pro

Woche übernehmen soll. Eine Kleinigkeit ändert sich allerdings. Bis jetzt hat Gab uns allen eine Art Mindestlohn gezahlt, aber künftig sollen wir uns in wahrem Idealismus üben und uns in unserem eigenen Laden zu Tode arbeiten – für lau.

Schluss mit der Selbstbedienung. Alles, was unsere Regale beherbergen, ist in Zukunft *tabu.* Natürlich ist es billiger, wenn man in seinem eigenen Sortiment wildert, aber die Waren kosten ja trotzdem etwas, und hat man erst einmal damit angefangen, machen es die Aushilfen genauso. Aber es ist gar nicht so einfach, sich zu beherrschen, wenn man den lieben langen Tag in seinem Laden verbringt, eingekesselt von Bier, Chips und Schokoriegeln. Klar, der Heißhunger auf Süßes oder Salziges, das Extra-Frühstückchen oder Nachos mit Käsegeschmack würde wohl gar nicht erst aufkommen, wenn ich nicht ununterbrochen davon umgeben wäre, aber ernstlich, da muss man doch einfach zwischendurch mal naschen, oder? Keine Ahnung, ob ich diese Abstinenz durchhalten kann.

Richtig weh aber tut erst der nächste Punkt. Seit zwei, drei Wochen beobachte ich nun unsere Kunden, habe unser Warensortiment genau analysiert und bin felsenfest davon überzeugt, dass wir unser Angebot *radikal* umstellen müssen. Wir können unmöglich zwei Kundenstämme zufriedenstellen – unser Laden ist dazu schlicht zu klein –, was wiederum bedeutet, dass wir gezwungen sind, unser Geschäft auf jene Kundschaft auszurichten, die für die Zukunft des Viertels steht. Und das sind die Leute, die bei Sonny einkaufen und sich mit Sorbet, Sauerteigbaguettes und Veggieburgern eindecken. Was ich selbst gern esse, spielt dabei keine Rolle. Wäre Boerum Hill großteils von chassidischen Juden bewohnt, würden wir schließlich auch vorrangig koschere Nahrungsmittel verkaufen. Aber zufälligerweise kaufen die Leute, die hier mehr und mehr zuziehen, dieselben Lebensmittel wie ich – und wir wären doch bescheuert, wenn wir uns nicht darauf einstellen würden.

Eigentlich hatten Gab und ich uns bereits darauf geeinigt, so bald wie möglich umzustrukturieren; sie meinte lediglich, wir sollten behutsam vorgehen und nach und nach andere Produkte in unser Sortiment aufnehmen, zunächst jedoch von größeren Umgestaltungen absehen – mit der neuen Kaffeesorte hätten wir unseren Kunden fürs Erste genug zugemutet.

Nun aber besteht sie darauf, dass wir vorerst *überhaupt nichts mehr verändern*, bis wir uns finanziell einigermaßen konsolidiert haben. »Tut mir leid«, sagt sie. »Ich weiß, dass ich dir damit in die Quere komme.«

Ihre Mutter steht voll und ganz hinter ihr: Keine Experimente, sagt sie. Und das bedeutet, dass Gab und ich nicht nur dazu verurteilt sind, auf unabsehbare Zeit unser Dasein in Kays Keller zu fristen, sondern auch weiterhin Kondome, Fuselwein und Fruchtgummis verkaufen würden – gefangen in Salims dubiosem Laden, wie er seit jeher war, statt in einem Geschäft, wie ich es mir vorgestellt habe. Und das ist der frustrierendste Gedanke von allen.

K wie Kekse

Als ich am nächsten Tag nach Brooklyn fahre, frage ich mich, warum ich mich emotional so stark für unseren Laden engagiere. Hat mich das Fieber gepackt, als ich seinerzeit meinen Kopf in den Kühlschrank steckte, oder ist es nach und nach, sozusagen klammheimlich passiert? Schließlich sollte es bloß eine vorübergehende Sache sein, und eigentlich habe ich nur mitgemacht, um meiner Frau einen Gefallen zu tun. Trotzdem habe ich irgendwann begonnen, das Ganze ernst zu nehmen – vielleicht wegen der ambivalenten Gefühle, die ich für meinen »richtigen Job« empfinde, der mir alles andere als »richtig« vorkommt. In gewisser Weise ist die *Paris Review* eine Traumwelt – Literatur! Poesie! –, in der sich lauter Privilegierte tummeln. Georges Magazin hat nur deshalb überlebt, weil es sich in einem schwerelosen Kosmos befindet (der »Gesellschaft« und der »Kunst«), in dem die Gesetze von Angebot und Nachfrage außer Kraft gesetzt sind.

Das Deli bedeutete das genaue Gegenteil: den blanken Kampf ums Überleben, und genau das machte es wohl so attraktiv für mich. Es war die Gelegenheit, aus dem Traumwelt-Trott auszubrechen. Nicht zuletzt spielte wohl auch meine Erziehung eine Rolle, die calvinistische

Tendenz, Erlösung in Arbeit und Familie zu suchen – eine Neigung, die Puritaner und Koreaner durchaus miteinander teilen. Und während wir versuchen, der Krise die Stirn zu bieten, halte ich mich an genau diesen beiden Talismanen fest.

***

Mit Gabs Sparmaßnahmen ist das so eine Sache. Eigentlich sollen sich alle daran halten. In einem Familienbetrieb ist freilich keiner der Chef, oder andersherum gesagt: Alle sind Chef. Aber auch für dieses Problem hat Gab eine Lösung: Jeder, der etwas verbockt, muss dafür zahlen. Wer sich an der Registrierkasse verrechnet, muss den Fehlbetrag begleichen. Wer gegen die Auflagen des Gesundheitsamts verstößt, zahlt Geldbußen aus eigener Tasche.

»Das ist doch grotesk«, protestiere ich. »Da mache ich nicht mit!«

»Ich dachte, du willst mithelfen, den Laden zu retten. Meine Mutter und ich tun schließlich auch alles, damit wir die Krise überstehen.«

»Aber ihr macht ja auch keine Fehler!« Was der Wahrheit entspricht. Während die beiden bis jetzt keinerlei Mist gebaut haben, hat Kay mich schon dreimal bei Gab verpfiffen: einmal, weil ich einen gefälschten Zwanziger angenommen habe, und zweimal, weil ich vergessen hatte, beim Zubereiten eines Sandwichs diese lächerlichen Zellophanhandschuhe überzuziehen. Obendrein beobachtet sie mich dauernd, weil sie mich verdächtigt, dass ich mich nach wie vor aus unseren Regalen bediene; was im Übrigen stimmt, da ich nicht vorhabe, auf mein größtes Vergnügen zu verzichten, auch wenn mich das rein technisch gesehen zum Ladendieb macht.

Die Anspannung wird unerträglich, als wir beschließen, den Laden ein wenig auf Vordermann zu bringen und zu renovieren. Eine Renovierung ist unumgänglich und meines Erachtens der Wendepunkt, um aus unserem schäbigen Tante-Emma-Laden einen trendigen Gourmet-Markt zu machen. Das Loch in der Decke muss repariert werden, die spülwasserfarbenen Linoleumfliesen sind mir schon von Anfang an ein Dorn im Auge, und die Kühlschränke müssen dringend umgestellt werden; die Kunden haben es garantiert ebenso satt wie ich, sich zwischen ihnen hindurchquetschen zu müssen, als läge dahinter eine Flugzeugtoilette. Statt Neonröhren würde ich lieber Halogenleuchten installieren, und ein Fenster, durch das man zwischendurch mal frische Luft hereinlassen könnte, wäre auch nicht schlecht. Es gibt jede Menge zu tun, aber wenn alle mithelfen, können wir den Umbau in einer Woche hinkriegen.

Kay aber gibt uns nur einen Tag, und selbst das ist bereits ein Zugeständnis, das ihr nur schwer abzuringen war, nachdem sie zunächst darauf bestand, dass wir den Laden nur für eine Schicht schließen sollten.

»Wir wollen keinen Schönheitspreis gewinnen«, sagt sie, als wollten wir die Wände rosa streichen und alles mit Blumen dekorieren. »Wir können es uns nicht leisten, kein Geld zu verdienen.« Sie klingt dabei mehr verzweifelt als gierig. Sie macht sich nicht bloß Sorgen wegen der ausstehenden Rechnungen, sondern fürchtet auch, dass wir Stammkunden verlieren könnten, wenn wir zu lange schließen.

Kays Ungeduld macht mich komplett kirre. Kaum fällt ihr etwas ein, das getan werden muss, macht sie sich auch schon an die Arbeit. Es ist ihr unmöglich, etwas auf die lange Bank zu schieben; Warten gehört nicht zu ihren Tugenden, und Müßiggang – den meisten Menschen unter dem Begriff »Entspannung« bekannt – bereitet ihr regelrecht körperliche Pein. »Auf die faule Haut können sich andere legen«, sagt sie. »Wenn ich nicht irgendwas zu tun habe, tut mir alles weh. Ich fühle mich dann plötzlich sterbenskrank.« Ihre innere Uhr ist anderen Menschen zwischen einer Stunde und einem ganzen Tag voraus – während andere Menschen Zahnarzttermine gern verschieben, kann sie sie nicht erwarten, und einmal wurde sie von der Stadtverwaltung mit einer Geldbuße belegt, weil sie ihren Müll zu früh an die Straße gestellt hatte. Niemand kann sie zufriedenstellen, solange er nicht ebenfalls zu der Sorte Mensch gehört, die ihre Weihnachtseinkäufe im September erledigen.

Natürlich ist Kay nicht die Einzige mit zwanghaften Charakterzügen. Wo ich herkomme, ist es quasi ein religiöses Bekenntnis, bloß nichts übers Knie zu brechen. Amerikaner beeilen sich nicht; sie umarmen die Welt, um sie daran zu hindern, dass sie sich weiter dreht. In unserer Geste liegt eine gewisse Sturheit. Wir wollen nicht akzeptieren, dass die Zeit weiter fortschreitet, so als sei die Zukunft nur eine kurzlebige Modeerscheinung. Niemand fährt Auto, wenn er den Weg auch zu Fuß gehen kann, keiner greift zum Staubsauger, wenn es auch der Wischmop tut, und niemand würde eine Mikrowelle benutzen, solange man seine Mahlzeiten auf einem

Herd zubereiten kann. »Mode« und »Technologie« sind Unwörter für uns. Und wenn wir uns mit größeren Projekten befassen – etwa mit der Renovierung eines Hauses oder Ladens –, pflegen wir uns dementsprechend alle Zeit der Welt zu lassen, um unsere Ideen hinreichend zu verwirklichen.

Am verabredeten Tag treffe ich frühmorgens im Laden ein, einen detaillierten Plan in der Tasche; ich habe mir vorgenommen, mich von Kays tickender Stoppuhr nicht unter Druck setzen zu lassen. Und zunächst sieht alles auch nach einem vielversprechenden Start aus. Zu meiner Überraschung bringt Edward sowohl seinen Interimkollegen Ling als auch Gabs Onkel Jinsuk mit – der eine Elektriker, der andere Schreiner. *Es geschehen noch Zeichen und Wunder*, schießt es mir durch den Kopf. Mit so viel Unterstützung kann eigentlich nichts mehr schief gehen. Leider muss ich allzu bald feststellen, dass meine Mitstreiter, selbst allesamt kleine Unternehmer, Kay an Rechthaberei und Dickköpfigkeit in nichts nachstehen. Zusammenarbeit ist ein Fremdwort für sie. Niemand geht nach irgendeinem wie auch immer gearteten Plan vor. Im Nu bricht nacktes Chaos aus, und bald darauf sieht der Laden wie eine Baustelle aus. Sägemehl und Späne wirbeln durch die Luft. Vorübergehend versuche ich, die Männer wenigstens dazu zu bringen, sich untereinander abzustimmen, aber es gelingt mir einfach nicht, Gehör zu finden. Edward, Ling und Jinsuk haben nämlich Elektrowerkzeuge und ich nicht.

Und während sich meine Träume von einem schöneren Laden in Rauch aufzulösen beginnen, erkenne ich durch den Staubschleier hindurch Kay, die mit in die

Hüften gestützten Händen dasteht und alle antreibt, *schneller, schneller, schneller* zu machen.

»Rede doch mal mit ihr«, bitte ich Gab. In meinem Magen rumort es, als sei er voller giftiger Schlangen, die alles in meiner Umgebung vernichten wollen. »Wir haben hier schon genug Stress.«

»Ich versuch's«, gibt sie entnervt zurück. Wieder einmal muss sie die Vermittlerin zwischen unseren Fronten spielen. Kay und ich streiten nie direkt miteinander, auch wenn wir uns so ziemlich wegen jeder Kleinigkeit, vom Kaffee bis zur Renovierung, in die Haare geraten; wegen der Sprachbarriere muss Gab die diplomatischen Feinheiten übernehmen. Sowohl Kay als auch ich verlassen uns darauf, dass Gab eine respektvolle Kommunikation zwischen uns gewährleistet. Was natürlich eine immense Bürde für Gab ist, und ich merke ihr genau an, wie sehr der permanente Hickhack sie belastet. Wir alle sind mit den Nerven am Ende, aber Gab sieht besonders elend aus.

Im Verlauf des Tages – Kays Deadline rückt näher und näher – ergreift allmählich Paranoia Besitz von mir. Ich beobachte, wie Gab und ihre Eltern auf Koreanisch miteinander debattieren, und versuche ein paar Brocken aufzuschnappen. Der ganze Wahnsinn bringt mich derart in Rage, dass ich einen Moment lang sogar in Erwägung ziehe, »versehentlich« eine halbe Wand einzureißen oder ein paar Kabel durchzuschneiden, um uns mehr Zeit zu verschaffen. Aber nein, das wäre Sabotage.

Andererseits hat Kay erst vor kurzem *meine* Pläne vorsätzlich konterkariert. Sie hatte einen alten Karton USA Coffee unter der Spüle gefunden, heimlich eine

Extrakanne gemacht und unseren Stammkunden zum alten Preis angeboten.

Ich war stinksauer geworden. »Ich lasse mir nicht weiter von deiner Mutter in den Rücken fallen«, hatte ich Gab angeherrscht, die mir daraufhin versprochen hatte, Kay von weiteren Alleingängen abzuhalten. Tatsache ist aber auch, dass es manchmal nicht ohne eigenmächtiges Handeln geht, etwa im Fall von Mr. Yummykakes und Mr. Tortillachips, unseren Großhändlern für Süßigkeiten und Knabbereien, die von Anfang an Druck gemacht haben, wir müssten ihnen mehr abnehmen, und Lieferungen einfach zu »vergessen« pflegen, wenn wir nicht die geforderten Mengen ordern – mit dem Ergebnis, dass manche Produkte zeitweilig in unserem Sortiment fehlen und die Kunden prompt fragen, warum ihre Lieblingschips nicht da sind. Es ist ein dämliches Spiel, aber zum Frust der Mistkerle, die wahrscheinlich gedacht haben, die asiatische Oma von der Tagesschicht locker in die Knie zwingen zu können, hat Kay nicht mal mit der Wimper gezuckt. Tatsächlich hat sie ein paar Lieferanten sogar Hausverbot erteilt. Meine Schwiegermutter kennt alle Großhändlertricks, ob sie einem nun eine Palette eines ebenso brandneuen wie unverkäuflichen kalorienfreien Biers oder eine Lieferung Eiscreme, deren Kühlkette unterbrochen wurde, unterjubeln wollen. Kay ist zänkisch, misstrauisch und denkt nicht im Traum daran, sich die Butter vom Brot nehmen zu lassen – ein Alptraum für jeden Gauner, der sie übers Ohr hauen will.

Aber es sind eben auch Charaktereigenschaften, unter denen nicht nur miese Typen zu leiden haben, und wie Kay schließlich selbst zugeben wird, hat der Stress der letzten Wochen eine unerbittliche Härte in ihr zutage gefördert. Sie kennt nur noch ein Ziel: die Krise um jeden Preis zu bewältigen, was dazu geführt hat, dass sie mit uns fast ebenso erbarmungslos umspringt wie mit Mr. Yummykakes und Mr. Tortillachips. Ob sie uns nun ein schlechtes Gewissen zu machen versucht, pausenlos nörgelt oder uns aus heiterem Himmel anschreit – alles dient allein dem Zweck, uns ein ums andere Mal daran zu erinnern, dass es ums Überleben geht und wir den Ernst der Lage offenbar immer noch nicht verstanden haben. Niemand macht sich so stark für den Laden wie sie, und im Gegensatz zu Edward, der nicht jeden Tag mit dem Deli zu tun hat, weiß Kay, wie wir die Krise bewältigen können. Trotzdem habe ich die Nase voll davon, pausenlos schikaniert zu werden, auch wenn Kay nur die besten Absichten hat.

Nachdem ich mir also noch ein wenig länger mit angesehen habe, wie Kay alles und jeden kujoniert, setze ich sowohl die gesamte Familie Pak als auch Ling und Dwayne kurzerhand vor die Tür. *Schluss jetzt!*, denke ich. *Wo Recht zu Unrecht wird, wird Widerstand zur Pflicht.*

Bevor Kay sich den anderen anschließen kann, nehme ich sie am Arm. »Bitte bleib noch einen Moment.«

»Ich?« Verblüfft blickt sie mich an. »Wieso ich?«

Statt zu antworten, schließe ich die Ladentür, deren Scharniere ebenfalls leicht entnervt klingen.

Das ist meine Chance. Ich habe mir meine Worte genau zurechtgelegt; direkt will ich sein, aber nicht respektlos, klar und deutlich, aber nicht anmaßend. *Wenn hier bloß nicht so viel Staub in der Luft hinge, meine*

*Augen nicht derart tränen würden und ich einen halb-
wegs klaren Gedanken fassen könnte.*

»Wir müssen dringend miteinander …«, fange ich an,
doch bevor ich den Satz beenden kann, stößt Kay einen
Schrei aus wie in einem Horrorfilm und rennt zur Toilette.
Du lieber Himmel, meine Schwiegermutter hat die lau-
teste Stimme, die ich je gehört habe. Früher hat sie auf
Hochzeiten gesungen, wozu man wissen sollte, dass die
Stimmen von Sängerinnen in Korea dadurch trainiert
werden, dass man sie neben Wasserfällen üben lässt.
Kays Organ ist fast ebenso durchdringend wie das Krei-
schen von Onkel Jinsuks Tischsäge. Mit ein bisschen
Glück dürfte ich nur zeitweilig taub bleiben.

Edward klopft von draußen an die Tür.

»He, was ist los? Alles okay?« Draußen kommt Panik
auf, da zu allem Überfluss offenbar auch noch die Tür
klemmt. »Mach auf!«

Na super! Das hat gerade noch gefehlt. Ich klopfe an
die Klotür, aber Kay hat sich eingeschlossen und schreit
wie am Spieß um Hilfe.

»Ich will doch bloß mit dir reden!«, brülle ich, und
plötzlich klingt meine Stimme wie die von Quasimodo.
Was ist mit meiner Schwiegermutter passiert? Erst spielt
sie den Drachen, und nun macht sie aus heiterem Himmel einen auf verängstigte alte Dame und lässt *mich* wie
den Bösewicht aussehen. Mir wird siedend heiß bewusst,
was ein neutraler Beobachter sagen würde: *Was muss
das für ein Mensch sein, der eine harmlose Oma derart
drangsaliert?* Fast glaube ich, dass sie markiert, aber Kay
wirkt tatsächlich völlig verängstigt, und nachdem ich sie
erfolglos angebettelt habe, aus dem Klo zu kommen

(»Bitte, Kay! Ich tue dir doch nichts!«), gebe ich auf und gehe nach vorn, um mich um die Eingangstür zu kümmern.

Es dauert ein Weilchen, doch schließlich gelingt es uns mit vereinten Kräften, die verklemmte Tür aus dem Rahmen zu lösen. Ein paar Minuten später kommt Kay auch wieder aus der Toilette, nachdem Gab ihr gut zugeredet hat, nicht ohne mich vorher anzukeifen, was ich ihrer Mutter angetan hätte. Kurz darauf geht Kay zusammen mit Edward, Ling, Onkel Jinsuk und Gab nach Hause, ohne ein weiteres Wort mit mir gewechselt zu haben. Mission erfüllt! Heute wird hier jedenfalls nicht mehr zu Ende renoviert. Es herrscht das totale Chaos. Der Laden sieht aus, als sei eine Bombe eingeschlagen. Und in gewisser Weise ist ja auch genau das passiert. So viel zum Thema Familie.

***

Nach einem derartigen Zwist pflegt man weitere Konflikte für gewöhnlich erst einmal zu vermeiden – und unter normalen Umständen würde ich auch genau das tun. Leider aber geht es darum, nach Plan vorzugehen – *meinem* Plan, unsere Lebensmittelbude in einen Gourmetmarkt zu verwandeln. Und auch wenn Kay und ich am nächsten Tag wieder Frieden schließen (nun ja, ich krieche vor ihr zu Kreuze, und tatsächlich murmelt sie auch irgendetwas von wegen, es täte ihr ebenfalls leid), beginnt der ganze Kreislauf gegenseitiger Schuldzuweisungen, Vorwürfe und Bezichtigungen im Nu von Neuem. Erregt etwas Kays Missfallen, schwärzt sie mich bei Gab an, nervt mich etwas, beschwere ich mich ebenfalls bei

Gab, die schließlich aus dem Laden läuft und gen Himmel ruft: »Lieber Gott, womit habe ich das verdient? Ich tue alles, was du willst, nur erlöse mich endlich von diesen Qualen!« Tja, wenn man mit Familienangehörigen einen Laden betreibt, bedeutet das eben auch, dass man einander auf Gedeih und Verderb ausgeliefert ist; tagsüber raunzt man sich bei der Arbeit an, und abends kriegt man mit, wie sich die Verwandten die Fußnägel vorm Fernseher schneiden.

Die Probleme verschärfen sich noch, als eines Morgens ein schicker Hochglanzkatalog eines Großhändlers eintrifft, der sich auf importierte Feinkost spezialisiert hat. Zuerst verstecke ich den Katalog vor Gab, die ihn mit Sicherheit schnellstens entsorgt hätte. Dann überlege ich, ob ich das Ding nicht lieber gleich im Hinterhof verbrennen oder zumindest die Telefonnummer der Firma unkenntlich machen sollte, um nicht in gefährliche Versuchung zu kommen; schließlich hat Gab mir unmissverständlich klargemacht, dass teure und nicht unbedingt notwendige Artikel tabu sind. Aber ich bringe es nicht übers Herz. Die Katalogbilder sind einfach zu hinreißend. Ich kann mich einfach nicht an ihnen sattsehen; es ist, als steige mir der unwiderstehliche Duft von warmem, frisch gebackenem Brot in die Nase, während ich an einer Bäckerei vorbeigehe.

»Hallo, Sie sprechen mit Steinway Gourmet Foods. Was kann ich für Sie tun?«

Jetzt mal ernstlich: Was vor mir liegt, ist alles andere als eine 08/15-Broschüre. Der Katalog erinnert mich an Kunstbücher, an gediegene Fotobände für den Wohnzimmertisch. Die angebotenen Produkte – ein Füllhorn internationaler Delikatessen, die man sonst nur in edelsten Fresskörben oder in den Auslagen exklusiver Läden im West Village findet – sind zu Stillleben arrangiert, die einem das Wasser derart im Mund zusammenlaufen lassen, dass man sie quasi zu schmecken glaubt. Die Auswahl ist schlicht erstaunlich – unglaublich, wie viele Sorten Balsamico-Essig es gibt. Außerdem gibt es jede Menge kleine Geheimnisse zu lüften, zum Beispiel, wie wohl Hanfsamenöl schmeckt. So viele gesunde Sachen, und weit und breit nichts, was einem ein schlechtes Gewissen bereiten könnte; so sieht sie also aus, die gute Seite der Globalisierung: kulinarisches Weltkulturerbe vom Allerfeinsten.

Trotzdem fühle ich mich, als hätte ich keine Seele, während ich den Telefonhörer ans Ohr halte. Ich habe einen Kloß im Hals und spüre, wie mir kalter Schweiß im Nacken steht.

»Ja...« Ich bemühe mich nach Kräften, nicht wie ein Verschwörer zu klingen. »Ich würde gern eine Bestellung aufgeben.«

»Wunderbar!« Die Frau am anderen Ende spricht mit coolem südostasiatischem Akzent. »Unser Mindestbestellwert liegt bei tausend Dollar, aber das wissen Sie sicher.«

Tausend Dollar? Bei den meisten anderen Händlern sind es gerade mal hundert.

»Ja, schon klar.«

»Gut. Dann nennen Sie mir bitte den ersten Artikel auf Ihrer Liste.«

Den ersten Artikel auf meiner Liste... welcher Liste? Ich habe mir nichts aufgelistet. Ich habe bloß den Katalog durchgeblättert und mich bemüht, nicht auf die Seiten zu sabbern. Tja, was brauchen wir überhaupt (mal abgesehen davon, dass uns eigentlich *alles* fehlt)? Also, was benötigen wir am dringendsten? Ich blättere durch die Seiten ... verdammt, warum habe ich mir nicht vorher Notizen gemacht? Tja, aber dann wäre mir bewusst geworden, was ich gerade tue, ich hätte den Mut verloren und nie im Leben zum Telefon gegriffen. Und unser Laden braucht kein Zaudern, er braucht Inspiration. *Blätter, blätter, blätter ... Na also!*

»Ich nehme zehn Packungen Chessmen«, erkläre ich.

»Chessmen?«, gibt die Frau am anderen Ende zurück.

»Na, diese kleinen Butterkekse, die wie Türme und Königinnen geformt sind.« Bewahrt nicht jede Großmutter in der Speisekammer ein paar Packungen alter Chessmen-Kekse für ihre Enkel auf? *Hier, lasst es euch schmecken ... ein paar Kekse aus dem Jahr vor eurer Geburt.*

»Die SKU bitte, Sir.«

»Die was?«

»Den Produktcode.«

»Oh.« *Blätter, blätter, blätter ...* Urplötzlich beginne ich selbst zu zaudern. Will ich meine Ehefrau wirklich wegen ein paar lausiger Butterkekse hintergehen?

»Und dann noch zehn Packungen Chessmen mit Schokolade.«

»Was noch, Sir?«

Nachdem ich nun endlich meine Selbstzweifel abgeschüttelt habe, kann es richtig losgehen. Ich spüre regelrecht, wie meine Fesseln von mir abfallen. Erst bestelle ich noch eine andere Kekssorte, doch dann wage ich mich an die Sachen, auf die sich Steinway Gourmet

Foods spezialisiert hat: internationale Küche, kulinarische Exotika, gastronomisches Nirwana. Ungeahnte Gaumenfreuden eröffnen sich mir, während ich den Blick über die Seiten fliegen lasse und die schönsten Tableaus indischer, lateinamerikanischer und ostasiatischer Küche bestaune. Allmählich bekomme ich mehr Selbstvertrauen, bestelle ein Produkt nach dem anderen. *Dann bitte noch vier Kartons... Und ja, zwanzig Packungen von... Okay, auch das Vollwertmüsli... Ach ja, und dann noch die fettfreien...*

Coole Sache, denke ich. Mag sein, dass ich in vielerlei Hinsicht zwei linke Hände habe, aber mit Vollwertkost und gesunder Ernährung kenne ich mich aus. Und letzten Endes kaufe ich ja nicht bloß für unseren Laden ein, sondern für die gesamte Nachbarschaft. Selten hat mir etwas so viel Spaß gemacht.

Bleibt nur eine Frage: Wird Gab mir je verzeihen, wenn sie herausfindet, was ich getan habe?

In der Gruft

Ein paar Tage später versucht jemand nachts im Laden einzubrechen. Es passiert nach Ladenschluss; der Täter knackt das Schloss an unserem Eisenrolladen und versucht darunter durchzukriechen. Glücklicherweise geht Salims Uralt-Alarmanlage los, die so laut ist, dass ihn das halbe Viertel hören kann, und den Dieb auf der Stelle verjagt. Trotzdem schrillt der Alarm weiter, und wie es in New York seit jeher Sitte ist, kümmert sich die Polizei nicht darum, während der zuständige Alarmanlagenbetreiber Salim zu erreichen versucht. Mit dem Ergebnis, dass wir am nächsten Morgen von einigen schwer übermüdeten und äußerst aufgebrachten Demnächst-Ex-Kunden empfangen werden.

Nicht gerade ein idealer Wochenbeginn. Trotzdem ist der nächtliche Lärm ein Witz gegen das, was uns an diesem Montag noch erwartet. Denn als die Post kommt – inzwischen graut mir ohnehin schon, wenn ich die Briefträgerin nur von Weitem sehe –, erhalten wir unter anderem ein Schreiben, auf dem unübersehbar die Anschrift des Finanzamts prangt. Um die fällige Umsatzsteuer kann es sich eigentlich nicht handeln, bis zum Fälligkeitsdatum sind noch zwei, drei Wochen Zeit. Nein, es stellt sich heraus, dass Salim jahrelang, ob nun unabsichtlich oder nicht, zu wenig Mehrwertsteuer abgeführt hat ... und das Finanzamt nun achtundachtzigtausend Dollar von uns fordert. Klingt für meine Ohren, als hätte Salim ein ziemliches Problem am Hals, denn was haben wir damit zu tun? Aber Gab gibt mir unmissverständlich Bescheid. *Wir* sind jetzt die Inhaber von Salims Laden, folglich stehen wir auch für seine Verbindlichkeiten gerade.

Gab blickt drein, als habe sie soeben die Henkersschlinge gesehen, die für unsere Hälse bestimmt ist. Dann gibt sie sich merklich einen Ruck, liest das Schreiben nochmals und nochmals, nimmt jedes einzelne Wort genau unter die Lupe. In ihrer Kanzlei war sie bekannt für ihre Gründlichkeit – manchmal saß sie die ganze Nacht im Büro, weil sie es nicht über sich brachte, Schriftsätze nur kurz zu überfliegen. Hatte sie das Gefühl, nachlässig gewesen zu sein, grübelte sie zu Hause weiter. Auch bei den Verhandlungen mit Salim und seinem Anwalt hatte sie zwischendurch gemahnt, bloß nichts zu überstürzen. Wir alle – Kay, Gab, ich – hatten den Kauf so schnell wie möglich über die Bühne bringen wollen. Und nun sieht es ganz danach aus, als hätten wir einigen wichtigen Details nicht die nötige Beachtung geschenkt.

»Wir hätten den Steuerbescheid abwarten müssen«, sagt sie. »Wie konnten wir nur so blöd sein?!«

»Tja, dann bleibt uns wohl nichts anderes übrig, als Salim aufzuspüren und die Sache zu klären«, erwidere ich. »Notfalls verklagen wir ihn.«

»Er wird nicht zahlen«, sagt Gab grimmig. Tatsache ist, dass wir nicht mal wissen, wo Salim sich gerade aufhält. Seit er nach New Mexico oder Arizona gezogen ist, hat er eine andere Handynummer, und seine neue Adresse hat er uns auch nicht gegeben. Wir stehen in Kontakt mit einem seiner Verwandten, der drüben in Queens wohnt; auf unser Nachfragen behauptet er erst, Salims aktuelle Anschrift nicht zu kennen, und stellt schließlich komplett auf Durchzug, als wir ihm erzählen, dass uns zu allem Überfluss nun auch noch ein notorisch aggressiver City-Marshal mit weiteren Forderungen behelligt.

City-Marshals sind eine Art moderner Kopfgeldjäger, die zwar keinen offiziellen Beamtenstatus bekleiden, aber trotzdem Abzeichen und Waffen tragen. Unserer heißt Martin Bienstock und hat es auf unsere Kustom-Kools abgesehen, diese sexy schnurrenden Kühlschränke, die wir von Salim übernommen haben. Wie sich herausstellt, hat Salim die KustomKools letztes Jahr auf Pump gekauft, dann aber die Raten nicht weiter bezahlt –noch so eine Kleinigkeit, über die er uns im Dunkeln gelassen hat. Und eigentlich müsste das sein Problem sein, nicht unseres. Was Bienstock aber nicht interessiert; er droht damit, die KustomKools zu konfiszieren, wenn wir nicht Salims Schulden begleichen. Und da wir nicht zahlen können und die Kühlschränke die so ziemlich einzigen wertvollen Gegenstände in unserem Laden darstellen, bleibt uns in Kürze wohl nur noch eine Bruchbude voller Junkfood. Vielleicht sollten wir den Laden in eine Art Kleinkunstbühne umfunktionieren und Lesungen veranstalten ... Zwar hat Gab nach allen Regeln der Juristenkunst geblufft, doch Bienstocks Lakaien haben im Gegenzug damit gedroht, uns notfalls mit der Abrissbirne die Ladenfront zu demolieren, wenn wir nicht einlenken sollten. Und so blicken wir nun alle paar Minuten aus dem Fenster, während wir uns fragen, was für Geschütze Bienstocks Handlanger womöglich sonst noch auffahren wollen.

Aber selbst wenn Bienstock uns nicht die Bude einreißen sollte, fühlen wir uns, als würde jede Sekunde die Decke über uns einstürzen. Allmählich frage ich mich, wieso sich alles gegen uns verschworen hat. So viel Pech wie wir kann man doch gar nicht haben! Wir schuften bis zum Umfallen und stehen trotzdem schlechter da als je zuvor. Ist es immer so schwierig, einen bescheidenen Tante-Emma-Laden einigermaßen zum Laufen zu bringen? Gegen welches kosmische Gesetz haben wir verstoßen, welchen Gott gegen uns aufgebracht? Als ich eines Morgens den Laden betrete, habe ich das vage Gefühl, als verwandele sich unser Laden klammheimlich in einen anderen, und plötzlich weiß ich, welches Bild die tristen Räumlichkeiten, die halbleeren Regale und der schmutzige Boden in mir heraufbeschwören. Unser Laden sieht inzwischen fast genauso aus wie das nordkoreanische Deli, das wir uns letztes Jahr angesehen hatten – über allem liegt ein trüber Schleier von Verfall, Verzweiflung und Traurigkeit.

Am schwierigsten beantworten lässt sich die Frage, wie alles so schnell passieren konnte. Mag ja sein, dass Salim sein Geschäft nicht nach allen Regeln moderner Ökonomie betrieben hat, aber immerhin hatte er Kunden – treue Kunden – und einen sozialen Auftrag. Er war für die Versorgung der Nachbarschaft zuständig, und obwohl er lediglich ungesundes Zeug verkaufte, trafen sich die Leute gern in seinem Laden. Der Pleite hatte er sicher nicht ins Auge gesehen, als wir den Laden übernommen hatten.

Nun fällt mir wie Schuppen von den Augen, was wir alles riskiert haben: das Geld, das wir uns von Verwandten und der Bank geliehen haben, Kays Haus – seit zwei Monaten sind wir mit den Zahlungen im Rückstand –, Edwards Gesundheit, den Familienfrieden, unsere Karrieren. Und eins ist klar: Wenn es so weitergeht, steht auch meine Ehe auf dem Spiel.

***

Während der letzten Wochen war die *Review* so etwas wie meine Zuflucht vor dem täglichen Chaos an der Ladenfront. George wirkt gebrechlicher als je zuvor, aber offensichtlich hat er sich wieder von seinem Sturz erholt, und in letzter Zeit sind wir auch nicht mehr aneinandergerasselt. Er scheint vergessen zu haben, dass ich existiere, und ich bemühe mich nach Kräften, ihn nicht auf mich aufmerksam zu machen.

Dann erhalte ich eines Morgens eine E-Mail aus der Redaktion: »Alarmstufe Rot! Komm sofort her!«

Ein halbes Jahr lang haben wir an einer Anthologie gearbeitet, die dieses Frühjahr erscheinen soll, und soeben ist ein Fax eingetrudelt, in dem uns einer der Autoren die Abdruckgenehmigung für ein Interview verweigert. Ich bin davon ausgegangen, dass er so oder so grünes Licht geben würde, und eigentlich ist es keine große Sache – nur dass sich das Buch bereits im Druck befindet. George wird schäumen vor Wut, wenn er davon erfährt, und mir vorhalten, dass mir der Fehler nur wegen meines Deli-Jobs unterlaufen ist. Er wird mich achtkantig feuern und anschließend dafür sorgen, dass ich in der amerikanischen Literatur- und Verlagsszene ein für allemal persona non grata bin – das kriegt er locker hin, da er mit Gott und der Welt bekannt ist und niemand einen Versager einstellen würde, der sich mit George Plimpton, dem nachsichtigsten und liebenswürdigsten Verleger New Yorks, überworfen hat.

Ich hetze ins Büro.

»Hat er irgendwas mitbekommen?«, frage ich.

Brigid, die Chefredakteurin der *Review*, schüttelt den Kopf. »Er ist unterwegs und kommt erst heute Abend wieder.«

Gott sei Dank. Ich hänge mich sofort ans Telefon und bettele die Agentin des Autors an, ihre Entscheidung noch einmal zu überdenken. Aber sie bleibt hart – der Autor hat Nein gesagt, und damit basta. »Und falls Sie das Interview doch veröffentlichen, sehen wir uns vor Gericht«, sagt sie noch, bevor sie den Hörer auflegt.

Brigid, die alles mitbekommen hat, bemüht sich, nicht gleich in Panik auszubrechen.

»Soll das heißen, wir können die Anthologie nicht veröffentlichen? Wir müssen etwas tun.« Sie überlegt kurz, ruft dann in der Druckerei an und gibt durch, dass sie die Maschinen anhalten sollen, genau wie man es manchmal in Filmen sieht. Ich kann regelrecht hören, wie die Maschinen knirschend zum Stillstand kommen.

»Und?«, frage ich. »Ist jetzt alles okay? Und George muss auch nichts davon erfahren, oder?«

Aber gar nichts ist okay. Fünftausend Exemplare der Anthologie sind bereits gedruckt, und nun muss erst einmal entschieden werden, ob sie schlicht und ergreifend eingestampft werden oder die betreffenden Seiten herausgetrennt werden können – Kostenpunkt in jedem

Fall um die zehntausend Dollar, was bedeutet, dass George so oder so davon erfahren wird, wahrscheinlich heute Abend bei einer Cocktailparty in der New Yorker Mercantile Library.

Und er wird stocksauer sein, aus zweierlei Gründen. Erstens wegen der zehntausend Dollar. George mag zum Geldadel alten Schlags gehören, aber die *Paris Review* operiert seit jeher mit einem ausgesprochen schmalen Budget, was bedeutet, dass der alte George, schon immer unser Spendensammler Nummer eins, mal wieder auf Bittstellertour gehen und sein Gönner-Netzwerk aktivieren muss. Zweitens hält George Abdruckgenehmigungen im Grunde für völlig unnötig. Verträge und anderer Papierkram sind ihm prinzipiell ein Gräuel – was auch der Grund war, warum ich mich um den leidigen Schriftverkehr kümmern, aber laut George so wenig Zeit wie möglich damit verschwenden sollte.

»Bei der *Review* zu veröffentlichen, ist immer noch eine Ehre«, hat er erst neulich wieder zu mir gesagt. »Schließlich sind wir nicht irgendwelche Halsabschneider, die sich an den Autoren bereichern wollen. Uns geht es nicht ums Geld, sondern um die Literatur!« Die meisten Autoren sind in der Tat mit Abmachungen per Handschlag einverstanden, geben sich mit minimalen Honoraren zufrieden und sind offenbar schon glücklich, wenn sie auf Georges Partys ein paar attraktive Lektorinnen kennenlernen können.

Als George jung war, kam man auch mit solch einer laxen Einstellung durch, da die Verlagslandschaft und die Literaturszene von Leuten bevölkert waren, die sich seit Ewigkeiten kannten. Als George beispielsweise 1955 sein erstes Buch veröffentlichte – *The Rabbit's Umbrella*, eine Geschichte für Kinder –, gehörte sein Verlag, Viking Press, der Familie Guinzburg, und der künftige Verleger, Thomas Guinzburg, war einer seiner ältesten Freunde. Inzwischen befindet sich Viking unter dem Dach von Pearson PLC, einem multinationalen Mediengiganten, der sich auf Unterrichtssoftware spezialisiert hat. Die Welt ist komplizierter geworden, und ohne schriftliche Verträge holt man sich nur Ärger ins Haus.

Weshalb wir Redakteure George schon des Öfteren gedrängt haben, sich in seinem Herausgebersessel zurückzulehnen und uns die Formalitäten zu überlassen. Und dabei geht es nicht nur um Verträge. Wir wünschen uns grundsätzlich, dass das Magazin etwas weniger hemdsärmelig geleitet wird. Wir wollen, dass die *Review* wenigstens ab und an pünktlich erscheint. Wir wollen, dass Dinge wie Marketing von Leuten übernommen werden, die sie auch damit auskennen, damit wir uns auf unseren Job konzentrieren können.

Kurz, ein bisschen mehr Professionalität könnte der *Review* nicht schaden.

Professionalität aber steht in diametralem Gegensatz zu jenem unbeschwerten Dilettieren, das George so liebt. George will keinen durchorganisierten Verlag. Er will, dass die *Review* von der Konkurrenz ernst genommen wird, ohne sein Magazin selbst wirklich ernst zu nehmen. Unser Verlag ist eine altmodische Klitsche, aber genau dieses Modell – ein kleiner, familiärer Betrieb, in dem eine Handvoll Gleichgesinnter an einem Strang zieht – hat George von Anfang an bevorzugt. Wobei man nicht vergessen sollte, dass es ebensolche Verlage waren, die während des so genannten Goldenen Zeitalters der amerikanischen Literatur große Autoren vom Kaliber einer Bellow, Cheever oder Roth hervorgebracht haben. Und da Georges Erfolge für sich sprechen, ist es schwierig, mit ihm über Professionalität zu diskutieren.

Trotzdem müssen sich auch die alteingesessensten Institutionen irgendwann weiterentwickeln, mit dem Lauf der Zeit gehen. Die *Review* hingegen scheint schneller zu altern als alle anderen Literaturzeitschriften. Ihr Image – edel, ehrwürdig und höchst anspruchsvoll – ist hoffnungslos antiquiert, egal wie oft George sich die Dinge schönreden mag. Mittlerweile gibt es eine ganze Reihe neuer Literaturzeitschriften, die auf den Markt drängen, mit neuen Konzepten, die um einiges zeitgemäßer und verkäuflicher sind.

Die Cocktailparty in der Mercantile Library ist bereits in vollem Gange, als Brigid und ich zusammen mit Elizabeth, unserer Redakteurin für besondere Aufgaben, dort eintreffen. Elizabeth will zuerst mit George wegen der Anthologie sprechen und meint, wir sollten uns vorläufig besser im Hintergrund halten.

Wir verziehen uns auf die Empore, wo sich auch die Bar befindet, bestellen zwei Cocktails und beobachten, wie Elizabeth sich den Weg durch den brechend vollen Saal bahnt. George scheint hocherfreut, sie zu sehen – *Ha! Er ist bester Stimmung.* Er hört Elizabeth schweigend zu, während sie ihm darlegt, was passiert ist. Erst runzelt er nur die Stirn, doch dann verdüstert sich seine Miene. Seine Gesichtszüge verwandeln sich in die eines grotesken Raubvogels mit zorniger Stirnfalte und bösartigem Schnabel. *Du lieber Himmel!* Jetzt lässt er den

Blick durch den Raum schweifen, offenbar versucht er, mich zu erspähen – Elizabeth muss ihm erzählt haben, dass ich ebenfalls hier bin. Plötzlich bekomme ich ein schlechtes Gewissen, weil ich ihm auf diese Art und Weise hinterherspioniere. Im selben Moment sehe ich klar und deutlich, wie seine Lippen folgende Worte formen: »Wo ist er? WO IST ER? Ich will sofort mit ihm reden!«

»Ich bin erledigt«, sage ich leise. Mir bleibt nichts anderes übrig, als hier stehen zu bleiben und darauf zu warten, dass er mich feuert.

»Mach dir keine Sorgen«, erwidert Brigid. »Das kriegen wir schon wieder hin. So was kann jedem mal passieren.«

»Vergiss es«, sage ich. »Ich stehe sowieso schon länger auf seiner Abschussliste.«

Unterdessen haben George und Elizabeth die Treppe zur Empore erklommen. Seltsamerweise mache ich mir plötzlich Sorgen um George. Er ist so wütend, dass er aussieht, als würde er jede Sekunde explodieren, und zum ersten Mal in seinem Leben scheinen ihm die Worte zu fehlen. Er hat sichtlich Mühe, seinem Ärger Luft zu machen.

Dabei hat er allen Grund, stocksauer zu sein; hier geht es nicht um einen kleinen Ausrutscher, sondern um eine persönliche Angelegenheit, um einen Konflikt, der schon lange zwischen George und seiner Redaktion schwelt. Ja, wir alle verehren ihn, aber gleichzeitig sehen wir auch ein bisschen auf ihn herab, nicht bloß wegen seines Alters und seiner Marotten, sondern auch, weil er eine andere Ära verkörpert – jene snobistische Ära, in der man seine Privilegien noch ungeniert und in vollen Zügen genießen konnte. Es scheint ihm auch nicht ansatzweise ein schlechtes Gewissen zu bereiten, dass er als Universaldilettant und Bonvivant durchs Leben wandelt, ein Verhalten, das uns Moralaposteln schwer gegen den Strich geht – und im Gegensatz zu ihm wissen wir wenigstens, dass wir Heuchler sind.

»George, ich ...«

Eine Entschuldigung kann ich mir sparen, denn sein Gesicht spricht Bände. Er bebt vor Wut, und dem fiesen Zug um seinen Mund nach zu urteilen würde er mir am liebsten an die Gurgel gehen.

Doch dann dreht er sich urplötzlich um, stürmt aus der Bibliothek, hält ein Taxi an und verschwindet in der Dunkelheit von Manhattan, während ich mich frage, wie er mich für meine Missetat abstrafen wird. Zwar kann ich mich sowieso nicht noch beschissener fühlen, aber ich bin mir sicher, dass er sich etwas ganz Besonderes einfallen lassen wird.

***

Montag ist immer der schlimmste Tag der Woche. So gut wie niemand kauft irgendetwas. Anscheinend bleiben die Leute zu Hause und essen die Reste vom Wochenende. Vielleicht gehen sie auch aus oder machen Diät. Wo montags die Kundschaft bleibt, ist eins der großen Geheimnisse, die ich wohl nie lüften werde, ebenso wie das Mysterium des plötzlichen Käuferandrangs. Eben noch herrscht totale Flaute – im Laden ist es dann so totenstill, dass man die Kakerlaken von einer Ecke in die andere flitzen hört –, bis urplötzlich zwanzig Kunden gleichzeitig hereinstürmen, als hätten sie sich draußen auf dem Gehsteig verabredet, und sich wie ein Profi-Footballteam in den Gängen formieren.

Heute haben wir während der Tagesschicht gerade mal sechshundert Dollar eingenommen, also sechsundsechzig Dollar pro Stunde – und ich spreche hier von Umsatz, nicht von Gewinn. Zieht man unsere Fixkosten davon ab, verdienen wir an solchen Tagen weniger als ein Babysitter an der Upper East Side oder ein Freizeitdealer. Ganz abgesehen davon, dass ein Babysitter allein operiert – unsere lausigen zwölf Dollar pro Stunde verdanken sich der Arbeit einer kompletten Familie.

Die Geier kreisen bereits über uns. Die Wölfe heulen vor unserer Tür. Neulich kam ein Immobilienmakler vorbei, der mich fragte, ob unser Laden zum Verkauf stünde, und ein paar Tage später wurde Kay von einem Dokumentarfilmer gefragt, ob er sie im Rahmen eines Films mit dem Arbeitstitel »Viertel im Umbruch« interviewen dürfe – »als alteingesessene Ladenbesitzerin, deren Geschäft noch nicht dem hyperkapitalistischen Gentrifizierungsprozess zum Opfer gefallen ist«, wie er es formulierte.

»Hä?«, hatte Kay erwidert. »Wir sind doch erst zwei Monate hier.«

Als ich heute Nachmittag vor Schichtbeginn die Hoyt Street entlangtrotte, erblicke ich einen von Chuchos Freunden, der es sich auf einer Kiste vor unserem Laden gemütlich gemacht hat, vor sich auf dem Boden lauter Ramsch, den er offensichtlich verkaufen will.

»CDs, Videos, Stereozubehör«, preist er seine Waren an. Bei meinem Anblick lächelt er – ein Willkommensgruß, den ich an diesem Tag als regelrecht umwerfend empfinde – und fragt mich, ob ich ihm ein Bier aus dem Laden bringen könnte.

»Bin voll bei der Arbeit«, erklärt er. Was der Wahrheit entspricht; vor seinen Waren – gebrauchten Schuhen, zwei Salatzangen und einem vergilbten Exemplar von *The Death of James Dean* – drängeln sich mehr Menschen als in unserem Laden. Ich gehe erst mal hinein und bringe ihm das gewünschte Bier.

Inzwischen ist es halb acht, und es herrscht nach wie vor tote Hose. Das ist einfach nicht normal. Montag hin oder her, um diese Uhrzeit haben wir sonst immer Kundschaft. Ich fasse es nicht, und deshalb mache ich etwas, das andere Ladenbesitzer nie tun würden: Ich stelle mich ans Fenster und halte Ausschau. Doch die Leute, die draußen vorbeigehen, weichen meinem Blick aus. Sie wissen Bescheid. Sie sehen genau, dass außer mir kein Mensch im Laden ist, da ich das Fenster erst kürzlich von allerlei Plakaten befreit habe, im Glauben, dass die Kunden vielleicht lieber in unseren Laden blicken würden als auf Bierreklamen mit halbnackten Nymphen, die ihre Blöße notdürftig mit Riesenschlangen bedecken. Wie es aussieht, begrüßen die Passanten meine Maßnahme – so nach dem Motto: »Schönen Dank, aber ich glaube, ich gehe lieber zum nächsten Deli – das hier ist ja eine Geisterbahn.«

Vielleicht sollte ich wenigstens so tun, als sei ich beschäftigt. Also gehe ich ins Lager; das ist eine gute Gelegenheit, das eine oder andere Pfund abzuspecken, das ich mir seit der Eröffnung unseres Ladens angefressen habe. Überall stehen leere Pappkartons, die ich auseinandernehmen, zusammenfalten und zu Bündeln schnüren muss, eine ausgesprochen mühsame Tätigkeit (genauso könnte ich Telefonbücher mit bloßen Händen zerreißen), die perfekt zu meiner niedergedrückten Stimmung passt.

Ich habe gerade angefangen, als ich bemerke, dass jemand hinter mir im Türrahmen steht.

»Sind Sie der Inhaber?«

Als ich mich umdrehe, erblicke ich einen Latino mit Puttengesicht, der einen Tragegurt um die Hüfte trägt und ein Klemmbrett in der Hand hält.

»Ja?«, stoße ich keuchend hervor.

»Ich habe 'ne Lieferung für Sie.«

Eine Lieferung? »Um diese Uhrzeit?«

»Ich war noch nie hier«, erwidert er. »Ich habe Ihren Laden nicht sofort gefunden.«

»Oh, verstehe. Soll ich Ihnen beim Abladen helfen?«

»Nicht nötig.« Er reicht mir das Klemmbrett. »Bitte hier unterschreiben.«

»Okay. Und von welcher Firma kommen Sie?«

»Steinway Foods.«

Anscheinend wirke ich leicht verwirrt, da er den Namen wiederholt und dann hinzufügt: »Gourmet-Feinkost und internationale Delikatessen.«

Erst klingelt immer noch nichts, aber dann fällt es mir wie Schuppen von den Augen. »Na klar, natürlich! Die Sachen, die ich bestellt hatte!« Inzwischen ist das bereits Wochen her.

»Wo sollen die Kartons denn hin?«, fragt der Lieferant. Er wirkt so engelhaft, als würden ihm jede Sekunde Flügel wachsen.

»Wo? Na ja, vielleicht am besten hierher.«

»Ist aber 'ne ganze Menge.«

Ich schlucke. »Ja?«

Er wirft einen Blick auf die Rechnung. »Insgesamt siebenundzwanzig Kartons.«

Siebenundzwanzig?! Heiliges Kanonenrohr, habe ich nicht mehr alle Tassen im Schrank? Passen so viele Kartons überhaupt in unser Lager? Was um alles in der Welt habe ich mir dabei gedacht? Gab wird komplett ausrasten. Und wovon sollen wir die Lieferung bezahlen? Wir sind doch ohnehin völlig pleite, und am Ende landen wir noch vor Gericht. Kay wird mir den Kopf abreißen. Verdammt noch mal, was soll ich bloß machen?

Nein. Keine Panik. Ich habe alles richtig gemacht. Wir brauchen diese Produkte.

»Ich räume hier kurz ein bisschen auf«, sage ich. »In der Zwischenzeit können Sie ja mit dem Abladen anfangen.«

Im selben Augenblick kommen drei andere Packer – bullige Kerle, die alles andere als engelhaft wirken – mit Sackkarren herein. Im Nu stapeln sich Kartons im Eingangsbereich, und es werden immer mehr.

»Alles nach hinten«, ruft der Junge mit dem Puttengesicht.

Phantastisch! Endlich können wir unsere Regale wieder voll bestücken. Es gibt einen Gott, der die Gebete kleiner, ehemals atheistischer, aber stets aufgeschlossener Ladeninhaber erhört; heute, in dieser schweren Stunde, hat er uns einen Engel mit frischer Ware geschickt. Ich überlege, ob ich Gab anrufen und ihr davon erzählen soll.

Die Männer karren noch mehr Kartons herein.

»Wollen Sie mal nachsehen, ob alles da ist?«

»Äh, was?«

»Na, wollen Sie nicht checken, ob die Lieferung komplett ist?«

»Warum?«

»Keine Ahnung. Die meisten machen das eben so. Später können Sie nicht mehr reklamieren.«

»Oh.« Ich benehme mich, als hätte ich nie zuvor eine Lieferung angenommen. Natürlich muss ich einen Blick in die Kartons werfen, überprüfen, dass nichts beschädigt oder ausgelaufen ist – und natürlich, ob die richtigen Waren geliefert worden sind.

Aber was habe ich überhaupt bestellt?

Ja, wofür habe ich eigentlich unser Geld ausgegeben? An das Telefonat kann ich mich nur noch vage erinnern – ich war einfach zu aufgeregt (siebenundzwanzig Kartons!), um noch klar denken zu können, nachdem der Kaufrausch Besitz von mir ergriffen hatte.

»Ist okay so«, sage ich.

»Wenn Sie dann noch hier unterschreiben würden.«

»Hatte ich das nicht schon gemacht?«

»Nee, Sie haben's vergessen.« Abermals reicht er mir das Klemmbrett, und als ich meine Unterschrift unter die Rechnung setze, sticht mir die Summe am Ende des Blatts ins Auge.

Fast tausendfünfhundert Dollar.

Es ist die höchste Rechnung, die ich jemals gesehen habe. Die meisten Rechnungen, die ich sonst unterschreibe, belaufen sich auf etwa hundert Dollar – das Geld, das ich gerade verpulvert habe, geben wir sonst in einer ganzen Woche für neuen Bestand aus.

Genau in dem Moment, als der Latino mit dem Engelsgesicht den Laden verlässt, platzt Dwayne herein.

»Neue Ware?«, sagt er und bahnt sich unsicher den Weg zwischen den Kartons hindurch. Anscheinend hat er metertief ins Glas geguckt. Eigentlich ist heute sein freier Tag, aber er hilft mir trotzdem, die Kartons auszupacken, während die Lieferanten sich auf den Nachhauseweg machen.

Fang mit den kleinen Dingen an, sage ich mir. So wie ein kleiner Junge bei der Bescherung. Mein Herz klopft wie wild, aber ich ermahne mich, meine Gefühle im Zaum zu halten. *Bleib locker. Heb dir das Beste für den Schluss auf.*

Der Inhalt des ersten Kartons ist wie ein grausamer Witz: zahllose Päckchen mit Sesamstraßen-Suppe, echt bio. Ob nun für Kinder oder Erwachsene, ist nicht ganz klar, und mir wird keineswegs warm ums Herz, als mir Bibo gleich dutzendfach entgegenblickt. Am liebsten würde ich den verdammten Vogel *in* der Suppe sehen.

Auf dem nächsten Karton liegt ein kleineres Päckchen, etwa so groß wie Bibos Schnabel. Ich öffne es, und ... Ah, vier Flaschen mit Chilisauce, direkt aus Oaxaca, Mexiko. Na, das ist doch schon mal was! Ich nehme die Flaschen heraus, sehe mich nach einem Regalplatz für sie um und stelle sie schließlich neben die glasierten Krapfen. Irgendwie sehen die Flaschen ziemlich verloren aus, weshalb ich mich sofort dem nächsten Karton widme. Was erwartet mich diesmal? Meine Hände zittern, als ich die steife Pappe aufreiße.

Noch mehr Chilisauce! Diesmal aus Yucatán! Connaisseure scharfer Gaumenfreuden werden unser Angebot mit Sicherheit begrüßen – und falls wir den Laden aufgeben müssen, können wir immer noch irgendwo eine Taco-Bude aufmachen.

Ich öffne den nächsten Karton. Wenn es mir gelingt, alle Kisten auszuräumen und die Regale mit frischer Ware zu bestücken, erstrahlt der Laden morgen in neuem Glanz. Ja, so kann ich Gab und Kay überzeugen, dass ich richtig gehandelt habe, und die Kosten werden nicht mehr allzu sehr ins Gewicht fallen. Also, was steckt im nächsten Karton?

Noch mehr Sauce! Diesmal Gott sei Dank keine Chilisauce, sondern eine brandneue Barbecue-Sauce – »besticht durch rauchiges Hickory-Bourbon-Aroma und eine hauchzarte Mesquite-Note« und »passt hervorragend zu allen Fleisch- und Fischsorten«.

Na prima. Nur dass wir kein Grillfleisch und schon gar keinen Fisch im Angebot haben.

»Verkaufen wir jetzt nur noch Saucen?«, erkundigt sich Dwayne, der über meine Schulter in die Kiste späht.

»Halt die Klappe, Dwayne. Bloß weil die Bifis ausgegangen sind, musst du hier keine dicke Lippe riskieren.«

Dwayne rülpst und nimmt sich eine Flasche Heineken.

Der nächste Karton. Wenn jetzt nicht langsam etwas anderes zum Vorschein kommt, drehe ich durch. Schließlich habe ich nicht meine Karriere aufs Spiel gesetzt, um am Ende Saucen zu verhökern. Ich reiße die Verpackung auf und starre entgeistert auf Dutzende von Päckchen mit Pumpernickel-Cocktailhäppchen. Habe ich tatsächlich Cocktailhäppchen bestellt? Du liebe Güte. Verzeihen Sie mir den Anflug von Sexismus, aber sind Cocktailhäppchen nicht etwas für Hausfrauen, die sich geistig noch in den Fünfzigern befinden? Hmm, jedenfalls haben wir jetzt genug Pumpernickel-Häppchen für eine Party des Greenwich Yacht Clubs – immer vorausgesetzt, dass die Herren auf die Idee kommen, ihre Kanapees in Brooklyn zu bestellen.

Das Telefon klingelt. Dwayne nimmt ab.

»Gab ist dran«, sagt er.

Verdammt.

»Hallo?« Ich versuche so aufgekratzt wie möglich zu klingen, auch wenn ich mich hundeelend fühle.

»Hi, ich bin's. Ich gehe gerade die Rechnungen durch, und ... Na ja, hast du in letzter Zeit eine größere Bestellung aufgegeben?«

O nein!

»Wie? Was hast du gesagt? Hier sind so viele Kunden, dass ich dich kaum verstehen kann.«

»Ich habe gefragt, ob du in letzter Zeit irgendeinen größeren Posten bestellt hast. Hier ist nämlich eine Rechnung mit der Post gekommen, die ...«

»Kann ich dich später zurückrufen, Gab? Hier ist wirklich die Hölle los.« Dwayne mustert mich grinsend und droht mir mit dem Zeigefinger.

»Aber wir hatten doch ausgemacht, dass vorübergehend keine neuen Waren bestellt werden. Entschuldige die Nachfrage, aber hier geht es immerhin um fast tausendfünfhundert Dollar! Ich kann nur hoffen, dass du eine plausible Erklärung dafür hast. Bis später.«

Klick.

Es ist gerade mal halb neun.

Noch viereinhalb Stunden, bis ich nach Hause fahren und ins Bett fallen kann.

O Gott. Und morgen ist erst Dienstag.

»Dieser Laden ist eine Gruft«, sagt eine der Figuren in Bernard Malamuds Roman *Der Gehilfe*, der in einem Brooklyner Deli in den Fünfzigern spielt. »Wer hier ein halbes Jahr bleibt, kommt nie wieder heraus.«

Ich frage mich, was wohl schlimmer wäre: Wenn wir morgen unser Scheitern eingestehen und schließen oder wenn wir hier bis an unser Lebensende arbeiten müssten. Aber ich kann mich nicht entscheiden, und so mache ich mich wieder an die Kartons, dankbar, dass ich mich mit meiner Hände Arbeit ablenken kann.

Und noch mal Appetithäppchen, diesmal Hering in Sahnesauce. Und das zum Pumpernickel? Ich muss komplett verrückt geworden sein, so viel Geld für derart unnützes Zeug auszugeben. Vielleicht sollte ich versuchen, so viel wie möglich davon zu essen, damit wenigstens das Ausmaß meines Wahnsinns verborgen bleibt; und eine gerechte Strafe wäre es obendrein, da ich Hering in Sahnesauce regelrecht verabscheue. Es ist mir ein echtes Rätsel, warum ich den verdammten Fisch überhaupt bestellt habe.

Die nächsten Kartons beherbergen jede Menge Marmelade und Konfitüren von Keiller & Son (Dreifrucht-Mischung, Orange, Ingwer) und Bonne Maman (Blaubeere, Erdbeer, Kirsche, Quitte und Feige), allerlei Brotaufstriche (Nutella, Bio-Erdnussbutter), Marinaden (Soja Vay Veri Veri Teriyaki), Chutney (Major Grey's) und Fertigdressing von Annie's Naturals aus Vermont. Endlich komme ich zu den Senfgläsern; natürlich habe ich verschiedenste Sorten eingekauft, nicht bloß den scharfen gelben, den man zu Wiener Würstchen nimmt.

Und dann halte ich endlich etwas in Händen, das mir

vertraut vorkommt. Die Chessmen-Kekse – ich kann mich genau erinnern, wie ich sie bestellt habe.

»He«, sagt Dwayne. »Die Kekse kriegst du auch bei unserem regulären Großhändler. Genauso wie die Tütensuppen mit dem Vogel aus der Sesamstraße.«

»Das wusste ich nicht«, murmle ich, während ich erneut ins Reich der Grübelei abdrifte. Dann aber konkretisiert sich ein Gedanke: Ich habe Hunger, sogar Bärenhunger. Tja, was könnte ich essen? Mein knurrender Magen ist wie ein Kleinkind, das gefüttert werden will, und hätte er einen Kopf, wäre er bereits hochrot angelaufen. Doch obwohl ich von Delikatessen umringt bin, sticht mir weit und breit nichts ins Auge, wonach mir gerade der Sinn stehen würde. Was eine weitere Frage aufwirft: Wie komme ich auf die Idee, unsere Kunden könnten scharf auf Lebensmittel sein, auf die ich selbst keinen Appetit habe?

Im selben Moment schwingt die Tür auf, aber als ich instinktiv den Kopf wende, um zu sehen, wer uns beehrt – halb erwarte ich Jesus, Buddha, Bibo höchstpersönlich oder wenigstens einen Pizzaboten, der sich verlaufen hat –, ist es doch nur ein weiterer anonymer Kunde, der das übliche Bier oder ein Päckchen Zigaretten haben will. Und mir bleibt nichts übrig, als an die Kasse zu gehen und still zu beten, dass es für heute Abend nicht der letzte Kunde bleiben wird.

Zweiter Teil

Familienbande

Wer nach Erlösung sucht, muss etwas von sich selbst opfern, sagt ein altes Sprichwort. Und so wie ich es sehe, muss es schon ein wichtiger Teil von einem selbst sein, sonst wäre es ja kein richtiges Opfer. Was aber, wenn man bereit wäre, ein derartiges Opfer zu erbringen, die wahre Herausforderung aber darin bestünde, dazu überhaupt erst einmal etwas über sich selbst herausfinden zu müssen? Manchmal kommt mir jene Phrase in den Sinn, die häufig bei Abschlussfeiern Verwendung findet, wenn jemand davon spricht, »über sich selbst hinauswachsen« zu wollen. Klingt super, aber was, wenn man gar keine Ahnung hat, was das eigene Ich ausmacht, woraus die eigene Persönlichkeit überhaupt besteht?

Liest man in den Erinnerungen mehr oder minder berühmter Menschen von solchen Dingen, gehört zum Erlösungsprozess ein dritter Schritt: Im Verlauf der Geschichte schließt sich der Autor beispielsweise dem Kampf gegen die Nazis an oder wird der erste weiße Schamane bei einem unbekannten Indianerstamm am Amazonas – nichts, womit ich in meinem Leben auf absehbare Zeit brillieren könnte. Die erste Phase, die Ablösung von meinem alten Ich, hat mit dem Umzug in den Keller meiner Schwiegermutter begonnen – verblüffend, wie schnell sich die eigene Identität verabschiedet, wenn keine Ausgaben des *New Yorker* neben dem Klo liegen – und sich mit dem Kauf des Ladens noch verstärkt. Ich hänge an unserem Deli, wie man auf einem 18-Stunden-Flug an seinem Sitz hängt: Er ist eng, unbequem, und wenn man aufsteht, fühlt man sich wie durch den Wolf gedreht, aber man würde ihn mit Zähnen und Klauen verteidigen, wenn ihn sich jemand anderer unter den Nagel reißen wollte. Zu all dem kommt, dass ich mich zuweilen wie eine Laborratte in einem kosmischen soziologischen Experiment fühle, mit dem die Auswirkungen eines steilen sozialen Abstiegs durch eine Art Wittgensteinsches Wurmloch der umgekehrten Einwanderung untersucht werden sollen; in gewisser Weise versuche ich mich gemeinsam mit anderen Einwanderern in einem fremden Land zurechtzufinden, einem Land, das seltsamerweise mein eigenes ist. Am härtesten aber trifft mich die Erkenntnis, dass die Prinzipien, an die ich stets voller Überzeugung geglaubt habe – mein Vertrauen darauf, dass die Welt einen mit offenen Armen erwartet, nicht zu vergessen die goldenen Regeln von Strunk und White –, keine große Hilfe bei unserem täglichen Überlebenskampf sind. In Wahrheit haben sie sich bislang als kontraproduktiv erwiesen.

***

Eine Woche nach der Saucenlieferung beschließt Mutter Natur, dass zu diesem ohnehin schon historisch kalten Winter noch ein ordentlicher Blizzard gehört. Die Wettervorhersage prophezeit massiven Schneefall, hurrikanartige Stürme und ein wirtschaftliches Desaster für den

New Yorker Einzelhandel. Der Bürgermeister erklärt den nächsten Tag für schulfrei und ruft die Nationalgarde auf den Plan. Den Bürgern wird geraten, in ihren Häusern zu bleiben, bis sich der Sturm gelegt hat, und da Kerzen und Mineralwasser weggehen wie warme Semmeln, haben sie offenbar auch vor, sich an die Warnung zu halten.

»Haben Sie morgen geöffnet?«, fragen mich einige Kunden.

»Wenn die Straßen gesperrt sind, wohl nicht«, antworte ich, verblüfft, dass sich die hartgesottenen New Yorker Sorgen wegen des Wetters machen. Eigentlich stelle ich es mir ganz lustig vor, ein, zwei Tage lang eingeschneit zu sein. Trotzdem, dieser Blizzard verheißt nichts Gutes, und sei es nur, weil ich noch nie als Ladeninhaber einem »verheerenden Unwetter« ausgesetzt war. Außerdem muss ich an die vielen alten Leute denken, die bei diesen Witterungsbedingungen womöglich tagelang in ihren Wohnungen ausharren müssen.

Falls nicht auch die Brücken gesperrt werden (damit wäre Staten Island vom Rest New Yorks abgeschlossen), würde es mir sicher gelingen, irgendwie nach Brooklyn zu kommen – nicht nur, weil die Nachbarn mich brauchen, sondern auch, weil Kay recht hat: Wir können es uns nicht leisten, den Laden auch nur einen Tag geschlossen zu lassen. Zum einen laufen wir Gefahr, Kunden zu verlieren, zum anderen könnten wir eine wichtige Lieferung verpassen. Tja, und wenn man sich erst mal einen Tag freigenommen hat, kann es passieren, dass man auch am nächsten keine Lust auf den üblichen Trott hat.

»Auf gar keinen Fall«, erwidert Kay, als ich ihr sage, dass ich morgen trotz des Unwetters zur Arbeit fahren werde. »Kommt überhaupt nicht Frage. Kein Geld der Welt ist es wert, dass du dir irgendwo das Genick brichst.« Und wenn meine Schwiegermutter es mit der Angst bekommt, kann man davon ausgehen, dass es ein verdammt übler Schneesturm wird.

Im Kreis der Familie ist bereits mehrmals in aller Nüchternheit über den Laden gesprochen worden. Noch ist keine Entscheidung gefallen, aber wenn wir ihn aufgeben sollten, dann a) weil wir zu lange mehr Geld ausgegeben als eingenommen haben, b) so tief im Schuldensumpf stecken, dass unsere Einnahmen keine Rolle mehr spielen, c) das Haus meiner Schwiegereltern auf dem Spiel steht oder d) wir ein für allemal die Nase voll dem ganzen Stress haben.

An jenem Abend sitzen wir am Fenster und blicken hinaus in den Sturm, ein gleichermaßen erschreckendes wie faszinierendes Schauspiel. Von dem vor sich hin rostenden Kühlschrank draußen auf dem Rasen ist nichts mehr zu sehen. Der Garten sieht aus wie eine Miniaturversion der Rocky Mountains – da sind der Mount Frigidaire und die Compressor Range, dort das Luxaire Basin und der Great Fan Belt National Park.

Die Schneemassen türmen sich in einem Tempo auf, dass Autofahren morgen früh mit Sicherheit ausgeschlossen ist; wir können also alle ausschlafen. Wieder muss ich an all die alten Menschen denken, die zumindest bis morgen Abend in ihren Wohnungen ausharren müssen; bis dahin soll sich der Schneesturm laut einiger optimistischer Wettervorhersagen wieder gelegt haben.

Doch Gab hat offenbar andere Vorstellungen als wir. Ohne Vorwarnung schleicht sie sich um vier Uhr morgens aus dem Bett, zieht ihre dicksten Wintersachen an und stapft zwei Meilen durch den schweren, hüfthohen Schnee zum St.-George-Fährterminal. Dieses Verhalten ist nicht ganz untypisch für sie. Wenn sie sich einmal etwas in den Kopf gesetzt hat, zieht sie es auch durch, ein Charakterzug, den sie mit ihrer Mutter teilt. In letzter Zeit versucht sie sich in dieser Hinsicht zwar zu zügeln, vielleicht aus Angst, Kay immer ähnlicher zu werden, aber an diesem Morgen kann sie nichts aufhalten. Nachdem sie im Morgengrauen mit der Fähre übergesetzt ist, muss sie feststellen, dass der U-Bahn-Verkehr vorübergehend eingestellt wurde, was bedeutet, dass sie die komplett verschneite Brooklyn Bridge zu Fuß überqueren muss, während eisige Winde über den East River peitschen. Was körperliche Herausforderungen angeht, ist dieser Marsch so ziemlich das Spontanste, was sie je unternommen hat – tja, aber wann hat man schon mal die Brooklyn Bridge für sich allein?

Drei Stunden später betritt sie endlich den Laden und macht das Licht an. Für ihre Mühen wird sie damit belohnt, dass unser Geschäft weit und breit das einzige ist, das an diesem Morgen geöffnet hat.

Und tatsächlich scheint uns Gabs Akt der Aufopferung eine Menge Kunden zurückzubringen, darunter offenbar auch einige derer, die sich auf den Schlips getreten fühlten, sei es wegen der nächtlichen Ruhestörung durch die Alarmanlage, des kalt servierten Kaffees, der Preiserhöhungen oder der nun fernsehfreien Abende. So hart und unpersönlich New York zuweilen auch sein mag, die Leute wollen sich wohl fühlen, guten Kontakt zu jenen Menschen pflegen, bei denen sie täglich einkaufen. Und mit ihrem Marathon durch Schnee und Eis hat Gab den ersten Schritt getan, um unser Verhältnis zu den Nachbarn langsam wiederherzustellen.

Trotzdem ist es noch ein langer Weg, das Vertrauen unserer alten Kunden zurückzugewinnen. In einer kleineren Stadt wäre es sicher einfacher, da dort weniger Konkurrenz herrscht und der Kunde weniger Auswahl hat. Hier in New York aber stehen Hunderte in den Startlöchern, um uns unseren Platz streitig zu machen – oder gar zu beerben.

✳ ✳ ✳

Im Gegensatz zu Kay oder mir ist Gab schlicht unverzichtbar; seit Eröffnung unseres Ladens hat sie sich keine einzige Minute freigenommen. Im März aber meldet sich plötzlich eine alte Kollegin aus der Kanzlei, in der sie früher gearbeitet hat, und fragt Gab, ob sie Interesse hätte, bei einer großen internationalen Bank im Geschäftsbereich Flugzeugleasing einzusteigen. Ihr Mann, der im Vorstand der Bank sitzt, sucht nach jemandem mit den passenden Qualifikationen, und Gab wäre die erste Wahl für den Posten.

Als sie mir davon erzählt, muss ich unwillkürlich lachen. Gestern hat Gab noch Bifis und Müsliriegel verkauft, und morgen ist sie womöglich bereits Herrin über eine ganze Boeing-Flotte. Aber wie auch immer, sie würde uns ganz bestimmt nicht im Stich lassen, schon gar nicht in dieser schwierigen Situation. Und halb und halb bei einer Bank und in einem Deli zu arbeiten, kriegt selbst die ehrgeizigste Immigrantin zweiter Generation nicht hin.

Dann jedoch sehe ich, dass Gab nicht mitlacht. Sie will sich auf jeden Fall für den Job bewerben.

»Aber du hast doch gesagt, du willst nicht noch mal in die Juristenmühle«, stottere ich.

»Wirklich?«, erwidert Gab ohne den kleinsten Anflug von Selbstzweifel. »Wann soll ich das denn gesagt haben?«

»Ich musste dir versprechen, dich zwangseinweisen zu lassen, solltest du je auf die Idee kommen, in deinen alten Job zurückkehren zu wollen. Hast du vergessen, was für eine endlose Plackerei das war – Überstunden bis zum Abwinken, der ganze sinnlose Paragraphen-wahnsinn?«

Gab starrt mich verblüfft an. »Ach was«, gibt sie zurück. »Diesmal wird alles ganz anders.« Sie erklärt mir, dass die Bank sie stundenweise bezahlen will und sie daher jeden Tag um fünf Feierabend machen kann. »Anschließend komme ich direkt in den Laden und übernehme die Spätschicht«, ergänzt sie.

O Gott, denke ich. Sind alle koreanischen Frauen so? Reicht es ihnen nicht, *einen* knallharten Job zu haben und gleichzeitig gehorsame Tochter und Ehefrau zu sein? Müssen sie stets nebenbei Familienpensionen betreiben, Ikebana-Kurse geben, Jugendgruppen in der Kirche betreuen und sich als Meisterinnen der asiatischen Küche beweisen?

Während wir uns unterhalten, nimmt Gab ein paar ihrer alten grauen Röcke und Kostümjacken aus dem Schrank in unserem Kellerraum.

»Ich weiß noch genau, wie unzufrieden du warst«, setze ich nach. »Du warst jeden Tag völlig erledigt, wenn du nach siebzehn Stunden spätabends nach Hause gekommen bist, und gerade noch in der Lage, eine Schale Reis zu essen. Am Wochenende hast du bis in die Puppen geschlafen, und montags ging alles wieder von vorne los. Manchmal kam es mir vor, als hättest du deinen ganzen Lebensmut verloren.«

»Tut mir leid, aber ich habe keine Ahnung, wovon du redest. Ich kann mich jedenfalls nicht daran erinnern.«

Es ist, als sei sie einer Gehirnwäsche unterzogen worden. Kurz überlege ich, ob ich ihrem künftigen Arbeitgeber verraten soll, dass Gab ein Deli betreibt, das kurz vor der Pleite steht. Welche Bank würde schon jemanden einstellen, der nicht mal einen Tante-Emma-Laden führen kann?

»Das ist doch völliger Irrsinn! Verwandelst du dich jetzt in deine Mutter, oder was?«

Ein Wort gibt das andere, und plötzlich steht Gab direkt vor mir, so nah, dass sich unsere Nasenspitzen beinahe berühren.

»Was soll ich denn sonst machen?«, zischt sie. »Das Angebot ablehnen? Hast du noch nicht bemerkt, dass wir DRINGEND GELD BRAUCHEN?« Sie hält kurz inne. »Oder kriegst du inzwischen gar nichts mehr mit?«

»Ja, ja, schon klar ...«

»Und das heißt, dass wenigstens einer von uns endlich etwas unternehmen muss. Ganz abgesehen davon, dass ich nicht den Rest meines Lebens in diesem Kellerloch verbringen will, verdammt noch mal!«

Ich versuche mir nichts anmerken zu lassen, obwohl

sie mich an einem wunden Punkt getroffen hat. *Tu endlich auch mal was, statt bloß auf der faulen Haut zu liegen!*

Zu meiner Verteidigung könnte ich vorbringen, dass ich durchaus versucht habe, ein bisschen Geld dazuzuverdienen, aber bislang sind all die Geschichten und Reportagen, die ich anderen Zeitschriften angeboten habe, abgelehnt worden. Und so wie es gerade bei der *Review* aussieht, kann ich froh sein, dort weiterhin meine paar Kröten pro Stunde zu bekommen. Im Stillen schwöre ich mir, meine Anstrengungen zu verdoppeln und noch mehr Storys anzubieten.

Dann lässt Gab die Bombe platzen.

»Ich will Kinder«, sagt sie.

Der Gedanke ist so grotesk, dass ich erneut lachen muss. Kinder, und das ausgerechnet jetzt? Was für eine Schnapsidee, und das ist mit Sicherheit auch Gab klar.

»Jetzt gehen aber echt die Pferde mit dir durch. Ich erkenne dich überhaupt nicht mehr wieder. *Ich* bin der Phantast von uns beiden, *du* die Pragmatikerin. Lass uns lieber noch mal reden, wenn du wieder klar im Kopf bist.«

»Mag ja sein, aber wir können es uns nicht leisten, weiter darauf zu warten, dass unser Leben vielleicht irgendwann wieder leichter wird. In absehbarer Zukunft wird sich nichts an unserer finanziellen Misere ändern – Punkt. Trotzdem will ich darüber nicht den richtigen Zeitpunkt verpassen. Ich will Kinder!«

»Wie kannst du nur so selbstsüchtig sein«, platze ich heraus.

Ehe Gab etwas erwidern kann, geht die Tür auf. Kay kommt mit zwei Einkaufstüten herein, durchquert unser

Schlafzimmer und marschiert zur angrenzenden Waschküche, wo sich zwei zusätzliche Kühlschränke befinden,
in denen Lebensmittel untergebracht werden, wenn mal
wieder Verwandtenbesuch ins Haus steht. *Seltsam*, denke
ich. *Wer hat sich denn diesmal angesagt?*

Kay scheint die Spannung zwischen uns zu spüren, da
sie die Tüten abstellt und fragt, ob irgendetwas nicht in
Ordnung ist.

»Hast du deiner Mutter schon davon erzählt?«, frage
ich, in der Hoffnung, dass Kay ihrer Tochter einen satten
Strich durch die Rechnung machen wird. Das Deli allein
zu übernehmen, traut sie sich bestimmt noch nicht zu –
oder?

»Ich habe ein Jobangebot«, beichtet Gab.

»Tatsächlich?«, sagt Kay. »Wie viel zahlen sie?«

Gab verdreht die Augen. »Oh, Mutter, du könntest ja
wenigstens erst mal fragen, was es überhaupt für ein Job
ist.«

»Wann fängst du an?«, erwidert Kay ungerührt.

Gab schüttelt den Kopf. »Bis jetzt gab es nicht mal ein
Vorstellungsgespräch.«

»Ich wollte jetzt kochen«, meint Kay. »Hast du einen
besonderen Wunsch, Schatz?«

»Moment«, unterbreche ich die beiden. »Bin ich hier
der Einzige, der das für keine gute Idee hält? Darf ich
euch vielleicht an unseren Laden erinnern? Wie sollen
wir ohne Gab wieder aus der Krise kommen?« Ich blicke
Kay an. »Machst du dir denn keine Sorgen?«

»Sorgen?«, fragt sie zurück, als verstehe sie kein Wort.
»Aber ich habe doch euch. Außerdem kommt uns Emo
besuchen.«

»Was?«, platzen Gab und ich gleichzeitig heraus. Emo ist Kays ältere Schwester, die in Los Angeles lebt. Früher haben die beiden zusammengewohnt, sich aber inzwischen seit gut zwei Jahren nicht mehr gesehen; nach irgendeinem Streit war Emo ausgezogen und hatte geschworen, nie wieder mit Kay zu sprechen.

»Wann kommt sie?«, frage ich.

»Am Freitag. Ich habe gestern mit ihr telefoniert. Du kannst sie doch vom Flughafen abholen, oder?«

Gab und ich stehen da wie zwei begossene Pudel, während Kay mit den Einkaufstüten in der Waschküche verschwindet und leise zu singen beginnt.

***

Eine Stunde später riecht es in unserem Schlafzimmer wie in einer Großküche. Kay hat bei Hanyang eingekauft, dem großen koreanischen Supermarkt in Flushing, und reichlich Spezialitäten aus ihrer Heimat mitgebracht: eingelegte junge Radieschen, getrockneten Tintenfisch, gewürzten Kuttelfisch, scharfe Bohnenpaste. Zugegeben, ich habe einige Zeit gebraucht, mich an das Essen bei den Paks zu gewöhnen. Die koreanische Küche besteht größtenteils aus Fisch, Reis und Gemüse wie Gurken und Algen; die Gerichte sind geradezu unglaublich nahrhaft und aromatisch, und wenn man das Vergnügen hat, mit Koreanern an einem Tisch zu sitzen, kann man staunend beobachten, wie sie sich Berge auf ihre Teller schaufeln und sich derart vollstopfen, bis keiner von ihnen mehr aufrecht gehen kann. Dennoch kann man sich zuweilen nicht des Eindrucks erwehren, dass der Koreaner die Genüsse seiner Küche mit extrem gewöhnungsbedürftigen

Gewürzen vor dem Rest der Welt geheim hält, etwa Knoblauch mit Minze oder fermentierter Sojabohnenpaste. Und obwohl ich durchaus ein Faible für exotische und pikante Aromen habe, sind die Gewürze der koreanischen Küche derart intensiv, dass sie alles zu durchdringen scheinen – urplötzlich riecht Milch nach getrockneten Sardellen und eingelegtem Kohl, und ich werde wohl genauso müffeln, wenn ich die Nacht in unserem Schlafzimmer verbracht habe.

Aber das wäre nicht das erste Mal, und inzwischen habe ich mich längst daran gewöhnt; im Grunde nehme ich die fremden Gerüche schon gar nicht mehr wahr. Außerdem hat mein Aufenthalt im Hause Pak dazu geführt, dass sich meine Perspektive seltsam verschoben hat. Koreanisches Fernsehen steht dem amerikanischen an Gehirnlosigkeit sicher in nichts nach, doch aus einem unerfindlichen Grund deprimiert mich eine koreanische Game-Show wie *Ten Thousand Wons of Happiness* lange nicht so wie eine Folge des amerikanischen *Pyramid*.

Auch was das Leben bei den Eltern angeht – etwas, das einen in Amerika zum absoluten Loser macht –, haben Koreaner eine komplett andere Einstellung. In unseren Breitengraden gilt es als unsagbar peinlich, in Gabs und meinem Alter bei den Eltern zu wohnen, doch wann immer ich mit Gab und Kay vor dem Fernseher sitze, läuft irgendeine Sitcom mit Figuren, deren Leben dem unseren geradezu erschreckend gleicht; so gut wie immer geht es um mehrere Generationen, die zusammen unter einem Dach leben und sich dauernd wegen irgendwelcher Kleinigkeiten in den Haaren liegen. Für Koreaner stellt es kein Stigma dar, noch als Erwachsener mit den

Eltern zusammenzuwohnen – es ist schlicht normal. Zwar hat Kay erzählt, dass das Mehrgenerationen-Modell in den letzten Jahren insbesondere bei Einwandererfamilien ein wenig aufgeweicht ist, doch im Großen und Ganzen glucken koreanisch-amerikanische Familien weiterhin eng zusammen, da sie häufig gemeinsam in Familienbetrieben arbeiten und Verwandte sich gut als billige Hilfskräfte einspannen lassen. Bei uns läuft es genauso: Pausenlos tauschen wir in letzter Sekunde Schichten, bitten Familienmitglieder, für den einen oder anderen Nebenjob einzuspringen, und feilschen gegenseitig um Gefälligkeiten (»Wenn du mich morgen ein Stündchen länger schlafen lässt, übernehme ich die Wäsche, okay?«). Wohnt man zusammen unter einem Dach, ist man einfach flexibler – das traute Heim wird zur einer Art Schlafsaal, zum Außenposten des Ladens, und man kann buchstäblich das Laufband hören, das einen zwischen den beiden Punkten hin und her transportiert.

Nichts könnte meiner eigenen Familie fremder sein. Bei uns eingeborenen Amerikanern hat die viel beschworene *Privatsphäre* etwa denselben Stellenwert wie das Grenzterritorium zwischen rivalisierenden Staaten, und sollte jemand tatsächlich die Unverfrorenheit besitzen, unangemeldet zu Besuch zu kommen, wird er drastisch abgestraft. Unmittelbar nach der Privatsphäre kommen *Ruhe und Frieden:* Kein Problem, sich mit jemandem im selben Raum aufzuhalten, aber man sollte sich tunlichst zusammenreißen, sprich sich möglichst leise verhalten – kein Kaugummikauen, kein Kratzen, kein Schnaufen wie ein asthmakranker Bernhardiner... Vor allem dann, wenn gerade jemand im heiligen Akt des Lesens begriffen ist. Wenn andere Familien zusammenkommen, betreiben sie Sport, sehen fern oder essen. Wenn sich jedoch der Howe-Clan trifft, ergeht man sich in gemeinschaftlicher Lektüre, ähnlich wie die Puritaner sich seinerzeit zum Gebet versammelten. Im Grunde geht es einzig und allein darum, Impulse und Emotionen unter Kontrolle zu halten, so wie die Literaturwissenschaftler Strunk und White es propagierten.

Aber vielleicht können wir uns ja auch als Erwachsene noch ändern. Bevor Gab und ich bei ihren Eltern einzogen, wachte ich nachts schon auf, wenn drei Zimmer weiter jemand im Schlaf schniefte. Inzwischen schlafe ich wie ein Baby, selbst wenn Edward mitten in der Nacht die Karaoke-Maschine anwirft oder Kay frühmorgens direkt neben mir den Staubsauger schwingt. Möglicherweise hat es damit zu tun, dass ich nach der Arbeit hundemüde bin, aber vielleicht fühlt man sich einfach sicher und geborgen, wenn dauernd jemand in der Nähe ist; irgendwann entspannt man sich, weil man instinktiv weiß, dass einem nichts Böses geschehen kann.

Das Zusammenleben mit der Familie kann enorme psychologische Auswirkungen haben, insbesondere wenn man ein gemeinsames Ziel im Auge hat; zuweilen läuft man Gefahr, sein sonstiges Sozialleben total zu vernachlässigen, ja, sogar seine Autonomie zu verlieren. Irgendwann letztes Jahr ging mir auf, dass mein Leben mittlerweile untrennbar mit Gabs Familie verflochten war: Ich ging zum selben Arzt, zum selben Zahnarzt, sogar zum selben koreanischen Friseur. Tja, und so wird es vielleicht doch nicht ganz einfach, hier einfach so wieder auszuziehen. Mal ganz abgesehen von Gabs

Unkenrufen, dass wir es uns ohnehin nicht leisten könnten.

✳✳✳

Der Frühling hält Einzug, während wir uns auf Emos Besuch vorbereiten. Auch der Laden läuft wieder besser. Steigende Temperaturen bedeuten mehr Kunden; insbesondere am Wochenende machen wir deutlich mehr Umsatz. Salim hatte uns das bereits vorhergesagt, doch hatte ich ihm nicht geglaubt, vielleicht, weil es in der Literatur und der Verlagsbranche so oft um Psychologie geht; die Vorstellung, dass etwas so Elementares wie das Wetter im Leben eine Rolle spielen könnte, kommt Menschen wie mir fast schon unwirklich vor.

Mittlerweile ist die Arbeit zur Routine geworden. Eigentlich bin ich kein Fan von Trott und Gewohnheit, aber Routine ist essentiell, wenn man einen Deli betreibt – alles läuft viel reibungsloser, wenn man erst einmal weiß, wie viele Flaschen Cola light man pro Woche ordern muss, wo man eine Parkuhr findet, die man nicht jede Stunde füttern muss, und wie viel Kleingeld man in der Kasse haben sollte, wenn Pendler-Joe um Punkt 7:06 Uhr morgens hereinmarschiert kommt und seinen Bagel mit einem Fünfziger bezahlt.

Eine weitere positive Entwicklung besteht darin, dass es Gab tatsächlich gelungen ist, Salims Adresse in Nevada ausfindig zu machen. Gemeinsam mit ihm und dem Finanzamt hat sie sich auf einen Kompromiss geeinigt; mit unserer Restschuld an Salim werden seine Steuerrückstände getilgt, die der Staat auf die Hälfte reduziert hat. Auch Bienstock und seine Häscher scheint sie mit ihrem Bluff eingeschüchtert zu haben, da wir keine Einschüchterungsanrufe mehr erhalten.

Allerdings sehen wir mittlerweile ganz anderen Bedrohungen ins Auge. Erstens haben ganz in der Nähe zwei neue Supermärkte aufgemacht, zweitens nerven uns die Behörden mit einer Reihe überfallartiger Kontrollen. Zuerst hatten wir Besuch von zwei Undercover-Cops, die überprüfen wollten, ob wir sonntags vor 12:00 Uhr mittags Alkohol verkaufen (um 11:57 Uhr, um ganz genau zu sein). Dann schneiten Beamte von der Verbraucherschutzbehörde herein, um zu kontrollieren, ob wir Zigaretten und Lottoscheine an Minderjährige verticken, und kurz darauf sahen sie gleich noch einmal vorbei, um zu checken, ob wir unsere Waagen manipulieren oder eine Katze zum Mäusefangen halten. Zu guter Letzt bekamen wir noch Besuch von ein paar Jungs vom Rauschgiftdezernat, die uns verdächtigten, unter dem Tresen mit illegalen Medikamenten zu handeln. Bis jetzt hat uns noch keiner drangekriegt, zum Teil dank Dwayne, der einen siebten Sinn dafür zu haben scheint, wann eine Kontrolle ins Haus steht, ebenso wie er unmittelbar erkennt, ob jemand schon mal im Knast gesessen hat – während ich jemandem höchstens ansehe, ob er auf dem Gymnasium war. Trotzdem ist es nur eine Frage der Zeit, bis sie uns bei irgendeinem Verstoß erwischen. Und dann sehen wir wahrscheinlich uralt aus, da die Ordnungsgelder in New York seit jeher mörderisch hoch sind.

Insbesondere Kay macht sich ernste Sorgen. Vor ein paar Monaten hat sich ein alter Freund aus Seoul bei ihr gemeldet, der ein Deli im Village betreibt, und wollte wissen, ob sie Interesse habe, den Laden zu übernehmen. Kay lehnte dankend ab, hakte aber nach, warum er sein Geschäft verkaufen wolle. Schließlich lief der Laden wie die Feuerwehr, eine echte Goldgrube, die er nicht umsonst »Garden of V.I.P.'s Diamond Deli« oder so ähnlich getauft hatte.

Wie sich herausstellte, verstieß die Markise über dem Schaufenster, auf der neben dem großspurigen Namen des Ladens auch diverse Produktlogos prangten, gegen Paragraph 52-542/ Absatz A der New Yorker Bauordnung, der »visuelle Störungen« ausdrücklich untersagt. Er wurde mit einer Ordnungsstrafe von 2500 Dollar belegt. Dann musste die alte Markise abmontiert und durch eine bescheidenere neue ersetzt werden, was weitere 5000 kostete. Hinzu kamen Geldbußen für eine endlose Reihe weiterer Verstöße, wegen der seit Ewigkeiten niemand mehr belangt worden war, etwa wegen nicht korrekt positionierter Löffel im Kartoffelsalat oder nicht fachgerecht entsorgten Abfalls – am Ende jedenfalls war Kays Bekanntem klar, dass es an der Zeit war, sich aus dem Deli-Business zu verabschieden.

Und die Stadt macht genau in diesem Stil weiter. Seit Wochen hören wir immer wieder von Ladenbesitzern, die mit den absurdesten Ordnungsgeldern belegt worden sind. Sobald die Wirtschaft abflaut, schnellen sofort die Bußgelder für Falschparken und dergleichen in die Höhe; und da wir uns mittlerweile im zweiten Rezessionsjahr befinden – der 11. September 2001 hat dazu geführt, dass die Touristen ausbleiben und an der Wall Street weniger Gewinn gemacht wird –, muss die Stadt irgendwie die geringeren Steuereinnahmen ausgleichen. Neunzig Prozent der insgesamt gut 220 000 Unternehmen in New York beschäftigen weniger als 30 Arbeitskräfte, und die Stadtverwaltung ist der Meinung, dass ebenjene Kleinbetriebe den leeren Säckel wieder auffüllen sollen.

Puritaner und ihre Nachkommen tendieren naturgemäß zur Autoritätshörigkeit. Ihr Leben wird von Struktur und Konsens bestimmt; am wohlsten fühlen sie sich in der Gruppe, wenn sie sich dem Gebet oder einer kleinen Steinigung widmen. Selbst als die Pilgerväter Mutter England verließen, um ungehindert ihren religiösen Überzeugungen nachgehen zu können, verfolgten sie ihr Ziel letztlich wie ein biederer Verein, so radikal ihre Motive auch gewesen sein mögen. Als sie schließlich die Stadt Plymouth gründeten, erließen sie erst einmal lauter Gesetze, die die persönlichen Freiheiten drastisch einschränkten. Sie mischten sich mit Vorliebe in anderer Leute Angelegenheiten ein, schickten ihren Mitbürgern dauernd Steuereintreiber, Gesundheitsinspektoren und sonstige Büttel ins Haus. Entgegen Thomas Jeffersons Ansicht, dass es die vorrangige Aufgabe des Staates sei, so wenig wie möglich in das Leben seiner Bürger einzugreifen, waren die Puritaner davon überzeugt, dass die Gesellschaft mit harter Hand geführt werden müsse.

In jungen Jahren war mir der Staat einigermaßen sympathisch, da er im Unterschied zu den anderen großen abstrakten Mächten, die in aller Munde waren – Religion, Kapitalismus, Massenkultur – keine allzu große Bedrohung darzustellen schien. Wie hätte ich es auch besser wissen sollen? Abgesehen davon, dass ich sechs Jahre eine öffentliche Schule besucht hatte, war ich nie mit dem »Staat« in Berührung gekommen. Wie die meisten Einwohner von Newton, Massachusetts, hatte ich nie im Gefängnis gesessen; da meine Eltern und ihre Freunde allesamt Alt-68er waren, übte niemand Druck auf mich aus, zur Armee zu gehen, und ich hatte nie ein Arbeitsamt, ein Kinder- oder Veteranenheim von innen gesehen. Meine Erfahrungen mit Behörden beschränkten sich auf den losen Kontakt zu den Müllmännern, die jeden Dienstagmorgen den Abfall auf unserem Gehsteig verteilten, und den Mautkassierern am Mass Turnpike, deren Zombiestarren mir jedes Mal einen kalten Schauder über den Rücken jagte. Alles in allem hatte ich mit den Behörden etwa acht Sekunden in der Woche zu tun, und dann auch nur sehr entfernt.

Als Ladeninhaber hingegen ist man geradewegs dazu verpflichtet, die Behörden abgrundtief zu hassen. Über kurz oder lang verwandelt man sich in einen blindwütigen, rotgesichtigen Eiferer, der vor Wut zu schäumen beginnt, wann immer er auf das Finanzamt zu sprechen kommt, diese mephistophelischen Blutsauger, die Amerikas wenigen ehrlichen Bürgern den letzten Cent aus der Tasche ziehen. Und natürlich würde die Stadt New York in tausend Jahren nicht auf die Idee kommen, sich für dieses Raubrittertum zu entschuldigen. »Die sind wie die Geier«, pflegt Gab zu sagen.

Wir Ladeninhaber haben keine Gewerkschaft und keine Lobby, die sich für uns einsetzen würde. Und wenn man sich vor Augen führt, was einem sonst noch das Leben schwer macht – die Konkurrenz, die Rezession, das Wetter, die dauernden Straßenarbeiten –, ist es nur allzu verständlich, dass man sauer wird, wenn der nächste

Bürokrat einem mit dem Klemmbrett vor der Nase herumwedelt. Und wenn wieder mal eine Überprüfung stattgefunden hat, stellen wir uns manchmal die Frage, die mir Gab erst neulich wieder gestellt hat: »Wer kontrolliert eigentlich diese Behördenheinis?«

∗∗∗

Ich fahre raus nach Queens, um Emo vom Flughafen abzuholen. Über ein Jahr lang herrschte komplette Funkstille zwischen ihr und Kay, aber dann telefonierten sie plötzlich wieder jeden Tag miteinander, und schließlich hatte Kay ihre Schwester gefragt, ob sie nicht herkommen und uns im Laden aushelfen könne. Ein paar Tage später hatte Emo Job und Mietvertrag gekündigt und praktisch all ihre Habseligkeiten verkauft. Und während ich darüber nachdenke, frage ich mich: Was würden meine Verwandten wohl tun, wenn ich sie bitten würde, alles stehen und liegen zu lassen und von Los Angeles nach New York umzuziehen, um mir in meinem zweitklassigen Tante-Emma-Laden unter die Arme zu greifen? Womöglich würde ich mich schneller in der Psychiatrie wiederfinden, als mir lieb wäre.

Ich lasse den Blick durch den Empfangsbereich schweifen. Kay und Emo haben schon mehrmals zusammengewohnt. Wenn man mitbekommt, wie sie sich andauernd wegen irgendwelcher Lappalien in den Haaren liegen (»Was weißt du denn schon? Du hast doch keinen blassen Schimmer, wie man echt amerikanische Kekse backt!«), möchte man meinen, sie könnten sich nicht leiden. Tatsächlich aber sind sie unzertrennlich. In den vergangenen zwanzig Jahren haben sie an den verschiedensten Orten gelebt, doch am Ende sind sie immer am selben Ort gelandet, zuweilen sogar unter einem Dach. Vor Jahren haben sie sogar zusammen eine Garküche in Manhattan betrieben – nun ja, bis sie wieder in Streit gerieten und Emo ihre Schwester hochkant feuerte. Eine ziemlich delikate Situation, da die beiden auch noch dieselbe Wohnung teilten.

»Und worüber haben sie diesmal gestritten?«, fragte ich Gab seinerzeit.

»Keine Ahnung – wahrscheinlich darüber, wer das ›richtige‹ Rezept für Tetrazzini mit Pute hat«, erwiderte Gab. Kurz darauf verkaufte Emo ihre Garküche und zog nach Los Angeles.

Die beiden sehen sich kein bisschen ähnlich. Ich halte Ausschau nach einer großen, schlanken Frau, die als Teenager an ihrer Schule in Korea garantiert Schönheitskönigin war – einer Gesundheitsfanatikerin, die regelmäßig joggt, streng auf Kalorien achtet und weder raucht noch trinkt.

»Emo!«

Ja, da ist sie, unter all den anderen übermüdeten Ankömmlingen aus L.A., aber deutlich schneller auf den Beinen als der Rest der Meute. Sie erspäht mich und eilt behände auf mich zu.

»Wo sind deine Koffer?«, frage ich.

»Oh, mehr habe ich gar nicht dabei«, erwidert sie in ihrem ausgezeichneten Englisch, während sie mir eine Tasche hinhält, die so aussieht, als habe sie lediglich den Inhalt ihrer Sockenschublade ausgeräumt. »Komm, lass uns fahren.«

Ich gehe automatisch davon aus, dass sie erst einmal

zu uns nach Hause will, und fahre Richtung Staten Island. Aber sie will *zum Laden*.

»Ich bin nicht hergekommen, um auf der faulen Haut zu liegen«, erklärt sie, und als ich versuche, sie davon abzubringen, schenkt sie mir kein Gehör. Also fahre ich sie nach Brooklyn, wo Emo es sich mit ihren sechzig Jahren (obwohl sie zwanzig Jahre jünger aussieht) nicht nehmen lässt, erst einmal eine komplette Schicht durchzuarbeiten, nachdem sie mitten in der Nacht vom einen Ende der USA ans andere geflogen ist.

Und so beginnt eine neue Phase unseres Lebens. Emo übernimmt die Morgenschicht, und wenige Wochen später läuft alles wie am Schnürchen; selbst unsere wählerischsten Morgenkunden sind voll des Lobes über sie. Was Kay Gelegenheit gibt, sich um andere Dinge zu kümmern, etwa um die Erweiterung unseres Sortiments und die diversen Behörden-Inspektoren. In der Zwischenzeit hat Gab bei der Bank angefangen, und tatsächlich bringt sie nebenbei noch die Energie auf, ein- oder zweimal pro Woche die Abendschicht zu übernehmen. Alles in allem scheint das Schlimmste überstanden, und es sieht nach einem vielversprechenden Sommer aus. Der Einzige, der seinen Platz noch nicht gefunden hat, bin ich.

Selbstentblößung

Einen Monat nach dem Anthologie-Debakel bei der *Paris Review* finde ich heraus, welche Strafe George für mich auserkoren hat: Ich werde nach Chicago abkommandiert.

George will, dass zwei Redakteure die Chicago Book Fair besuchen, laut Werbung der Veranstalter »die größte Buchmesse des Mittleren Westens«. Die *Review* hat bei allen großen Buchmessen traditionell einen eigenen Stand – offenbar hat George eine Art Vision, dass wir abseits der Manhattaner Schicki-Micki-Verlagsszene in Kontakt mit ganz gewöhnlichen Lesern kommen, die urplötzlich einen unersättlichen Appetit auf Hochliteratur entwickeln und sofort die *Review* abonnieren. Und genau das ist auch der Grund, warum wir Redakteure Buchmessen so hassen. Und zwar keineswegs, weil wir etwas gegen ganz normale Leser hätten – im Gegenteil –, sondern weil es geradezu frustrierend unrealistisch ist, Normalbürgern ein durch und durch verkopftes Magazin wie die *Review* andrehen zu können.

Als Brigid und ich an einem Junimorgen in Chicago ankommen, schneit es – Löwenzahnsporen oder irgendwelche anderen weißen Pflanzensamen. Es tut gut, zur Abwechslung aus New York herauszukommen, und eigentlich hatten wir gedacht, in den Great Plains endlich wieder einmal tief durchatmen zu können. Tatsächlich aber verstopfen mir die Pollen im Nu die Nase, und innerhalb kürzester Zeit fühlt sich mein Kopf an, als sei er aus demselben halb fertig gebackenen Teig wie die klebrigen Zimtschnecken, die uns am Flughafen von den Werbe-Hostessen einer Fastfood-Kette aufgedrängt werden.

Auf der Messe selbst läuft es auch nicht besser. Nachdem wir unseren Stand eingerichtet haben, verkaufen wir genau ein Abo – an den Herausgeber eines Literaturmagazins namens *Thin Paper* oder so ähnlich, wobei wir im Gegenzug seine Zeitschrift abonnieren müssen. Eigentlich scheinen zwei Buchmessen im Gange zu sein. Auf der einen tummeln sich Dan Brown, der Autor von *Sakrileg*, und weitere zweitausend Bestseller-Schreiber, die Aberhunderte von schwitzenden, neugierigen Menschen mit reichlich Kindern im Schlepptau anziehen. Die andere, an der Brigid und ich teilnehmen, ist ein Ghetto von Literaturzeitschriften, Autoren-Workshops und ökomarxistischen Verlagskollektiven, das sich in einer stillen, drei Blocks entfernten Straße nahe einer Reihe von Dixi-Klos befindet.

Ab und zu verirrt sich jemand von der Bestseller-Messe in unsere Ecke. »Und Sie sind extra aus Paaah-ris hierhergekommen?«, fragt uns eine Frau. Sie hält ihre zwei rotznäsigen Kinder fest an den Schultern, als befürchte sie, die Kleinen könnten sich bei näherem Kontakt in metrosexuelle Euro-Intellektuelle verwandeln. Ein älterer Mann mit einer John-Deere-Mütze kommt zu uns an den Stand und verkündet, dass er unser Magazin unter keinen Umständen abonnieren werde, solange wir die feige Haltung unserer Regierung im Kampf gegen den Terror nicht an den Pranger stellen.

»Wir sprechen mit dem Präsidenten«, seufzt Brigid.

Gegen Mittag haben uns die brütende Hitze, die Pollen und die mehr oder minder desinteressierten Messebesucher so geschafft, dass wir uns in die hinterste Ecke unseres Stands zurückziehen und uns einigen mitgebrachten Manuskripten widmen – das Schöne an unserer Arbeit ist, dass wir jederzeit großartige Geschichten lesen können. Brigids Stapel ist fünfmal dicker als meiner. Sie hat den härtesten Job in der Redaktion, womöglich sogar den härtesten in der gesamten Verlagsbranche. Für gewöhnlich sind Chefredakteure furchteinflößende Gestalten, die ihren Mitarbeitern die Daumenschrauben anlegen und sie bis in ihre Träume verfolgen – eisenharte Arschtreter, die dafür sorgen, dass der Rest der Mannschaft stramm steht, seiner Arbeit nachgeht und die Abgabetermine einhält. Mit dem kleinen Unterschied, dass unserem Herausgeber Abgabetermine reichlich schnuppe sind. George will ein Magazin, das es ihm erlaubt, in letzter Sekunde alles umzuwerfen, stundenlang über einem Satz zu brüten oder Redakteure auf Buchmessen zu schicken, auf denen sie absolut nichts bewirken können. Deshalb hat er Brigid zur Chefredakteurin berufen – eine freundliche, etwas schüchterne Lyrik-Expertin aus Buffalo, die garantiert niemand mit Attila dem Hunnen verwechseln würde. Während die anderen Redakteure Däumchen drehen und sich die Zeit mit Spiegelfechtereien vertreiben, muss sie irgendwie dafür sorgen, dass die *Review* viermal im Jahr wenigstens halbwegs pünktlich erscheint – eine Aufgabe, die zuweilen kaum zu bewältigen ist.

Plötzlich legt Brigid abrupt ihre Manuskripte beiseite. »Ich kündige«, platzt sie heraus.

»Was ist denn jetzt los?«, frage ich stirnrunzelnd. »Warum? Wann denn?«

»Nach der nächsten Ausgabe. Ich bin mit den Nerven am Ende. Ich kann nicht mehr. «

»Hat es was mit der Anthologie zu tun?« Auch Brigid hat einiges abbekommen, als George uns wegen der Anthologie die Leviten gelesen hat.

Sie schüttelt den Kopf. »Nein, darum geht's nicht. Ich bin jetzt seit sieben Jahren bei der *Review* und fühle mich inzwischen komplett ausgebrannt. Früher hat es mir Spaß gemacht, in einem Verlag zu arbeiten, in dem nicht alles komplett durchorganisiert ist, aber mittlerweile haben wir so viele Baustellen, dass es mal ein anderer versuchen sollte.«

Bei der Vorstellung, dass Brigid uns im Stich lassen könnte, bricht mir der kalte Schweiß aus. »Aber warum? Mach dir keine Sorgen, das kriegen wir schon wieder in den Griff.«

»Ich habe keine Lust mehr, mich mit George herumzustreiten. Soll er doch machen, was er will. Schließlich ist es ja seine Zeitschrift.«

»Wenn er bloß nicht so stur wäre.«

Brigid zuckt mit den Schultern. »Ich habe mich jedenfalls genug aufgerieben. Es wird Zeit, dass ich mir was anderes suche.«

»Aber du könntest wenigstens erst mit George reden.«

Brigid verdreht die Augen. »Hast du's in letzter Zeit

mal versucht?« Sie erzählt mir eine Geschichte.: Neulich hatte ein englischer Journalist angerufen und angeboten, ein Interview mit dem französischen Avantgarde-Autor Alain Robbe-Grillet zu führen, und George hatte eingewilligt, obwohl er mit experimenteller Literatur eigentlich nichts anfangen kann; nur hatte leider nicht daran gedacht, Brigid oder sonst jemandem Bescheid zu geben. »Außerdem hatte er vergessen, dass die *Review* vor fünfzehn Jahren schon mal ein Interview mit Robbe-Grillet gebracht hat. Tja, und als es ihm wieder eingefallen ist, bekam er ein so schlechtes Gewissen, dass er dem armen Journalisten ein exorbitantes Ausfallhonorar zahlen wollte – und darüber haben wir uns völlig zerstritten.«

In diesem Moment läutet Brigids Handy. Auf dem Display steht Georges Nummer.

Sie hält mir das Handy hin. »Geh du dran.«

»Ich? Du bist doch die Chefredakteurin.«

»Du bist mir was schuldig«, gibt sie zurück. »Oder muss ich dich an die Sache mit der Anthologie erinnern?«

Ich nehme das Handy.

»Hallo?«, sage ich zögernd.

»Hi ho!«, donnert mir Georges Stimme vom anderen Ende entgegen. Anders als bei unserem letzten Zusammenstoß ist er offensichtlich bester Laune. Ich kann ihn nur schwer verstehen, aber anscheinend war er gestern Abend auf einer superschicken Party mit lauter angesagten Schriftstellern, auf der es offenbar auch ein Riesenfeuerwerk gab, von dem er unbedingt erzählen will ... das Übliche also.

»George«, unterbreche ich ihn. »Hier auf der Messe ist die Hölle los. Gibt's irgendwas Bestimmtes?«

»Na ja, ich wollte nur mal fragen, wie's bei euch läuft.«

»Wie's bei uns läuft?« Ich lasse meinen Blick schweifen, während ich überlege, wie ich die Katastrophe am besten in Worte fassen kann. In der Tat ist jede Menge los. Es wimmelt nur so von Besuchern, aber wenn sich jemand an unseren Stand verirrt, dann meist nur, um uns mit blöden Fragen aufzuziehen – zum Beispiel, ob wir auch Pommes frites verkaufen oder wann wir das letzte Mal geduscht haben.

»Ganz hervorragend, George«, platze ich heraus. »Die Leute hier sind wirklich sehr ... aufgeschlossen und interessiert.«

»So muss es sein!«, brüllt mir George begeistert ins Ohr. »Und wie viele Abos habt ihr bis jetzt verkauft?«

Ich druckse herum, aber er lässt nicht locker. »Zwanzig? Fünfzig? Hundert? Jetzt sag schon!«

»Ehrlich, George, ich weiß es nicht. Ich habe nicht mitgezählt.«

»Ich verlange ja gar keine genaue Zahl, aber mehr als fünfundzwanzig sind es doch bestimmt, oder? Schließlich seid ihr in Chicago, einer der größten Städte der Welt, und da werden sich ja wohl ein paar neue Leser finden lassen!«

»Ja, George, fünfundzwanzig sind es garantiert.« Und dann reite ich mich noch weiter in die Scheiße, indem ich ihm prophezeie, dass wir garantiert doppelt so viele Abos abschließen werden.

Brigid mustert mich mit großen Augen, während sie mit den Lippen die Worte formt: »Spinnst du?«

»EXZELLENT! Du hast genau die richtige Einstellung! Also dann, bis bald. Bravo, bravo!«

Klick.

Brigid schlägt die Hände über dem Kopf zusammen.

»Keine Sorge«, sage ich. »Ich nehm's auf meine Kappe. Wenn George ausflippt, kann ich ihm immer noch erzählen, ich hätte den Umschlag mit den Abo-Formularen verloren.«

»Das meinte ich nicht. Er wird nicht sauer sein, sondern deprimiert. Schlechte Nachrichten gehen ihm in letzter Zeit echt an die Nieren.«

Wir widmen uns wieder unseren Manuskripten und warten darauf, dass der Tag zu Ende geht. *Was für eine Farce*, denke ich. Als wäre es noch nicht genug, dass wir hier keinen Fuß auf den Boden kriegen und pausenlos von Dan-Brown-Fans durch den Kakao gezogen werden, müssen wir uns jetzt auch noch beim Nachhausekommen für unser Scheitern rechtfertigen.

Du liebe Güte. Was können wir denn dafür, wenn sich die Dinge nicht so entwickeln, wie George es sich erhofft hat? Mit einem Mal bin ich nicht mehr frustriert und bedrückt, sondern schlicht sauer. Die Kopfschmerzen, die mich seit unserer Ankunft quälen, sind mittlerweile verflogen, und plötzlich habe ich das Bedürfnis, etwas *zu tun*, statt den ganzen Wahnsinn weiter passiv über mich ergehen zu lassen.

Und so beschließe ich, mich nützlich zu machen und Abos an den Mann zu bringen. In unserem Laden habe ich ja schließlich auch kein Problem damit, Produkte zu verkaufen. Und wenn es peinlich wird? Ach was. Mein Leben ist ohnehin eine endlose Abfolge von bizarren

Begegnungen mit wildfremden Menschen – und jetzt werde ich endlich ein paar Abos verkaufen, selbst wenn mich die Leute wegen seltsamer europhiler Tendenzen an die Sitte verpfeifen!

»Entschuldigen Sie!«, spreche ich eine junge Frau an, die gerade an unserem Stand vorbeigeht. »Wer ist ihr Lieblingsautor?« Zuerst blickt sie mich verblüfft an – *Ich wollte eigentlich nur zur Toilette*, scheint ihre Miene zu sagen –, doch dann steht sie mir tatsächlich Rede und Antwort. Ihr Lieblingsautor ist Ian McEwan – bingo! Ich drücke ihr eine unserer letzten Ausgaben in die Hand, in der ein langes Interview mit Ian McEwan abgedruckt ist.

»Hmm«, sagt sie. »Ja, das nehme ich.«

»Wie wär's mit einem Jahres-Abonnement?«, frage ich im Gegenzug. »Diese Ausgabe kriegen Sie gratis obendrauf.«

»Gemacht«, gibt sie zurück. Und schon habe ich das erste Abo verkauft! So mir nichts, dir nichts, und dabei ist sie nicht mal Redakteurin bei einem anderen Literaturmagazin.

Nach diesem unverhofften Erfolg bin ich bereit, mich richtig ins Zeug zu legen, auch wenn das bedeutet, dass ich dazu weit über meinen eigenen Schatten springen muss. Verkaufen ist seit jeher ein absolutes Tabu für mich, aus dem einfachen Grund, weil man dabei *Leidenschaft* zeigen muss. Wenn man etwas verkaufen will, steht man quasi splitternackt da, in all seiner Bedürftigkeit (»Bitte, bitte, kaufen Sie mir ein Abo ab!«). Und für einen weißen angelsächsischen Protestanten ist es natürlich nicht in Ordnung, sich Blöße zu geben – es sei denn, man heißt George Plimpton.

»Welcher Autor hat Sie in letzter Zeit so begeistert, dass Sie sofort das nächste Buch von ihm lesen wollten?«, spreche ich die Leute an. »Lesen Sie gern? Oder haben Sie früher gern gelesen? Finden Sie nicht die richtige Lektüre, würden aber eigentlich gern mehr lesen? Was würden Sie sagen, wenn ich Ihnen etwas zu lesen gebe, über das Sie garantiert alles andere auf der Welt vergessen, inklusive Ihres Handys und Ihrer schreienden Kinder? Na, wäre das vielleicht etwas für Sie? Dann kommen Sie doch bitte mal hier rüber. Hier, werfen Sie mal einen Blick in die neueste Ausgabe unseres Literaturmagazins – so etwas wie diese Geschichte haben Sie im Leben noch nicht gelesen!«

Klar, das war jetzt ein wenig übertrieben. Bei den meisten Leuten muss ich gar keine besondere Überzeugungsarbeit leisten. Wenn jemand eine Buchmesse besucht, kann man schließlich davon ausgehen, dass er sich für Literatur interessiert – man muss ihm nur helfen, *seine* Hemmungen zu überwinden.

Und plötzlich läuft es wie am Schnürchen. Die Leute bleiben stehen, besuchen unseren Stand, blättern in unseren Ausgaben, und zu guter Letzt kaufen sie dem armen Idioten, der lauthals die Werbetrommel rührt, aus Mitleid noch ein Abo ab. Einige zumindest, und die reichen schon.

»Titelgeschichten über Hemingway, Faulkner oder V. S. Naipaul, den Top-Schreiber aus Trinidad – eine Sammlerausgabe gratis, wenn Sie uns für ein Jahr abonnieren!«

»Du hörst dich an wie ein Marktschreier«, flüstert Brigid. »Aber mach weiter, es funktioniert.«

»Toni Morrison vom Feinsten«, rufe ich. »Don DeLillo in Superlativform!« Und plötzlich geht mir auf, dass ich trotz all meiner Abenteuer als Ladenimpresario im vergangenen halben Jahr nichts, aber auch gar nichts verkauft habe – nicht aktiv jedenfalls. Aus dem einfachen Grund, weil man sich in einem Deli mit den Kunden keine Mühe geben muss; meist tut man so, als wolle man ihnen die Kehle durchschneiden, stopft ihren Mist in die bereitliegenden Tüten und starrt sie finster an, bis sie den Laden wieder verlassen. Dabei ist Dienst am Kunden der nächste logische Schritt – und auch in diesem Punkt lassen sich Parallelen zwischen George Plimpton und unserem Laden ziehen. Wenn George uns Redakteure auf Buchmessen schickt, versucht er uns damit klarzumachen, dass sich selbst etwas so »nobles« wie Literatur eben nicht von selbst verkauft. Er jagt uns hinaus auf die freie Wildbahn, um uns vor Augen zu führen, dass es durchaus befreiend sein kann, die Trommel zu rühren, statt sich immer nur bescheiden zurückzuhalten – und nicht zuletzt, weil man dabei lernt, sich selbst nicht allzu ernst zu nehmen.

Am frühen Abend haben Brigid und ich über fünfzig Abos verkauft. Damit sind zwar nicht mal unsere Spesen gedeckt, aber während sich die Messebesucher verstreuen und dicke, pechschwarze Gewitterwolken hinter dem Sears Tower aufziehen, bleiben wir noch ein wenig länger an unserem Stand und genießen die letzten warmen Sonnenstrahlen.

»Lass uns mal das Geld zählen«, sagt Brigid und nimmt einen dicken Packen Scheine aus einem Briefumschlag. Dann stopfen wir die verbliebenen Ausgaben der *Review* in die Kartons, die nun um einiges leichter geworden sind, und tragen sie zu unserem Mietwagen, ehe ein Wolkenbruch epischen Ausmaßes auf uns niedergeht.

***

Zwei Wochen später gehe ich wieder in die Redaktion. Mittlerweile scheint die *Review* endgültig den Bach hinunterzugehen. Zwar herrschte auch sonst jede Menge Chaos, aber inzwischen stapelt sich die ungeöffnete Post noch höher als sonst, die Spüle ist randvoll mit schmutzigem Geschirr, und ich wage es nicht, den Anrufbeantworter abzuhören, weil mir davor graut, womöglich Dutzende von Schimpfkanonaden über mich ergehen lassen zu müssen. Unsere Herbstausgabe soll in wenigen Wochen in Druck gehen, und bis jetzt ist nicht einmal klar, welche Beiträge überhaupt erscheinen sollen – ganz abgesehen davon, dass sich außer mir niemand in der Redaktion aufhält, da alle Kollegen in Urlaub sind.

Nur George hält die Stellung. Er hat sich oben hinter seinem Schreibtisch verschanzt und sitzt an seinem neuen Buch, besser gesagt, an der ersten Seite. Wie so viele Schriftsteller starrt er wie gelähmt auf das weiße Blatt, und für eine Ausrede, etwas anderes zu tun zu haben, würde er jederzeit eins seiner weniger wichtigen Organe verkaufen. Aber er gibt sich alle Mühe, wie die verzweifelten Laute beweisen, die vom oberen Stockwerk durch die Decke dringen. Erneut höre ich ihn aufstehen, dann wieder in seinen schweren Ledersessel sinken; wenige Minuten später knarrt der Boden abermals, dann schaltet er den Fernseher an. Und sobald das Telefon klingelt, geht George dran, bevor ich auch nur die Hand nach dem Hörer ausstrecken kann.

»Hallo?«, sagt er. »Hallo? Hallo?« Aber er hat einfach kein Glück. Wieder ist es nur ein Bekannter von irgendeinem Redakteur, nicht mal ein wütender Autor, der bislang kein Honorar bekommen hat.

Seit meiner Rückkehr aus Chicago graut mir vor diesem Moment. Früher oder später wird er herunterkommen und mit mir reden wollen. Nur worüber? Über die katastrophalen Zustände in der Redaktion? Soll ich ihm erzählen, dass Brigid die Nase voll hat? Auch andere wollen kündigen, wie ich weiß. Soll ich ihm reinen Wein einschenken oder um den heißen Brei herumreden? Wie wird er reagieren, wenn ich ihm sage, dass wir aus dem letzten Loch pfeifen? Wird er sauer sein? Enttäuscht? Oder einfach bloß mit den Schultern zucken?

Um Viertel nach zehn rennt George um ein Haar den Postboten über den Haufen, der gerade hereingekommen ist. Dann tritt er an meinen Schreibtisch.

»Kümmere dich nicht um mich«, sagt er stirnrunzelnd. »Ich suche bloß nach den Druckfahnen, die ich gestern Abend hier liegengelassen habe.« Er beginnt, in den Stapeln auf Brigids Schreibtisch herumzustöbern, womit er endgültig alles komplett durcheinander bringt. »Verdammt noch mal, wie soll man in diesem Chaos etwas finden? Wie sieht es hier überhaupt aus? Warum zum Teufel ist hier niemand? Gibt's eigentlich auch mal einen Tag, an dem hier jemand zur Arbeit erscheint?«

»Äh, Sie haben doch selbst gesagt, alle sollten sich Urlaub nehmen, George. Letzte Woche, erinnern Sie sich nicht?«

George mustert mich nachdenklich. »Tatsächlich?« Letzte Woche war er noch bester Laune, aber da hatte er eben auch noch nicht mit seinem neuen Buch begonnen. »Ja, natürlich«, fährt er dann mit leiser Stimme fort. »Na, ist doch wunderbar, wenn man ein bisschen Zeit für seine Familie hat.« Georges eigene Familie verbringt die Sommerferien in den Hamptons, und auch Georges Freunde und Bekannte sind fast allesamt in Urlaub gefahren.

»Nun ja, dann will ich dich nicht weiter stören«, sagt George. Aber ich höre nicht, wie sich die Tür hinter ihm schließt; stattdessen höre ich das desperate Herumkramen eines Mannes, der sich nach Gesellschaft sehnt. Er wühlt in weiteren Papieren, blättert in Zeitschriften und Büchern, und alle naselang dringt ein leiser Seufzer an meine Ohren. Schließlich spüre ich, dass er direkt hinter mir steht. Ein Hauch von Scotch weht mir in die Nase, als er sich über meine Schulter beugt.

»George?!«

»Woran arbeitest du gerade, wenn ich fragen darf?«

»Ich versuche zu *lesen*.« Ich drehe mich mit dem Stuhl zu ihm herum. »Die Herbstausgabe soll in drei Wochen erscheinen, und bis jetzt haben wir kaum Beiträge zusammen. Macht Ihnen das keine Sorgen?«

»Und ob. Was hast du gesagt? In drei Wochen?«

Ich nicke.

»Du liebe Güte, das wird wirklich knapp. Aber für einen kleinen Drink findet man immer Zeit, oder? Komm doch mit rauf, und ich mixe uns schon mal was Schönes…«

»George, es ist noch nicht mal Mittagszeit!«

»… während du ein paar nette Girls einlädst.«

»George!«

»Wie, kennst du keine netten Mädchen? Egal, komm mit nach oben, und dann bestellen wir uns ein paar Sandwiches im nächsten Deli.« Er klopft mir auf die Schulter. »Natürlich nicht in deinem, hehe.«

Oben angekommen, fällt mir sofort auf, wie verändert die Wohnung der Plimptons aussieht. Die de Koonings und Warhols hängen noch an den Wänden, ebenso wie der Wasserbüffelkopf und die anderen Safaritrophäen, doch ohne seine Familie scheint George komplett aufgeschmissen zu sein. Tatsächlich wirkt das Apartment, als würde hier ein ewiger Student hausen – überall liegen Styroporverpackungen aus dem China-Restaurant und schmutzige Klamotten herum. Auf den Regalbrettern stehen halbleere Cocktailgläser und ein voller Aschenbecher, und auf dem Billardtisch liegt eine zerknüllte Packung Marlboro.

»Also«, sagt George, dessen Stimmung sich rapide zu bessern scheint. »Ich habe schon über unsere nächste Ausgabe nachgedacht, unter anderem natürlich auch darüber, wen wir interviewen könnten.«

»Wen denn?« Bei der Redaktionskonferenz letzte Woche haben wir darüber bereits lang und breit diskutiert. Die Interviews sind seit jeher das Herzstück unserer Ausgaben, und zum fünfzigjährigen Jubiläum der *Paris Review* benötigen wir einen echten Knaller, jemanden vom Kaliber eines Solschenizyn, Eco oder Murakami.

»Niminam!«, platzt George triumphierend heraus.

Niminam? Ist das ein afrikanischer Autor? Ich bin leider kein großer Kenner exotischer Autoren, aber George für gewöhnlich auch nicht. Im ersten Moment überrascht es mich, aus seinem Mund einen Namen zu hören, der mir überhaupt nichts sagt, doch dann geht mir auf, wen er tatsächlich meint.

»Sie meinen Eminem?«

»Ja, genau, den Freistil-Sänger. Kannst du mal seinen Agenten anrufen und einen Termin vereinbaren? Hättest *du* nicht Lust, das Interview zu führen?«

»Klar, George.«

»Ganz hervorragend übrigens, wie ihr beiden in Chicago abgeräumt habt. Ihr müsst unbedingt auch zur Buchmesse nach Akron fahren.«

Das Telefon klingelt, und George hebt ab.

»Hallo?« Am anderen Ende ist Georges Agent, der offenbar wissen will, wie George mit seinem Buchprojekt vorankommt. »Ja, alles bestens.« Er zwinkert mir zu. »Die Wörter fließen mir geradezu aus den Fingerspitzen. Du hast mich mitten im Satz unterbrochen! Übrigens, in unserer Jubiläumsausgabe bringen wir ein Interview mit diesem großartigen Rapper, Numnum! Ben übernimmt die Sache.«

Ich werde zunehmend nervös und gehe nach nebenan in Georges Wohnzimmer. Vielleicht sollte ich doch mit George über Brigid reden – womöglich habe ich vor Erscheinen der Herbstausgabe keine Gelegenheit mehr dazu. Was aber, wenn ihm das den Rest gibt?

Alles steht und fällt mit Georges Vorstellung von der idealen Literaturzeitschrift. Brigid hat recht: Letztlich ist es sein Magazin, und das muss man respektieren. Aber geht es nicht doch ein wenig seriöser? Warum übernimmt George nicht mehr Verantwortung? Ist der Spaß- und Hemdsärmligkeitsfaktor tatsächlich ein so unverzichtbarer Bestandteil der *Review* oder am Ende vielleicht nur eine willkommene Entschuldigung für George, sich nicht seiner Arbeit widmen zu müssen?

»Ah, da bist du ja.« George betritt das Wohnzimmer. »Unsere Sandwiches sind eingetroffen.«

Wir gehen in die Küche und setzen uns. Dann greift George mal wieder tief in die Anekdotenkiste; er kriegt nie genug davon, alte Geschichten zum Besten zu geben, egal wie oft er sie schon erzählt hat.

»... und ich sagte: ›Verdammt, Mann, lass uns hier schleunigst abhauen.‹ Aber wir konnten nicht raus aus der Höhle, und außerdem war es so bullenheiß, dass ich keine andere Wahl hatte, als meine Hose auszuziehen ...«

Während er weiterredet, sticht mir einmal mehr das Vogelnest aus weißem Haar ins Auge, das Georges Haupt ziert. Gelegentlich ist es so durcheinander, dass es an die chaotische Haartracht Andy Warhols erinnert. Heute sieht er eher aus wie ein greiser Popper – ein paar Strähnen fallen schlaff über sein eines Auge, bei deren Anblick ich mich unwillkürlich frage: *Müssen wir nicht alle irgendwann erwachsen werden? Sogar George?*

»Solche Biester hatte ich noch nie im Leben gesehen. Es lief mir eiskalt über den Rücken, und ...«

»George ...«

»Schlangen, überall Schlangen, und dazu all das Züngeln und Zischen, während der Hubschrauberpilot versuchte, die Leiter zu uns herunterzulassen ...«

»George ...«

»Was ist denn los, Ben?«

Die faltige Haut um Georges Augen sieht aus wie altes Pergament; sein Kinn hängt leicht herunter, und seine

Brust hebt und senkt sich vor Erregung, wenn er in alten Erinnerungen schwelgt. *Müssen wir nicht alle irgendwann erwachsen werden?*

Urplötzlich zieht George eine ernste Miene und steht abrupt auf.

»Ich muss dir was zeigen, Ben. Warte mal 'ne Sekunde.«

Zwei Minuten später kehrt er mit einem Karton zurück, der randvoll mit Zeitschriften ist, und stellt ihn mir auf den Schoß.

»Was ist denn das?«

»Sieh's dir an.«

Ich fördere das oberste Magazin zutage – eine uralte Ausgabe von *Sports Illustrated*. Unter einer der Schlagzeilen sticht mir Georges Name ins Auge.

»Einer meiner allerersten Artikel«, sagt er.

Es handelt sich um eine Reportage, in der George seine Abenteuer als »professioneller Amateur« in der Welt des Sports beschreibt – kein Wunder, denn als ebensolcher hat er sich ja auch als Autor, Verleger und Schauspieler hervorgetan. Beim nächsten Magazin handelt es sich um eine alte Ausgabe von *Esquire*, die ebenfalls mit einer Story von George aufwartet – der ganze Karton ist voll mit frühen journalistischen Arbeiten von ihm.

»Seit vierzig Jahren habe ich mir die alten Sachen nicht angesehen«, sagt er und lehnt sich zurück. Sein Sandwich hat er kaum angerührt, aber mir entgeht nicht, wie sein Blick durch die offene Küchentür sehnsüchtig Richtung Hausbar fliegt.

»Warum nicht?«

»Weil ich dachte, ich würde einen roten Kopf kriegen,

wenn ich all das noch mal lese. Ich hatte Angst, hinterher würde sich herausstellen, dass ich eigentlich gar nicht schreiben kann, sondern in Wirklichkeit bloß ein Hochstapler bin.«

»Und? Waren Ihre Befürchtungen ... gerechtfertigt?« Ich kann nicht glauben, dass George sich mit derartigen Ängsten herumschlägt. Auf mich hat er noch nie einen unsicheren Eindruck gemacht. »Fanden Sie im Nachhinein irgendetwas peinlich?«

»Ja, das eine oder andere schon. Aber im Großen und Ganzen ...« Abrupt hält er inne. Ich weiß, was er sagen will, aber Eigenlob ist nicht Georges Sache. Trotzdem ist es ihm wichtig, über seine ersten Gehversuche als Autor zu sprechen, also ermutige ich ihn, es einfach rauszulassen.

»Na ja, manches war wirklich nicht schlecht, wenn ich das mal so sagen darf«, bringt er mit zusammengebissenen Zähnen hervor.

Unser gemeinsames Mittagessen nimmt eine seltsam gefühlige Wendung. Urplötzlich bin ich dazu gezwungen, den psychologischen Nothelfer zu spielen, obwohl ich für diese Rolle komplett ungeeignet bin, gar nicht davon zu reden, dass George mich mehr als nur ein bisschen einschüchtert. Und nun soll ich ihm Fragen stellen, obwohl doch er der Meister im Fragenstellen ist, der Tausende von Interviews geführt und seinen Gesprächspartnern mit leichter Hand die intimsten Geheimnisse entlockt hat. Na schön, ich habe selbst ein paar Interviews für die *Review* geführt, aber unser Stil könnte nicht unterschiedlicher sein. George ist subtil und einfühlsam, während ich der Maxime »Es gibt keine dummen Fragen« jedes Mal neue Dimensionen erlabere. Und es gefällt mir ganz und gar nicht, dass George nun auch noch direkt mitbekommt, was für ein untalentierter Stiesel ich bin.

Wie auch immer, ich habe keine Chance, mich irgendwie aus der Nummer herauszuwinden. George will sich etwas von der Seele reden, und er braucht jemanden, der ihm zuhört.

»Fühlen Sie heute anders als zu der Zeit, als Sie mit dem Schreiben angefangen haben?«, frage ich.

George mustert mich leicht irritiert und runzelt die Stirn. *Viel zu vage,* schießt es mir durch den Kopf. Ist ja wohl logisch, dass er sich in all den Jahren verändert hat. Doch dann verblüfft er mich mit seiner Antwort.

»Ich bin ein anderer Mensch«, erwidert er scharf. »Nun ja, jedenfalls war ich weiß Gott kein Naturtalent als Autor. Ich habe mir alles selbst beigebracht, sprich, als Autodidakt.«

»Hatten Sie Fürsprecher? Mentoren?« Schon besser: eine konkrete Frage.

George sinniert über Paul Gallico, einen Sportreporter und Schriftsteller, der sein Vorbild für das Rollenmodell des »professionellen Amateurs« war, doch meine Frage scheint ihn eher zu langweilen.

»Und stilistisch? Haben Sie jemanden imitiert?«

Die Frage lässt George ebenso kalt. Ich treffe einfach nicht ins Schwarze. Es gelingt mir nicht, das aus ihm herauszukitzeln, worüber er mit mir sprechen will.

»Was nervt Sie an Ihrem Job an meisten, George?« frage ich frei heraus.

Urplötzlich hellt sich seine Miene auf.

»Die öffentlichen Auftritte«, erwidert er. »Wie ich es hasse, repräsentieren zu müssen. Oh, wie mir diese verdammten Reden zum Hals heraushängen.« Er schüttelt den Kopf. »Jedes Mal sterbe ich fast vor Lampenfieber.«

Einen Augenblick lang verstehe ich überhaupt nichts mehr. Das Wörtchen »Lampenfieber« bedeutet, dass George nicht gern im Mittelpunkt steht, und das sieht ihm alles andere als ähnlich. Der George, der sonst auf der Bühne steht, Partygäste umgarnt oder vor Autogrammjägern Hof hält, wirkt stets wie derselbe Mensch, als der er in der Redaktion oder zu Hause auftritt. Seine Maske sitzt perfekt, doch jeder, der George ein wenig besser kennt, fragt sich gelegentlich – ob es ihn wirklich glücklich macht, die ganze Zeit über »George« darstellen zu müssen, ob er manchmal nicht einfach laut losbrüllen will, wie sehr es ihn anstinkt, von morgens bis abends den Charmebolzen zu spielen.

»Wie?«, frage ich ungläubig. »Es gefällt Ihnen nicht, im Rampenlicht zu stehen?«

Er runzelt die Stirn. »Wie ich das manchmal hasse«, stößt er hervor. Sonst verwendet George das Wort »Hass« nie. »Diese verdammte Nervosität! Und jedes Mal diese Angst, dass ich versage. Es ist zum Kotzen!«

Von der Nonchalance, die George für gewöhnlich an den Tag legt, ist heute nichts zu sehen. Er wirkt müde und abgespannt. Während ich wie vom Donner gerührt bin, da mein Bild von George, dem ewigen Kind, das keinerlei Selbstzweifel hegt, nie auch nur eine Sekunde mit sich hadert, komplett auf den Kopf gestellt worden ist. Denn warum sollte jemand etwas tun, das er hasst, es sei denn aus Pflichtbewusstsein?

»Ganz ehrlich, George, ich habe immer gedacht, Sie würden sich dabei bestens amüsieren.«

»Tja, wie du siehst, bin ich ein echter Hochstapler.« Und dann spielt ein winziges Lächeln um seine Lippen, als gefalle ihm der Gedanke.

Und so endet meine Sitzung als Amateurpsychologe; ich nehme an, dass George ebenso erleichtert ist wie ich selbst. Bleibt die Frage, ob er tatsächlich etwas von sich preisgegeben hat. Wir unterhalten uns noch ein Weilchen, ehe unausweichlich das Telefon klingelt (»Hallo, Sunny, na, wie geht's? Ja, ich bin so gut wie durch, noch ein paar Seiten, dann ist die Sache gelaufen. Guter Vorschlag, ja, zufälligerweise habe ich heute Abend Zeit ...«) und George wie so oft abgelenkt wird. Leise verlasse ich seine Wohnung und fahre nach Staten Island zurück.

Arbeitsentfremdung

New Yorker verbringen eine Menge Zeit in Delis. Für uns ist es durchaus ein gewohnter Anblick, wenn ein und derselbe Kunde fünf- oder sechsmal am Tag in unserem Laden auftaucht. Für manche Leute ist er eine Art zweites Zuhause; die einen kommen im Pyjama oder mit ihrem zahmen Leguan, andere wiederum streifen halbe Ewigkeiten zwischen den Regalen herum, während sie lautstark Privatgespräche auf ihrem Handy führen. Ihr Heischen nach Aufmerksamkeit hat etwas ziemlich Pubertäres an sich; sie wollen unbedingt beachtet werden, doch gleichzeitig spielt dabei auch eine gewisse Überheblichkeit mit, so nach dem Motto: »Wie, hast du's noch nicht mitbekommen? Wir sind hier in New York, und jetzt krieg dich wieder ein.« Tja, und natürlich haben sie recht. Was wäre New York ohne seine ungehobelten Bürger? Und wo sollen sich die Leute danebenbenehmen, wenn nicht im Lebensmittelladen um die Ecke?

Für New Yorker sind kleine Läden letztlich öffentliche Orte; hier führen sie sich auf, wie sie es in einem Restaurant nie wagen würden. Neulich kam eine Kundin herein und hielt mir eine leere Getränkedose hin, die ich für sie entsorgen sollte. Anschließend drückte sie mir allerlei alte Bons und Zettel aus ihrer Tasche in die Hand, die ich ebenfalls in den Müll werfen sollte, und zu schlechter Letzt ging sie zu ihrem Wagen und kam mit allen möglichen leeren Styroporverpackungen und Pappbechern zurück. Ich kam mir vor wie ein Müllkutscher und hätte ihr am liebsten ein paar unfreundliche Takte angesagt, hielt mich dann aber zurück. Aus einem ganz einfachen Grund: Besser, den Müll der Leute entgegenzunehmen, statt ihn hinterher vom Gehsteig aufklauben zu müssen.

Ebenso fällt es mir schwer, Nein zu sagen, wenn jemand unsere Toilette benutzen will, insbesondere wenn der- oder diejenige mit verzerrtem Gesicht vor einem steht und sich die Magengegend hält. Selbst wenn man kein Mitgefühl empfindet, macht man sich doch zumindest Sorgen, inwiefern der Laden in Mitleidenschaft gezogen werden könnte, wenn man der betreffenden Person die Benutzung des stillen Örtchens verweigert.

Das eigentliche Problem besteht darin, dass die meisten Leute nicht die Höflichkeit besitzen, sich anschließend wenigstens mit dem Kauf einer Packung Kaugummi zu bedanken. Wäre ich ein besserer Mensch, würde ich wohl keinen Gedanken daran verschwenden, aber das dauernde Kloputzen lässt mein Mitgefühl jedes Mal rapide schwinden, und so starre ich nur finster vor mich hin, statt mich maliziös zu erkundigen: »Na, haben Sie unsere versteckte Kamera bemerkt?«

Extrem nervig ist auch, wenn Kunden das einsetzen, was ich den »Platzhalter« nenne: Jemand betritt unseren Laden, greift sich irgendetwas aus den Regalen und stellt es an die Kasse, ehe er seinen Einkauf fortsetzt und sich dann vor den anderen Kunden einreiht, da er ihnen ja seinen Platzhalter vor die Nase gestellt hat.

Das System hat übrigens null Logik. Würden alle Kunden Platzhalter benutzen, gäbe es ein Chaos ohnegleichen, und am Ende würden sich alle gegenseitig mit Cornedbeef-Dosen den Schädel einschlagen.

Die Nummer mit dem Platzhalter ist derart asozial, dass die anderen Kunden völlig perplex aus der Wäsche schauen. Natürlich wollen sie, dass ich meine Autorität heraushängen lasse und ein Machtwort spreche – was ich meist tunlichst vermeide, da mit den Leuten, die einen Platzhalter einsetzen, in aller Regel nicht gut Kirschen essen ist.

Aber natürlich gibt es auch eine Kehrseite der Medaille: Nervige Kunden mögen schlimm sein, doch nervige Deli-Aushilfen stehen ihnen für gewöhnlich in nichts nach. Neulich war ich in einem schicken koreanischen Deli in SoHo. Der Laden war menschenleer, was die leicht verbissen wirkende Frau hinter der Kasse aber nicht davon abhielt, den Preis jedes einzelnen Schokoriegels, den ich aus dem Regal nahm, sofort in die Tasten zu tippen. Da ich mich nicht unter Druck setzen lassen wollte, legte ich ein paar Sachen wieder zurück ins Regal und nahm stattdessen etwas anders, was die Frau jedoch nicht im Mindesten zu beirren schien.

Manchmal treiben es New Yorker einfach zu weit mit ihrer Ungeduld und der völlig unnötigen Hektik, die sie verbreiten. Aber die Vorgehensweise der Frau zeigte fraglos den gewünschten Effekt: Ich wollte den Laden nur noch möglichst schnell wieder verlassen, und schließlich war ich so sauer, dass ich meine Brieftasche kaum aus der Jacke bekam. In jenem Moment hasste ich sie aus vollem Herzen, und zu allem Überfluss gab es auch noch das übliche Problem mit den Geldscheinen: Statt ihr nur einen der druckfrischen Zwanziger zu reichen, die ich erst vorhin aus dem Geldautomaten gezogen hatte, hielt ich ihr gleich vier Scheine hin.

»Das ist aber reichlich Trinkgeld«, gackerte sie.

Ich wollte beiläufig erklären, meine Fingerspitzen seien lediglich taub von der kalten Winterluft, doch aus einem unerfindlichen Grund brachte ich kein Wort hervor. Die Frau musterte mich argwöhnisch, während ich mit offenem Mund vor ihr stand. *Warum sind Sie noch hier?*, schien ihre Miene zu fragen. *Machen Sie sich endlich vom Acker!*

»Ich bin kein Tourist!«, schnauzte ich sie unvermittelt an.

Doch es war zu spät. Ich fühlte mich gedemütigt, als ich draußen auf dem Gehsteig stand, und fragte mich, wann sich mir die nächste Chance bieten würde, mich in dieser Stadt zu beweisen.

Meine Schwiegermutter übt eine ähnliche Wirkung auf andere aus. Sie ist der Archetyp eines bestimmten New Yorker Menschenschlags – jener Leute, die so viele Opfer erbracht und so hart gearbeitet haben, um hier leben zu können, dass man unwillkürlich Ehrfurcht vor ihnen empfindet. *Was machst DU hier? Wie hast DU dir deinen Platz in dieser Stadt VERDIENT?* Mit anderen Worten: Es sind nicht nur Menschen wie Gab, die sich verzweifelt bemühen, dem Vorbild ihrer Eltern gerecht zu werden, sondern wir alle. New York lässt einfach nicht zu, dass man sich zurücklehnt und entspannt – hier leben so viele Menschen, die ihr Glück machen wollen und bereit sind, fast alles zu tun, um hier auch bleiben zu können.

***

Einen Monat nach Emos Ankunft fahre ich mit Kay zu Jetro, einem Lebensmittelgroßhandel am Brooklyner Hafen. Jetro ist das Mutterschiff aller Delis, ein riesiges Warenhaus, das bis unters Dach mit Katzenfutter, Käse-Nachos, Telefonkarten und allem anderen nur denkbaren Kram vollgestopft ist. Zwischen den Regalen schlurfen ein paar Männer mittleren Alters herum, deren Klamotten so aussehen, als hätten sie darin geschlafen. Im Grunde ist es genauso wie bei Wal-Mart, nur schmutziger; außerdem gibt es keine Klimaanlage. Die Schilder an den Regalreihen sind englisch, koreanisch, spanisch und arabisch beschriftet, wenn auch ziemlich schwer zu lesen, da Jetro auch an der Beleuchtung spart.

Wir haben unsere offizielle Jetro-Mitgliedskarte dabei, die uns als Deli-Inhaber ausweist (als würden das nicht schon unsere blutunterlaufenen Augen tun). Normale Kunden sind nicht zugelassen. Die Preise liegen knapp unter denen anderer Großhändler, aber der wahre Grund, warum Deli-Betreiber aus der ganzen Stadt hierherkommen, liegt darin, dass Jetro keine Lieferanten beschäftigt, die die Waren per Laster vom Lager zu den Läden bringen. Die Fahrer können einem nämlich gelegentlich echte Kopfschmerzen bereiten: Ganz abgesehen davon, dass es sich meist nicht um sonderlich freundliche Zeitgenossen handelt, bringen sie es immer wieder fertig, einem beispielsweise die bestellte Palette mit Klopapier erst zwei Tage später zu liefern, obwohl man einen Aufpreis für die Expresslieferung bezahlt hat. Jetro hingegen gestattet seinen Kunden, die Waren selbst zu transportieren – was natürlich heißt, dass man mit eigenem fahrbarem Untersatz anrücken muss.

Ob das tatsächlich vernünftig ist, steht auf einem anderen Blatt. Doch Inhaber kleiner Geschäfte machen für gewöhnlich ohnehin alles selbst, so oder so. Es liegt in ihrer Natur. Ein Lieferant besitzt freilich einen Transporter und wird obendrein dafür bezahlt, dass er seine Muskelkraft zur Verfügung stellt. Und da die Betreiber von Jetro nur allzu genau wissen, wie ihre Kunden ticken, sagen sie einfach: *Sie wollen die Ware selbst transportieren? Kein Problem, sehen Sie sich selbst in unserem Lager um – aber passen Sie auf, dass Sie nicht unter einen unserer Gabelstapler geraten.*

Ich halte Ausschau nach einer Parklücke, die so nahe wie möglich beim Eingang liegt, damit wir unser »U-Boot« (so heißen die großen Einkaufswagen bei Jetro) hinterher nicht quer über den von Schlaglöchern übersäten Parkplatz schieben müssen. Kay stößt mich in die Rippen und deutet zur Ladezone hinüber. »Na los, mach dir wegen der paar Minuten doch nicht ins Hemd.«

Und das ist erst der Anfang der Demütigungen, die meine fünfundfünfzigjährige Schwiegermutter an diesem Vormittag für mich auserkoren hat. Einkaufen mit Kay hat meinem Selbstwertgefühl noch nie besonders gut getan. Wenn wir bei Jetro sind, gerät sie jedes Mal unweigerlich in Streit mit anderen Ladeninhabern, wenn sie mit dem Einkaufswagen zwischen den Regalen hindurchpflügt und ich den Friedensstifter spielen muss, bevor es zu Handgreiflichkeiten kommt. Sie rempelt andere an, meckert über die Preise und gebärdet sich wie eine Hexe, während ich neben ihr hereile und gute Miene zum bösen

Spiel zu machen versuche, wohl wissend, was die Blicke der anderen Kunden zu bedeuten haben: *Hat die Alte komplett den Verstand verloren?* Kay zieht gnadenlos ihr Ding durch, Angst oder Scham scheinen ihr komplett fremd zu sein. Inzwischen ist mir längst klar, dass ich mir keine Illusionen zu machen brauche: Im normalen Arbeitsleben werde ich meiner Schwiegermutter in tausend Jahren nicht das Wasser reichen können.

Und da ich schon beim Thema Arbeit bin: Kay ist drauf und dran, sich zu Tode zu ackern, und es wird höchste Zeit, dass wir einen Weg finden, sie daran zu hindern. Die körperlichen Anstrengungen der letzten sieben Monate – inklusive der kraftraubenden Abstecher zu Jetro – haben deutliche Spuren bei ihr hinterlassen. Einerseits ist sie schlanker und kräftiger als je zuvor. Als ich sie gestern durchs Schaufenster dabei beobachtete, wie sie draußen auf dem Gehsteig stand und eine Parliament rauchte, stach mir ins Auge, wie geschmeidig ihre Oberarmmuskeln geworden sind. Als ehemalige Näherin besitzt Kay seit jeher kräftige Schultern und Oberarme, doch mittlerweile wirkt sie regelrecht durchtrainiert. Andererseits passieren ihr häufig Missgeschicke. Erst neulich fiel ihr bei Jetro ein Karton mit Dosensuppen auf den Fuß, und mit ihrem rechten Schultergelenk steht es schon lange nicht mehr zum Besten – weshalb ich ihr bei Jetro zu Hilfe eile und Kartons mit Duftbäumchen und El-Bubble-Kaugummi in den Einkaufswagen hieve.

»Was ist besser?« Kay hält mir zwei Großpackungen Kondome unter die Nase. »Mögen es die Kunden lieber gefühlsecht oder mit Noppen?«

Ich fasse es nicht – ist ausgerechnet ihr noch nicht aufgefallen, dass ich quasi seit Beginn meiner Pubertät eine feste Beziehung zu ihrer Tochter pflege? Ich nehme ihr beide Packungen aus den Händen und werfe sie in unser U-Boot. »Komm, lass uns voran machen.« Kay zuckt mit den Schultern, und weiter geht's. In der nächsten Reihe befinden sich alle möglichen Sorten Tiernahrung. Nichts, was einem irgendwie Probleme bereiten könnte, oder? Aber von wegen. Kaum habe ich ihr den Rücken zugedreht, versucht Kay auch schon, zwei Riesensäcke Katzenstreu in unseren Wagen zu hieven.

»He, das ist mein Job!«, protestiere ich. Die Katzenstreu-Säcke sind so schwer wie nasse Teppiche und haben keine Henkel, an denen man sie heben könnte. Sie sind so ziemlich das Schädlichste für den unteren Rückenbereich, das man sich vorstellen kann, außer vielleicht den 80-Pfund-Säcken Reis, die Kay beim koreanischen Großhandel zu kaufen pflegt.

Zu spät. »Schon erledigt«, erwidert Kay. Dann bittet sie mich, noch ein paar Packungen Küchentücher aus der angrenzenden Reihe zu holen. *Seufz.* Als ich mich umdrehe, sehe ich mit Schrecken, wie sie weitere Säcke mit Katzenstreu – reichern die das Zeug mit Blei an? – in unser U-Boot hievt. Ich habe nicht das Gefühl, ihr eine große Hilfe zu sein.

Selbiges Szenario erlebe ich jeden Tag in unserem Laden. Kay ist einfach nicht in der Lage, sich auch nur eine halbe Minute zu gedulden, bis ihr jemand unter die Arme greifen kann. Stattdessen packt sie lieber selbst an und schleppt die schwersten Kisten und Kästen zu den Regalen. Es ist ihr durch und durch fremd, irgendetwas auf die lange Bank zu schieben. Gab hat Kay bereits x-mal ins Gewissen geredet, aber man müsste ihr wohl die Arme auf den Rücken fesseln, um ihrem Arbeitseifer Einhalt zu gebieten.

»Was, wenn wir den Laden so erfolgreich machen, dass deine Mutter nicht mehr arbeiten muss?«, habe ich Gab erst gestern gefragt. Aber sie schüttelte den Kopf. »Sie würde trotzdem kommen. Wenn es um die Arbeit geht, traut sie niemandem, nicht mal Emo oder mir. Sie muss einfach alles selber machen.«

Diese Bemerkung geht mir nicht mehr aus dem Sinn. Offenbar ist Autarkie eine Art Zwangsverhalten und keineswegs etwas, das man von seinen Eltern lernt. Man verhält sich so, weil man schlechte Erfahrungen gemacht hat, und misstraut anderen Menschen von Grund auf, in der womöglich berechtigten Annahme, dass sie die Dinge ohnehin bloß schleifen lassen.

Um Kay davon zu überzeugen, dass sie es langsamer angehen sollte, muss ich herausbekommen, wie sie tickt. Aber wie soll man das Wesen eines Menschen verstehen, der aus einem völlig anderen Kulturkreis kommt? Mit Musikern oder Spitzensportlern geht es mir ähnlich – ich weiß genau, dass ich nie auch nur im Mindesten an sie heranreichen werde.

Ich will hier keineswegs den Eindruck erwecken, dass ich Kay für eine gnadenlos funktionierende Menschenmaschine halte. Fakt ist, dass ihre Generation während des Korea-Kriegs grauenhafte Dinge erlebt hat – Massaker, Bombardierungen, Vertreibung –, über die sie prinzipiell kein Wort verliert. Und auch in den Vereinigten Staaten haben die Paks offenbar ausgesprochen unschöne Erfahrungen gemacht; Genaues weiß ich nicht, da auch diese nie thematisiert werden. Wie auch immer, die Summe ihrer Erfahrungen scheint Kay hart gemacht und ihr Bewusstsein geschärft zu haben.

Nachdem wir Küchentücher und Tierfutter besorgt haben, machen wir uns auf in die Abteilung für Körper- und Gesundheitspflege. Wie sich herausstellt, hat das Wellblechdach über der Abteilung ein Leck; zwar brennt draußen die Sonne vom Himmel, doch da es nachts geregnet hat, ist der Boden komplett überschwemmt, und alle Küchentücher dieser Welt würden wohl nicht ausreichen, um die Fluten zu beseitigen, die um unsere Knöchel spülen. Das Management von Jetro schert sich selbstredend einen feuchten Kehricht um das Malheur.

Kay und ich wechseln einen Blick. Hätten wir vielleicht besser ein Schlauchboot mitgenommen? Auf der schwarzen Sauce treiben Taubenfedern, Optimo-Zigarren und andere Dinge, und während wir durch das Wasser waten, überlege ich bange, ob womöglich irgendwelche Starkstromleitungen offenliegen. Aber da inzwischen eine Bullenhitze unter dem Wellblechdach herrscht, ist mir die kleine Abkühlung sogar willkommen; Kartons mit Tampons und Windeln auf den Schultern, bahne ich mir den Weg durch die Regalreihen, wobei ich mir vorstelle, dass ich an einer Reality-Gameshow teilnehme – *Kauf dich zu Tode!* könnte sie heißen – und das Publikum zu stehenden Ovationen hinreiße. Während ich, Schweiß auf der Stirn, mit nasser Hose durch die Kühlwarenabteilung hetze und dabei riskiere, mir eine Lungenentzündung einzufangen, widerhallt nervöses Gelächter in meinen Ohren. Und ich bin drauf und dran, mit in das Lachen einzustimmen, als mir plötzlich einfällt, dass wir auch Kays Gesundheit aufs Spiel setzen.

***

Nach unserem Ausflug zu Jetro machen wir noch einen kleinen Abstecher zu Screaming Eagle, einem anderen Geschäft, das von Jemeniten betrieben wird.

Während Jetro mir immer wieder auf die Nerven geht, freue ich mich auf diese Einkaufstour. Screaming Eagle ist kleiner, auch dreckiger als Jetro, aber der junge Inhaber – Walid heißt er – steht einem jederzeit mit Rat und Tat zur Seite; außerdem ist sein Laden ein integraler, wenn auch obskurer Bestandteil unseres Viertels, der mir ohne unser Abenteuer im Tante-Emma-Land nicht bekannt wäre.

Auf dem Weg dorthin verspüre ich wie immer den Drang, schneller zu fahren. Es ist nun einmal nicht die beste und vor allem eine ziemlich einsame Gegend; für gewöhnlich ist weit und breit niemand zu sehen. Man parkt vor einer Reihe anonymer Lagerhäuser mit Laderampen. Hinter einer der Rampen befindet sich der Eingang zu Walids Etablissement; mir ist nach wie vor schleierhaft, wie Kay ihn findet, da nirgendwo ein Schild ist. Auf dem Asphalt liegen Scherben. Wir parken neben einem aufgebockten Wagen ohne Räder und betreten das Gebäude durch die halb offene Schiebetür.

»Huhu!«, ruft Kay, ehe sie ihre Zigarette mit dem Absatz austritt und behände eine im Dunkel liegende Treppe erklimmt. »Ich bin's, die alte koreanische Lady. Jemand zu Hause?«

Es gibt keine Klingel, keinen Empfangsraum. Stattdessen tastet man sich mehr oder weniger einfach durch das Dunkel (Kay zieht es wie üblich vor, trotz ihres schlimmen Beins in einem Tempo nach oben zu rauschen, bei dem ich beim besten Willen nicht mithalten kann), bis man die nächste Tür erreicht. Im ersten Moment fühlt man sich, als würde man gleich einen Kerker, eine geheime Waffenkammer oder eine Opiumhöhle betreten, doch dann steht man in einem trübe beleuchteten Raum voller Männer mit knöchellangen Gewändern, ehrwürdig wirkenden Bärten und Mienen, in denen sich jedes Mal Verwunderung und Missvergnügen spiegeln, egal wie oft wir auch kommen. Im Hintergrund läuft Musik aus dem Nahen Osten, die jedoch abrupt verstummt, wenn wir eintreten. Einige der Männer verlassen schnurstracks den Raum, als sie Kay erblicken. Dann begrüßt uns Walid, während die übriggebliebenen Kerle wieder an ihre Arbeit gehen, einen schier endlosen Berg von Kartons aufschlitzen, in denen sich alle möglichen elektronischen Geräte, Hygieneprodukte und Zigarettenstangen befinden, die sie in die Regale verfrachten. Alle naselang werfen sie uns misstrauische Blicke über die Schulter zu.

Auf den ersten Blick scheint Screaming Eagle kein legales Unternehmen zu sein, sondern Teil einer dubiosen Schattenwirtschaft. Im Wesentlichen ist Walid ein Zwischenhändler im globalen Warenstrom und vertickt Produkte wie Rasierklingen, Zahnweiß, iPod-Kopfhörer und Akkus, die auf dem Weg vom Hersteller zum Händler bisweilen auf geheimnisvolle Art und Weise verloren gehen. Nehmen wir zum Beispiel Babymilch, einen der teuersten Artikel im Supermarktregal: Es gibt kaum ein

Produkt, das bei Untergrund-Händlern so beliebt ist wie eine 25-Dollar-Dose Enfamil, weil die weltweite Nachfrage konstant groß und der Preis gleichbleibend hoch ist. Mit dem illegalen Verkauf von Similac und Enfamil werden mehrere hundert Millionen Dollar jährlich umgesetzt, weshalb sich selbst Al-Qaida und die Hisbollah dafür interessieren. Doch im Unterschied zu vielen anderen derartigen Läden in Brooklyn ist Screaming Eagle kein Outlet des von Terroristen gesteuerten Babymilch-und-Zahnweiß-Markts (zumindest hatten die städtischen Inspektoren bei der Überprüfung unseres Ladens noch nie etwas gegen Walids Produkte einzuwenden).

Plötzlich komme ich mir vor wie ein Eindringling. Walids Mitarbeiter, die allesamt so nervös wirken wie frisch angekommene Einwanderer, starren immer wieder verstohlen zu uns herüber. Vielleicht haben sie etwas gegen uns; die meisten Einzelhändler, die bei Screaming Eagle einkaufen, kommen aus dem Nahen Osten, wie eben auch Salim, der uns den Laden empfohlen hat. Wie auch immer, Kay und ich – die asiatische Großmutter im hautengen T-Shirt und der glattrasierte weiße Bursche – scheinen den Männern nicht sonderlich zu behagen.

Es spricht für Kays Charakterstärke, Mut oder was auch immer, dass sie offenbar die einzige Frau ist, die je einen Fuß in Walids Hallen setzt. Normalerweise kümmern sich koreanische Frauen ausschließlich um den Laden. Ihre Männer sieht man weit seltener und oft nur in ihren Golfklamotten, wenn sie gegen Abend mal nach dem Rechten sehen. Die Arbeit des Ehemanns besteht im Großen und Ganzen darin, morgens die schweren Stahlrollläden zu öffnen, ehe er zum Golfplatz fährt. Nun ja, nicht ganz: Manche übernehmen auch den Einkauf bei Großhändlern wie Jetro oder Hunts Point in der Bronx. Da Edward aber einen eigenen Beruf hat, kümmert sich bei uns Kay darum, dass uns nicht die Waren ausgehen.

Nun ist Kay ganz in ihrem Element; das ist eine Shopping-Tour nach ihrem Geschmack. Eifrig macht sie sich daran, den Inhalt von Walids Kartons zu inspizieren. Man braucht Mumm, um sich in Walids Höhle zu wagen, und nicht zuletzt Adleraugen, um die echten Top-Angebote zu erkennen. Wenn sie schließlich alles beisammen hat, geht ein erbarmungsloses Gefeilsche los. Der Besuch bei Walid lohnt sich immer, aber selbst wenn die Preise nicht ganz so günstig wären, würde Kay wohl trotzdem regelmäßig hierherkommen. Hinterher fragt sie mich immer, was ich über den Jemen und den Nahen Osten weiß, aber ich kann ihr nur sehr wenig Informationen liefern. Zwar sieht es aus, als ginge es Kay nur ums Geschäft, doch gleichzeitig ist sie auch neugierig. *Was sind das für Menschen? Was tun sie hier? Wie denken sie über uns?*

Womit wir wieder bei denselben Fragen wären, die mich in puncto Kay beschäftigen.

✳✳✳

Gabs Cousin Jung kommt sonntags zum Grillen vorbei, und während wir im Garten plaudern, vertraue ich ihm an, wie schwer es mir fällt, Kays Wesen zu verstehen. »Tja«, sagt er lachend. »Ihre Generation ist was ganz Spezielles. Wahrscheinlich weiß sie selbst nicht, wie sie tickt.«

»Was meinst du damit?«

»Ich gebe dir mal ein Beispiel.« Jung erzählt, dass er neulich im koreanischen TV einen Beitrag über koreanische Hausfrauen in Kays Alter gesehen hat, die an etwas leiden, was man als »Hyperehrgeiz-Syndrom« übersetzen könnte.

»Diese Frauen sind in einem Korea aufgewachsen, das gerade noch zur Dritten Welt gehörte«, fährt er fort. »Hühner und Schweine im Garten, kein fließend Wasser, Donnerbalken hinterm Haus, so musst du dir das vorstellen.« In den sechziger Jahren hatte sich Korea dann von einem der ärmsten Länder der Welt quasi abrupt zu einer der technologisch fortschrittlichsten Industrienationen entwickelt, mit einer geradezu futuristisch anmutenden Kommunikationsinfrastruktur und weltweit führenden Elektronikgiganten wie Samsung. Jung ist erst vor ein paar Tagen aus Seoul zurückgekehrt und sagt, dass die Vereinigten Staaten im Vergleich mittlerweile nahezu rückständig anmuten – »Wir liegen zehn Jahre zurück«, wie er es ausdrückt. Der gesellschaftliche Wandel ging so rasant vonstatten, dass jene Frauen, die Jung als »hyperehrgeizig« bezeichnet, eine Art »Zukunftsschock« erlitten.

Gabs Vater ist ein gutes Beispiel. Seine Familie stammt aus einem Dorf namens Dogae, wo sie der Familienlegende zufolge über sechzig Generationen lang angesiedelt war. Edwards Vorfahren lebten bereits in Dogae, als die Mongolen im dreizehnten Jahrhundert über Korea herfielen; als die Japaner dreihundert Jahre später zum ersten Mal das Land plünderten und verwüsteten, waren sie immer noch da. Und als die Russen und die Amerikaner Korea nach dem Zweiten Weltkrieg in zwei Staaten teilten, herrschten dort immer noch mehr oder weniger die gleichen Verhältnisse. Mit dem kleinen Unterschied, dass die Generation, die nun dort lebte, anders war als ihre Ahnen. Als Edward das Dorf verließ, ging er nicht etwa in die benachbarte Kleinstadt oder nach Seoul, sondern gleich ans andere Ende der Welt.

Kays familiärer Hintergrund war ein wenig kosmopolitischer; sie stammte aus einer wohlhabenden nordkoreanischen Familie, die Waren aus der Mandschurei importierte. Das Anwesen ihrer Eltern war so groß, dass es acht Einfahrtstore hatte, und selbst als das Land Hungersnot und Besatzung erdulden musste (die Japaner hatten Korea im Jahr 1910 annektiert und hielten es bis Ende des Zweiten Weltkriegs unter ihrer Knute), wurden Kays ältere Geschwister vom Chauffeur zur Schule gefahren und genossen vielerlei andere Annehmlichkeiten. Dann aber, als Nordkorea anno 1948 ein kommunistischer Staat wurde, verlor die Familie ihren gesamten Besitz. Kays Vater, der dem Regime wegen seiner antikommunistischen Aktivitäten ein Dorn im Auge war, wurde verhaftet und ins Arbeitslager gesteckt. Seine Familie entging dem gleichen Schicksal nur dadurch, indem sie ihren Besitz liquidierte. Der Erlös wanderte in die Taschen eines Onkels von Kim Il Sung, dem künftigen Diktator Nordkoreas. Anschließend floh die Familie nach Südkorea, wo Kay geboren wurde.

Kays Eltern waren gebildete Leute; ihre Geschwister hatten die Oberschule besucht (ein Privileg, das der Elite vorbehalten war) und zum Teil sogar studiert. Doch war sie aufgrund der angespannten finanziellen Situation nun gezwungen, ihre Familie zu unterstützen und Geld zu verdienen. Da sie eine wunderschöne Stimme hatte, schloss sie sich einer Gesangsgruppe an, die bei Hochzeiten und Taufen auftrat; sie war noch ein Teenager, als sie Edward kennenlernte, der bei der südkoreanischen Marine diente.

Auch Edwards Leben war durch die schwierigen Zeiten aus den Fugen geraten, doch während Kays Kindheit von dramatischen Turbulenzen geprägt worden war, hatte er nirgends wirklich Wurzeln schlagen können. Während des Zweiten Weltkriegs waren Edwards Eltern nach Japan gegangen; sein Vater hatte dort in einem Zinnbergwerk gearbeitet und war schließlich an Lungenkrebs gestorben. Als Einzelkind traf es ihn umso härter, als seine Mutter nach ihrer Rückkehr nach Korea einen Westentaschentyrannen heiratete, der ihm das Leben zur Hölle machte. Kaum war er volljährig, ging er zur Marine und wurde nach Übersee geschickt. Er war gerade auf Landurlaub, als er Kay begegnete, die damals als Empfangsdame in einer Jugendherberge in Seoul arbeitete. Nach der Hochzeit stach er gleich wieder in See, und so sollte es lange Jahre weitergehen.

Kay musste fortan mit Edwards tyrannischem Stiefvater unter einem Dach leben und ihren Schwiegereltern praktisch als Sklavin dienen. Der verkrüppelte Stiefvater betrieb eine Gemischtwarenhandlung und fing jeden Morgen um zehn mit dem Trinken an, sobald die Tageslieferung *makkali* (billiger Reisweinfusel, auch als »Bauernschnaps« bekannt) eingetroffen war. Gegen Mittag bebten die Wände, wenn er mit donnernder Stimme seine Moralpredigten hielt. Wenn Edwards Mutter einkaufen ging, gab ihr Mann vor, bis wann die Besorgungen erledigt sein mussten, und verspätete sie sich auch nur eine Minute, schleppte er sich zur Tür und murmelte immer wieder »Eines Tages bringe ich die Kuh noch um«, wobei er sich mit einem Kugelhammer auf den Handteller schlug. Kay musste kochen, die Wäsche machen und den Laden sauber halten. Jede Nacht weinte sie sich in den Schlaf, in den Ohren das Zischen der Schlangen, die draußen auf dem Flur in Käfigen gehalten wurden, da ihr Schwiegervater nichts lieber als Schlangensuppe aß.

»Und du beschwerst dich, weil wir bei meinen Eltern wohnen und du im Laden mithelfen musst?«, sagte Gab neulich, als wir an einem windigen Nachmittag einen kleinen Spaziergang an der zugebauten Küste von Staten Island unternahmen. »Dich zwingt wenigstens niemand, Schlangensuppe zu kochen.«

Schließlich gelang es Kay, sich bei ihrem Schwiegervater so unbeliebt zu machen, dass er sie wegen Ungehorsams achtkantig aus dem Haus warf. Nun stand sie auf der Straße, doch eine Reihe von Kunden, die sie aus dem Laden kannten, sammelten für sie, so dass sie schließlich eine winzige Wohnung mieten konnte. Kurz darauf schied Edward aus dem Militärdienst aus; zuletzt hatte er ein Schulungsprogramm für Ingenieure absolviert, das von der U. S. Navy gesponsert worden war, und hoffte nun, mit seinen in den Maschinenräumen von Zerstörern erworbenen Kenntnissen Arbeit in der Industrie finden zu können. Kay sang wieder auf Hochzeiten und Taufen und wurde schließlich schwanger. Sie versuchten sich häuslich einzurichten, doch innerhalb eines

Jahres zog es Edward wieder auf See. Während des nächsten Jahrzehnts arbeitete er für verschiedene Reedereien und war so gut wie nie zu Hause, sondern befand sich Abertausende von Meilen von Korea entfernt.

Kay kam zu dem Schluss, dass ihre Tage als Hochzeitssängerin gezählt waren; sie wollte eine lukrativere Karriere einschlagen. Auch wenn sie ab und zu Schecks aus Danzig, Valparaiso oder Seattle erhielt, wusste sie nie genau, wann Geld eintrudeln würde. Glücklicherweise hatte ihre ältere Schwester Sook Ja gerade eine Bäckerei im Stadtzentrum von Seoul eröffnet und benötigte dringend eine Aushilfskraft. Und ehe Kay sich versah, leitete sie den Laden.

Wer eine Bäckerei betreibt, muss morgens um drei aus den Federn; nicht gerade der ideale Job, um gleichzeitig Kinder zu erziehen. Doch erneut hatte sie Glück: Edwards Stiefvater war vor Kurzem gestorben und Edwards Mutter zu ihr gezogen. Während sie sich um die Kinder kümmerte, gelang es Kay, die Bäckerei zu einem der beliebtesten Cafés von Seoul zu machen.

Täglich herrschte Hochbetrieb. Die Bäckerei befand sich in einem der angesagtesten Viertel der Stadt, sie wurde von vielen südkoreanischen Prominenten frequentiert. Kleine Cafétischchen luden zum Verweilen ein, und zudem beschäftigte Kay eine ganze Reihe hübscher Bedienungen, die zum Teil auch in ihrem Apartment wohnten.

Innerhalb weniger Jahre war das Café so erfolgreich geworden, dass Kay zu expandieren beschloss. Sie eröffnete ein Restaurant, das auf Kuttelsuppe spezialisiert war, jenes Gericht, das in Korea traditionell zu Mittag gegessen wird, und kaufte ein größeres Haus, um mehr Schlafplätze für ihre Angestellten zu haben. Besonders stolz war sie auf ihren brandneuen Hyundai Pony, mit dem sie täglich zur Arbeit fuhr.

Kay hatte kein Problem damit, ihren Wohlstand zur Schau zu stellen. »Wenn sie mit ihrem Hyundai unterwegs war, ließ sie immer das Fahrerfenster herunter, damit die Leute sie sehen konnten«, hatte mir Gab einmal erzählt. Wenn sie nach der Arbeit mit ihren Freundinnen um die Häuser zog, trug sie glitzernden Schmuck und hochhackige europäische Schuhe, die sie so sehr liebte. Zu jenem Zeitpunkt war Korea in einem geradezu fieberhaften Wandel begriffen; extreme Umweltverschmutzung und hohe politische Instabilität (Putschversuche, Streiks, Attentate) waren die Folge, doch Kay scherte sich nicht weiter darum. Zwanzig Jahre zuvor wären sie und Edward wohl nach Dogae zurückgezogen und hätten ein nettes Bauernhaus bezogen, eigenes Gemüse angebaut und sich um ihren Nachwuchs gekümmert. Nun aber hatte sie beruflichen Erfolg in der Großstadt, und es gefiel ihr, den anderen zu zeigen, wie weit sie es gebracht hatte. Schon ihre Mutter war eine starke Frau gewesen, aber Kay war eine ganz andere Hausnummer. Für das, was sie erreicht hatte, gab es keine Rollenmodelle.

Dann aber hatte Edward die Nase voll davon, über die Weltmeere zu schippern. Er kehrte nach Hause zurück, und mit einem Mal war alles anders. Er hätte niemals darauf bestanden, dass Kay an den Herd zurückkehrte – dazu war er zu liberal, ganz abgesehen davon, dass kein Familiendespot in ihm steckte. Es stellte sich vielmehr folgende Frage: Was sollte *er* tun? Welche Rolle sollte er einnehmen, wie *seinen* Platz finden? Nahezu ein Jahrzehnt lang hatte er einen der gefährlichsten Berufe auf diesem Planeten ausgeübt, und als er in die Heimat zurückkam, erwartete ihn letztlich ein fremdes Land, das sich mitten in einer industriellen Revolution befand (und dann, Ende der Siebziger, auch noch in einer kurzen, aber schmerzhaften Rezession). Seine eigenen Kinder erkannten ihn kaum. Während er versuchte, in dieser seltsamen neuen Welt Fuß zu fassen, begann die Ehe der Paks aus den Fugen zu geraten.

Doch obwohl Kay als alleinerziehende Mutter viel Selbstvertrauen entwickelt hatte, traf sie der Gedanke, dass ihre Ehe scheitern könnte, wie der sprichwörtliche Hammerschlag. Als Frau in einer von Männern dominierten Gesellschaft hatte sie stets das Gefühl, dass sie gegen ein Naturgesetz des Universums verstieß, indem sie eine »Männerrolle« annahm. »Meine Mutter ist ziemlich zwiegespalten«, sagt Gab. »Einerseits ist sie so etwas wie eine Feministin und fest davon überzeugt, dass Frauen durchsetzungsfähig und unabhängig sein sollen – als ich aufgewachsen bin, hat sie oft gesagt, sie würde Frauen bewundern, die *inteli* sind, was so viel wie gebildet, energisch und zielbewusst bedeutet. Andererseits ist sie ebenso fest davon überzeugt, dass Frauen sich um den Haushalt und die Kinder kümmern sollten, und jede andere Vorstellung macht ihr eine Heidenangst. Für sie ist es undenkbar, dass eine Frau ›die Hosen anhat‹. Sie glaubt, dass dadurch jede Familie letztendlich kaputtgeht. Und da sie obendrein äußerst abergläubisch ist, nimmt sie sich solche Dinge sehr zu Herzen.«

Als Edward also nach Hause zurückkehrte und hauptsächlich Däumchen drehte, beschloss Kay, ihre eigene Unabhängigkeit aufzugeben, um ihre Ehe zu retten. Und schließlich hatte sie eine Idee. »Meine Mutter wusste, dass mein Vater in Korea nicht glücklich werden würde«, erklärte mir Gab. »Deshalb schlug sie vor, in die Vereinigten Staaten auszuwandern, ein Land, das er *kannte*.« Während des Schulungsprogramms für Ingenieure war er ein paar Monate an der Westküste stationiert gewesen. Dass ganz Korea gerade vom *migukpyong*, einer Welle der Amerika-Begeisterung, erfasst war, spielte Kay dabei obendrein in die Hände. Zwanzig Jahre zuvor waren so gut wie keine Koreaner in die USA ausgewandert, doch seit dem Hart-Celler Act von 1965, der das amerikanische Einwanderungsrecht deutlich gelockert hatte, waren mehr Koreaner eingewandert als Staatsangehörige irgendeiner anderen Nation, Mexikaner und Filipinos ausgenommen. Kay selbst, die nie in einem anderen Land gewesen war, interessierte sich nicht die Bohne für Amerika. Sie hasste amerikanisches Essen; amerikanische Kultur war ihr schnuppe, und sie hatte jede Menge Geschichten von Koreanern gehört, die in den Vereinigten Staaten für weniger Geld doppelt so viel arbeiten mussten. In Seoul pflegte man zu sagen, die Rückkehrer aus den Staaten könne man am Flughafen Gimpo daran erkennen, dass sie allesamt wie *guh-ji* – Obdachlose – aussähen. Außerdem ging das Gerücht, dass amerikanisierte Kinder ihre Familien im Stich lassen würden, was ihr zusätzlich Sorgen bereitete.

Mittlerweile leben etwa eine Million Menschen koreanischer Herkunft in den Vereinigten Staaten. Es gibt koreanische Radiosender, koreanische Zeitungen und koreanische Unternehmerverbände, die in Ballungszentren wie New York und Los Angeles erheblichen Einfluss besitzen. Koreanische Unternehmen arbeiten für gewöhnlich mit ihresgleichen zusammen; ihre Netzwerke sind weit verzweigt und binden vor allem auch soziale Organisationen wie etwa Kirchen mit ein.

Allerdings schienen Gabs Eltern Orte mit großen koreanischen Gemeinden unbewusst zu meiden; erst verbrachten sie zwei Jahre in Houston, ehe sie ins ländliche Ohio und schließlich nach Staten Island zogen, wo einem ein Koreaner für gewöhnlich nur alle Jubeljahre über den Weg läuft. Was es letztlich für sie nur noch schwieriger machte, sich im Land der tausend Möglichkeiten einzugewöhnen. Und wie Kay befürchtet hatte, mussten sie mit einem weit geringeren Lebensstandard als in Korea vorliebnehmen – sie steckten ihre gesamten Ersparnisse (buchstäblich alles, was Kay mit ihren zwei Cafés erwirtschaftet hatte) in einen kleinen Laden für Klimaanlagen. Erst hatten sie mit diversen Startschwierigkeiten zu kämpfen, und dann ging es jahrelang mal scheinbar auf–, dann wieder rapide abwärts. Bis Edward seinen Betrieb halbwegs etabliert hatte, waren die Paks gezwungen, in Trailerparks und Sozialwohnungen mit Ausblick auf Schnellstraßen und Friedhöfe zu hausen. Kay arbeitete tagsüber als Akkord-Näherin und abends als Kassiererin in Supermärkten, ganz abgesehen davon, dass sie nebenbei noch drei Kinder erziehen musste. Obwohl sie eigentlich vorgehabt hatte, das »traditionelle« Gleichgewicht zwischen Ehemann und Ehefrau wiederherzustellen und ganz zu Hause zu bleiben, musste sie mitarbeiten, um mit ihrer Familie überleben zu können.

Aber natürlich gab es ein Happy-End: Die Familie blieb intakt. In dieser Hinsicht lief alles bestens. Und nun, da unser Laden allmählich läuft, bietet sich nicht zuletzt die Chance, noch ein paar andere Dinge wiederherzustellen.

An dem Tag, an dem ich Kay durch das Schaufenster dabei beobachte, wie sie draußen auf dem Gehsteig eine Zigarette raucht, fühlt es sich an, als würden wir eine Art goldenen Moment miteinander teilen, und tatsächlich scheint alles um uns herum in eine Art sanften Schimmer getaucht zu sein. Zum einen liegt es daran, dass gerade die Sonne untergeht, und das Spätnachmittagslicht, das durch den Industriedunst über New Jersey fällt, kann man nur als pfirsichfarben bezeichnen. Für mich ist Brooklyn während eines langen sommerlichen Sonnenuntergangs am schönsten, zwar immer noch lebhaft und betriebsam, aber doch ein wenig leiser und gemächlicher, so dass man ein New York erlebt, das einen ausnahmsweise nicht schier erdrücken will. Im Lager packen unsere zwei neuen Aushilfen, ein adleräugiger Mexikaner namens Hector und ein dürrer Student namens Kevin, gerade eine Lieferung aus. Nachdem wir, Dwayne ausgenommen, erst einmal mit reichlich schwierigen Kantonisten vorliebnehmen mussten, haben wir endlich zwei fähige Männer gefunden, die sich darum reißen, so viele Schichten wie möglich übernehmen zu dürfen. Hector hat obendrein ein besonderes Talent: Er ist sozusagen eine Ein-Mann-Anti-Verlust-Schwadron; er durchschaut die Tricks der gewieftesten Lieferanten, die nur allzu gern etwas verschwinden lassen. Unsere Mannschaft arbeitet Hand in Hand – mit Emo an Bord funktioniert die Morgenschicht wie am Schnürchen, Dwayne vertreibt die Junkies, und Gab verhandelt mit Salims Gläubigern. Allmählich habe ich das Gefühl, dass wir unser Projekt doch noch in den Griff bekommen.

In der Nähe des Lagers stehen ein paar mexikanische Spüler und geben sich gepflegt die Kante mit einem Kasten Corona, den sie als Stammkunden zum Sonderpreis bekommen. Sie wohnen in einer von Chuchos Bruchbuden über uns und hängen seit Sommeranfang jeden Mittwochabend bei uns ab. Andere Stammkunden – wir kennen etwa ein Drittel unserer Kunden mit Namen – kommen herein und versammeln sich am Kassentresen; manche bleiben stundenlang. Sie bringen ihre Leguane und Hunde mit, telefonieren per Handy mit ihren Müttern oder nerven einfach nur, so wie der russische Limousinenchauffeur, der seine Lottozahlen quer durch den Laden zu brüllen pflegt, während ich gerade mit einem anderen Kunden spreche, oder die fette Frau in ihrer schier aus allen Nähten platzenden Stretchhose, die sich nie entscheiden kann, welches Sandwich sie nun nehmen soll, und den ganzen Betrieb aufhält. Einige der Stammkunden, die uns zwischendurch die Freundschaft aufgekündigt hatten, sind wieder da, Super Mario etwa, Barry, der an Narkolepsie leidende Taxifahrer oder der haitianische Kellner mit der Flüsterstimme, den alle nur den »General« nennen. Ich habe keine Ahnung, was sie zu uns zurückgetrieben hat – vielleicht sind wir inzwischen einfach ein wenig freundlicher, nachdem erst alles den Bach hinunterzugehen schien.

Ich habe aufgehört, den Kontrollfreak zu spielen, und mir gewissermaßen den puritanischen Stock aus dem

Hintern gezogen. Man kann einfach nicht alles im Griff haben. Bei dem Versuch, meinen Musikgeschmack durchzudrücken oder eine neue Kaffeesorte einzuführen, hatte ich gewissermaßen gehofft, damit auf etwas Größeres Einfluss nehmen zu können, vielleicht sogar auf meine eigene Ehe. Aber wie auch immer, alles kam noch viel schlimmer, als ich befürchtet hatte – zum alltäglichen Chaos addierten sich Dwayne, die Unsicherheit, was aus unserem Teil des Viertels werden würde, und nicht zuletzt die dauernden Streitereien zu Hause, die jede wie auch immer geartete Entscheidung unmöglich machten. Nach und nach ließ ich ab davon, mich um jeden Preis durchsetzen zu wollen. Inzwischen sehe ich die Dinge mit einer geradezu zen-artigen Gelassenheit, und ich glaube, dass meine innere Kehrtwende tatsächlich einiges bewirkt hat. Unser Sortiment kann man inzwischen einigermaßen ausgewogen nennen: Wir sind nicht mehr der Junkfood-Basar, der wir mal waren, haben es aber auch nur halbwegs zu dem Delikatessenladen gebracht, den ich im Auge hatte. Der Laden ist im besten Sinne eine Gemischtwarenhandlung, ein Zwitter. Im Grunde passt überhaupt nichts zusammen – wenn manche Kunden zum ersten Mal hereinkommen, blicken sie zunächst oft ziemlich perplex hin und her zwischen Lottomaschine und Dörrtofu, Starkbierfusel und edlem belgischem Trappistenbier. Aber ich habe meinen Frieden mit dem Durcheinander gemacht, ebenso wie die meisten Kunden. Das Leben ist schließlich auch ein ziemliches Drunter und Drüber, und in New York herrscht seit jeher eine kunterbunte Mischung. Dabei sollte man es auch belassen.

Das Schönste daran ist, dass ich nicht mehr so steif und zugeknöpft durchs Leben laufe. Im Umgang mit anderen bin ich von Natur aus eher nervös und stets ein wenig befangen, doch mittlerweile fühle ich mich in Gesellschaft fremder Leute fast wohler als im Kreis von Menschen, die ich gut kenne. Wenn man jeden Tag im Laden steht, ohne zu wissen, wer als Nächster hereinkommt, hat man kaum eine andere Wahl, als ein wenig von seiner Zurückhaltung aufzugeben und sich ein Stück weit mehr auf andere Menschen einzulassen. Und das ist auch gut so. Ganz ehrlich: Jeder sollte mal ein paar Wochen in einem Deli gearbeitet haben, finde ich.

Immer Ärger mit Dwayne

Inzwischen arbeite ich bereits über ein halbes Jahr mit Dwayne zusammen, doch bin ich mir nach wie vor nicht darüber im Klaren, ob er unser größter Aktivposten oder unsere größte Belastung ist. Einerseits haben wir einen Angestellten, der sechs Tage die Woche pünktlich zur Arbeit erscheint und uns auch des Öfteren an seinem freien Tag unter die Arme greift. Wenn er einmal bei der Arbeit ist, kann ihn keiner mehr stoppen, egal ob er gerade die Kühlschränke reinigt oder die Sonntagszeitungen auspackt. Außerdem riecht er jeden städtischen Beamten drei Meilen gegen den Wind, schreckt mit seiner Präsenz so gut wie jeden potentiellen Tunichtgut ab und macht die besten Sandwiches von ganz Brooklyn.

Andererseits kann Dwayne einem auch ziemliche Kopfschmerzen bereiten – sei es, dass er sich offen weigert, bestimmten Anweisungen Folge zu leisten, uns vor den Kunden widerspricht, die Kunden selbst unvermittelt anblafft oder vor ihnen schweinische Witze reißt, mal ganz abgesehen davon, dass er pausenlos von Kumpels und Verwandten im Laden besucht wird, die alles Erdenkliche tun, um ihn von der Arbeit abzuhalten. Und obwohl er uns eine Menge Ärger erspart, zieht er ihn gleichzeitig geradezu magisch an.

Tja, und dann wäre da noch die Sache mit den Waffen.

Ich hatte Dwayne von Anfang an im Verdacht, eine Waffe mit zur Arbeit zu bringen. Etwa zwei Wochen nach der Eröffnung – er ging mir mal wieder mit wilden Geschichten von Überfällen und Autodiebstählen auf die Nerven und hatte gerade geschildert, wie er einem Mann eine Gabel in die Wange gerammt hatte, weil dieser seine Freundin von der Seite angelinst hatte – fragte er mich: »Und wie sorgst du vor?«

»Äh, was?«

»Um dich verteidigen zu können.«

Ich traute meinen Ohren nicht, ganz zu schweigen davon, dass mir die Sache mit der Gabel nicht aus dem Kopf ging. Selbstverteidigung stand zu jenem Zeitpunkt nicht gerade an oberster Stelle meiner Prioritätenliste – ich hatte genug Probleme damit, mir den Preis für die Literdose Coors Light zu merken und während der Abendschicht nicht hinter der Kasse einzunicken. Trotzdem wollte ich Dwayne gegenüber nicht völlig naiv erscheinen, weshalb ich irgendetwas von wegen »Nicht dran gedacht« und »Salatgabel« in meinen nicht vorhandenen Bart murmelte, darauf hoffend, dass Dwayne sich damit zufriedengeben und mich in Ruhe lassen würde.

Er flippte derart aus, dass ich befürchtete, er würde gleich einen Schlaganfall bekommen. So wie er mir unsere Gegend schilderte, klang es, als habe es nie eine Gentrifizierung des Viertels gegeben, sondern als befänden wir uns nach wie vor mitten in einer urbanen Kampfzone. Früher oder später, zischte er mich an, würde unser Laden überfallen werden – das sei so sicher wie das Amen in der Kirche, und ich müsse mich dagegen schützen, wenn ich nicht riskieren wolle, zum Serienopfer irgendwelcher Dreckskerle zu werden, die im Zweifelsfall vor nichts Halt machen würden. Mich *nicht* auf einen Überfall einzustellen sei absolut keine Option.

»Und wie sorgst du vor?«, fragte ich.

Worauf Dwayne mir, wie üblich äußerst detailfreudig, ein Waffenarsenal aufzählte, das selbst Travis Bickle aus »Taxi Driver« einen kalten Schauder über den Rücken gejagt hätte. »Schlagstock, Fahrradkette, Wurfstern, Bolo, Tschako, Pfefferspray ...« Als er schließlich die Pistole erwähnte, die sich in seinem Besitz befand, wirkte dies eher wie eine Randbemerkung, obwohl es in New York ausgesprochen schwierig ist, eine Schusswaffenlizenz zu bekommen, von der Genehmigung zum *Tragen* einer Schusswaffe ganz zu schweigen. Was wiederum bedeutete, dass Dwaynes Knarre mit allerhöchster Wahrscheinlichkeit illegal war und er als Vorbestrafter (er hatte mal gesessen, aber ich hatte mich nie getraut, näher nachzufragen) ruck, zuck im Knast landen konnte – von dem Ärger, den wir uns einhandeln würden, gar nicht zu reden.

Ich persönlich verabscheue Schusswaffen. Nicht aus Überzeugung, sondern schlicht aus Angst. Seit jeher habe ich die Horrorvorstellung, dass Pistolen und Revolver urplötzlich von selbst losgehen können und die Kugeln so lange von den Wänden abprallen, bis sie in die nichtsahnende, unschuldige Stirn eines Nichtwaffenträgers einschlagen.

Deshalb bat ich Dwayne, seine Waffen künftig zu

Hause zu lassen. Erst sah er mich ungläubig an, doch schließlich lenkte er ein. Allerdings sollte ich schon bald herausfinden, dass Dwayne im Laden ohnehin seine eigenen Regeln aufstellte, und solange ich ihm nicht tagtäglich einheizte, würde sich garantiert auch nichts daran ändern. Falls er aber weiterhin einen Ballermann unter seinem weiten Overall (oder in seinem merkwürdig schweren Rucksack) verbarg, weihte er mich jedenfalls nicht ein, und gelegentlich fragte ich mich insgeheim, ob das nicht vielleicht sogar besser war. Und ich sollte noch erfahren, dass es manchmal gar nicht so schlecht ist, eine Schusswaffe in Reichweite zu haben. Blieb nur die Frage, ob es in diesem Fall unbedingt Dwayne sein musste, der den Finger am Abzug hatte.

An einem Donnerstag sitze ich an meinem Schreibtisch bei der *Review* und spreche mit Jack Kerouacs Anwalt in Boston, als urplötzlich die Leitung tot ist. *Habe ich irgendwas Falsches gesagt?*, frage ich mich, während ich ratlos auf den Hörer starre. Das Gespräch lief doch eigentlich bestens. Warum hat er aufgelegt? Was habe ich jetzt schon wieder verbrochen?

Im selben Augenblick merke ich, dass alle Computer in der Redaktion ebenfalls ausgefallen sind. Auch die Klimaanlage, die bis eben noch mit Macht gegen die gnadenlose Hitze angekämpft hat, läuft nicht mehr. »Stromausfall«, stellt einer meiner Kollegen fest, aber da der 11. September 2001 gerade mal zwei Jahre her ist, sind wir uns sehr wohl darüber im Klaren, dass es noch eine andere Möglichkeit gibt.

Schwer zu sagen, welche davon beängstigender ist, denke ich, während ich hinaus auf die 72. Straße trete, wo sich jede Menge Menschen versammelt haben. Niemand weiß Genaueres. Der letzte Blackout in New York ereignete sich während des berüchtigten Summer of Sam; Brandstifter und Plünderer terrorisierten die Stadt, die tagelang ohne Energieversorgung war. Fest steht, dass wir uns hier an der Upper East Side befinden, einem der reichsten Viertel New Yorks, und falls es zu Übergriffen kommen sollte, ist unsere Nachbarschaft mit Sicherheit Ziel Nummer eins. Keiner von uns ist sonderlich scharf auf den Ernstfall; einer nach dem anderen packen meine Kollegen ihre Sachen, um sich auf den Nachhauseweg zu machen.

»Schwachsinn!«, poltert George, der gerade die Treppe herunterkommt. »Wenn der Mob kommt, laden wir die Kerle auf ein paar Drinks ein.« Ich sehe es förmlich vor mir, wie George sich mit einem Whiskeyglas aus dem Fenster lehnt und ein paar jugendlichen Randalierern zuruft: »He, Jungs, ihr habt nicht zufällig ein paar Eiswürfel dabei?« Der Mann kennt einfach keine Angst.

George fordert uns auf, nach oben in seine Wohnung zu kommen und es uns gemütlich zu machen, aber ich schnappe meinen Rucksack und verabschiede mich. Zum einen habe ich keine Lust, bei Einbruch der Dämmerung noch hier herumzulungern, zum anderen möchte ich sichergehen, dass unser Laden gut verschlossen und verriegelt ist, um potentiellen Chaoten und Plünderern für die nächsten Tage trotzen zu können.

Wie ich kurz darauf feststellen muss, fährt die U-Bahn auch nicht, also überquere ich die Queensboro Bridge zusammen mit ein paar tausend anderen armen Seelen, denen ebenfalls die Knie schlottern – und zwar buchstäblich, da die Brücke unter dem Gewicht der Menschen schwankt, die auf die andere Seite gelangen wollen. Sobald ich Manhattan hinter mir gelassen habe, fühle ich mich besser, doch mittlerweile ist es bereits fünf Uhr nachmittags, und ein erster Zwielichtschimmer legt sich bereits über die Häuser. Nie zuvor habe ich einen langen Sommersonnenuntergang als derart unheimlich empfunden. Es ist wie in einem Horrorfilm, wenn man weiß, dass gleich die augenlosen Monster mit den bluttriefenden Fängen in den Straßenschluchten auftauchen werden. Und bis jetzt habe ich weit und breit noch keinen einzigen Polizisten gesehen.

In Brooklyn komme ich an ein paar schwitzenden Pendlern vorbei, die mit einem Kofferradio an einer Straßenecke stehen. »Ja, bloß ein Stromausfall«, sagt einer von ihnen. »Kein Anschlag, der Bürgermeister hat gerade Entwarnung gegeben.« Die Leute rundherum geben einen kollektiven Seufzer der Erleichterung von sich, aber soll uns jetzt wirklich ein Stein vom Herzen fallen? So wie es aussieht, hat die gesamte Ostküste keinen Strom – fast ein Viertel des gesamten Landes! Einen derartigen Stromausfall hat es noch nie gegeben! Nun beginne ich mir allmählich doch ernste Sorgen zu machen – wird der Stahlrollladen halten, wenn irgendwelche finsteren Gestalten versuchen sollten, unseren Laden zu stürmen? Wäre es vielleicht schlauer, wenigstens einen Teil unseres Sortiments auszulagern? Sollte vielleicht jemand im Laden bleiben und Wache schieben? Vor meinem inneren Auge sehe ich mich selbst im

Dunkel zwischen den Regalen, bereit, mich mit ... ja, womit soll ich mich überhaupt verteidigen? Mit vom Vortag übrig gebliebenen Sandwiches? Der Schneidemaschine? Ich könnte meinen Angreifern nicht mal heißen Kaffee über die Klamotten kippen, da die Kaffeemaschine defekt ist. Na ja, nach ein paar Tagen stinkt es vielleicht derart im Laden, dass der Mob sich gar nicht erst hereintraut.

Pustekuchen. Wie jeder Dieb, der diese Bezeichnung auch verdient, sehr wohl weiß, befinden sich in Läden wie dem unserem Telefonkarten, Rubbellose und Zigaretten im Wert von Tausenden von Dollar. Außerdem würden über kurz oder lang auch Chaoten auftauchen, um sich mit Bier einzudecken oder einfach bloß Randale zu machen, und schließlich – New York im Ausnahmezustand, Lebensmittelknappheit, Hungersnot – würden sich die Leute wegen ein paar Dosen Katzenfutter gegenseitig die Schädel einschlagen.

Je mehr Sorgen ich mir mache, desto dringender will ich zum Laden, aber es wird immer schwieriger, da ich auf meiner Route, die von der Upper East Side durch Queens und schließlich Richtung Brooklyn führt, gegen die Pendlermassen ankämpfen muss, die um diese Uhrzeit aus Manhattan in die angrenzenden Viertel strömen – was in etwa so ist, als würde ich versuchen, das Stadion der New York Yankees nach dem letzten Pitch des neunten Innings zu betreten. Und der richtige Ansturm kommt erst noch, da es sich lediglich um die Leute handelt, die sich sofort auf den Weg gemacht haben, als der Strom ausfiel, statt abzuwarten, ob es den Stadtwerken gelingen würde, die Energieversorgung wiederherzustellen. Das heißt, dass ich Gefahr laufe, von den nächsten Menschenmassen zertrampelt zu werden, die in Kürze aus dem Financial District strömen werden. Unwillkürlich kommt mir der Todesmarsch von Bataan in den Sinn – Hunderttausende von Menschen, die unter der sengenden Sonne unterwegs sind; Leute, die schon außer Atem kommen, wenn sie zwei Treppenfluchten erklimmen müssen; Leute, die in Panik geraten, weil sie ihre Familien nicht erreichen können – das städtische Handynetz ist komplett überlastet. Klar, was ihnen durch den Kopf geht: Was zum Teufel nützt dir ein Handy, wenn es im Notfall nicht funktioniert? Warum hat die Stadt all die Münzfernsprecher abgeschafft?

Beeil dich, treibe ich mich an. Plötzlich überkommt mich eine dunkle Ahnung: Was, wenn Kay den Laden gar nicht geschlossen hat? Wir haben nie über einen potentiellen Notfall gesprochen. Wird meine Schwiegermutter die Gelegenheit am Ende noch dazu nutzen, ein paar Dollar extra zu machen? *Aber hallo, und ob, du Schwachmat! Schneller, verdammt noch mal!*

Und dann – endlich! – erblicke ich schließlich unsere Markise, während ich zu meinem Schrecken erkenne, dass unser Laden tatsächlich geöffnet hat. O Gott! Wie es aussieht, drängen sich etwa zehntausend Menschen vor dem Eingang.

Allerdings steht ihnen Dwayne im Weg, dem es wenigstens halbwegs gelingt, die Menge unter Kontrolle zu halten – wenn auch mit Mühe, da einige Leute dehydriert sind und mehrere Frauen dringend zur Toilette müssen.

Nachdem ich mich durch den Pulk hindurchgekämpft habe, erblicke ich Gab und Kay hinter dem Tresen.

»Was treibt ihr hier?«, brülle ich sie über die Köpfe der Kunden hinweg an.

Sie mustern mich, als hätten sie ihr Lebtag lang noch keine dümmere Frage gehört. Allerdings ist meine Frage gar nicht so blöd – erst mal muss mir nämlich jemand erklären, warum aus allen Taschen der beiden feuchte Dollarbündel ragen, als handele es sich um irgendein besonderes Fashion-Statement.

»Die Kasse ist voll!«, ruft mir Gab zu und deutet auf sich selbst. In ihrem hochgekrempelten Hemdsärmel stecken lauter Fünf-Dollar-Scheine, in der Hemdtasche Zehner und im Bund ihrer Schürze ein Bündel Zwanziger. Auf der Ablage vor ihr liegt ein Haufen Münzen, obwohl klar ist, dass es bei dem bisschen Licht, dass durch die Scheibe hereinfällt, zunehmend unmöglich wird, Kleingeld zu zählen.

Damit habe ich nicht gerechnet. Und dass meine Mädels hier mit Tausenden von Dollar herumhantieren, ist neben dem Tohuwabohu vor der Tür ein weiterer guter Grund, den Laden auf der Stelle dichtzumachen.

Aber Gab und Kay wollen davon nichts hören. Die Leute kaufen nicht bloß Getränke, um ihren Durst zu stillen; sie reißen sich geradezu alles unter den Nagel, was unsere Regale beherbergen, und so oft, wie unsere Kühlschränke geöffnet werden, können wir getrost damit rechnen, dass Milch und Orangensaft gegen Mitternacht verdorben sein werden, von der Eiscreme gar nicht zu reden. Die Fleischtheke werden wir wohl in der Nacht ausräumen müssen; wer weiß, wie lange der Stromausfall dauern wird. Eins aber ist auch mir klar: Für uns ist es ein Vorteil, wenn wir so viele Waren wie möglich verkaufen – alles muss erst einmal auf die Schnelle raus, anschließend können wir immer noch weitersehen.

Wenn da bloß nicht das viele Geld wäre. Als ich hinter den Tresen trete, um Kay und Gab unter die Arme zu greifen, kommt es mir so vor, als würden wir den Leuten eine ausgeklügelte Charade vorspielen, ihnen vormachen, sie müssten *tatsächlich* etwas für die Waren bezahlen. Tatsache ist allerdings, dass wir in Wahrheit völlig chancenlos wären, wenn sich jetzt jemand gratis bedienen oder uns gar die Bude überm Kopf anzünden würde.

Du lieber Himmel, hätte ich Dwayne bloß nicht aufgefordert, seine Waffen zu Hause zu lassen, schießt es mir gerade durch den Kopf, als ein Polizist zu Dwayne tritt. »Das reinste Chaos«, stößt er hervor. »Und weit und breit kein Kollege in Sicht. Hast du deine Kanone dabei?«

»Na logo!«, erwidert Dwayne grinsend.

»Sehr gut«, sagt der Cop, ein schmerbäuchiger Bursche mit flammend rotem Schnäuzer. »Hast du genug Munition?«

»Alles bestens«, beruhigt Dwayne ihn, worauf der Cop zu seinem Wagen zurückkehrt.

Inzwischen bricht die Dämmerung endgültig herein. Im Laden ist es schon eine ganze Weile dunkel, aber wir haben vorgesorgt: Mit Kerzen und Taschenlampen bewaffnet, begleiten wir unsere Kunden durch die Regalreihen. Unter ihnen sind viele gebrechliche alte Leute, deren Stimmen vor Erschöpfung beben, wenn sie uns von ihren Odysseen berichten:

»Seit fünfundzwanzig Jahren bin ich nicht mehr so weit gelaufen. Aber bei mir in der Gegend hatte kein einziger Lebensmittelladen mehr auf, können Sie sich das vorstellen?«

Es ist schon eine ziemlich intime Sache, einen fremden Menschen, den man höchstwahrscheinlich nie wiedersehen wird, an der zitternden Hand zu den Dosengerichten zu führen. Das sind die Momente dieser Nacht, an die wir uns schließlich erinnern werden, denn es kommt nicht zu kriminellen Übergriffen. Stattdessen finden auf den Dächern spontane Partys und auf den Straßen improvisierte Mitternachtsumzüge statt, während Anwohner den Verkehr regeln; kaum zu glauben, was die griesgrämigen New Yorker für nette Nachbarn sein können. Um zehn räumen wir die Kühlschränke und die Fleischtheke aus. Dann fahren wir zurück nach Staten Island, wo man noch bis tief in die Nacht Lichter blinken sieht.

Am nächsten Tag bin ich versucht, Dwayne zu fragen, was es mit seiner Waffe auf sich hat – habe ich das gestern alles richtig mitbekommen? Aber irgendwie ergibt sich nicht die Gelegenheit dazu, und letztlich bin ich auch froh darüber. Manchmal ist es besser, keine dummen Fragen zu stellen.

* * *

Doch kaum hat man sich an den guten Dwayne – den couragierten und loyalen Deli-Wächter, der es mit den finstersten Gestalten aufnimmt – gewöhnt, zeigt er garantiert sein anderes Gesicht.

Ein paar Abende später haben Dwayne und ich mal wieder zusammen Dienst, als ein Mann hereinkommt, der unvermittelt beginnt, sich seiner Klamotten zu entledigen. Nun, es kommt gar nicht so selten vor, dass sich

Leute in Delis ausziehen. Jedenfalls ist es an diesem schwülheißen Abend bereits der zweite Kunde, der kein Problem damit hat, sich vor unseren Augen satte Blöße zu geben. Im Gegensatz zum ersten Exhibitionisten handelt es sich diesmal jedoch um einen muskelbepackten Hünen, der aussieht, als würde er zum Frühstück Hochspannungsleitungen verspeisen. Obendrein weigert er sich, seine Sachen wieder anzuziehen, solange wir ihn nicht zu einem Gratisfläschchen Heineken einladen.

»Du haust jetzt ganz schnell ab, Freundchen, sonst mach ich dir die Hölle heiß«, knurrt Dwayne. Worauf der Mann ein schrilles Lachen von sich gibt – ein grässliches Friedhofsgegacker, bei dem mich ein eisiger Schauder überläuft. Dann lüftet er den dreckigen Verband an seiner Schulter und zeigt uns eine klaffende, blutverkrustete Schusswunde oberhalb seines Herzens, die nicht viel älter als ein paar Stunden sein kann.

»Du kapierst es wohl nicht, Mann«, gibt er mit slawischem Akzent zurück. »Die Hölle habe ich schon gesehen.«

Worauf Dwayne sich abrupt umdreht und ins Lager geht, wo sein geheimnisvoll schwerer Rucksack steht.

»Bitte gehen Sie jetzt«, bettele ich den nackten Mann an. »Bitte!«

»Ich will ein Bier«, beharrt er.

Sekunden später ist Dwayne zurück. In der Hand hält er keine Schusswaffe, sondern einen Aluminiumschläger, der bei uns im Laden für gewöhnlich als »Donnerknüppel« bezeichnet wird. Er will gerade damit zuschlagen, aber ich gehe in letzter Sekunde dazwischen.

»Lass den Scheiß!«

Dwayne mustert mich, als hätte ich sie nicht mehr alle.

»Das ist es nicht wert«, keuche ich. Wenn Dwayne dem Typ jetzt zeigt, wo der Hammer hängt, haben wir anschließend die Polizei und den Notarzt im Haus und garantiert jede Menge Ärger am Hals. Am besten, wir geben dem Burschen sein Heineken, und dann ist Ruhe im Karton.

»Hören Sie«, sage ich. »Wir machen einen Deal. Sie kriegen Ihr Bier, und dann verschwinden Sie, okay?«

Scheinbar besänftigt, nickt er feierlich. Ich gehe also zum Kühlschrank, um ein Bier zu holen, doch Dwayne stellt sich mir in den Weg.

»Das kannst du nicht machen«, zischt er mich an. »So läuft das nicht.« Der Donnerknüppel ruht zwar auf seiner Schulter, doch einen Augenblick lang sieht es so aus, als wolle er nun mir das Nasenbein brechen.

»Komm schon, Dwayne. Lass gut sein!« Doch er bleibt breitbeinig vor mir stehen und starrt mich finster an. Ein paar scheinbar endlose Sekunden verstreichen, bis er ein winziges Stück beiseitetritt und ich mich an ihm vorbeiquetschen kann.

Ich nehme die erstbeste Flasche aus dem Kühlschrank und gehe zurück zu dem nackten Mann. »Hier«, sage ich. »Und jetzt gehen Sie bitte.«

Er bewegt sich nicht vom Fleck, sondern glotzt mit leerem Blick auf die Flasche. Erst jetzt bemerke ich, dass ich ein Rolling Rock aus dem Kühlschrank genommen habe.

»Ich will aber ein Heineken«, mault er.

Und jetzt platzt mir der Kragen.

»RAUS!«, brülle ich ihn an, reiße Dwayne den Donner-knüppel aus der Hand und baue mich vor dem Nackten auf. »RAUS JETZT, DU VERDAMMTER DRECKSACK, UND LASS DICH HIER NIE WIEDER BLICKEN!« Den Schläger in der Hand, dränge ich ihn nach draußen. Ich zittere vor Wut, während ich ihm hinterhersehe, bis er um die nächste Straßenecke verschwindet.

Als ich wieder in den Laden komme, ist Dwayne immer noch stocksauer. Den Rest des Abends wechseln wir kein Wort mehr und tun beide so, als sei der andere gar nicht da, während mir nicht mehr aus dem Kopf gehen will, wie er mich angesehen hat – so als wolle er mir gleich den Schädel einschlagen.

***

Tja – sollen wir Dwayne feuern? Diese Frage habe ich mir schon tausendmal gestellt, seit wir den Laden über-nommen haben. Kay und Gab haben ihre eigenen Ansichten zu dem Thema. Während ich versuche, das Image unseres Ladens ein wenig aufzupolieren, gibt Dwayne lautstark anzügliche Bemerkungen über weib-liche Kunden von sich, schnauzt unvermittelt Leute an, weil sie unseren Laden als »Bodega« bezeichnet haben (»Das hier ist kein puertoricanischer Laden, Amigo. Hol dir deinen Schweinefraß gefälligst woanders.«), droht seinen Töchtern am Telefon, sie zu verdreschen und an-schließend zu erwürgen, sobald er nach Hause kommt – und dann sind da noch die schweinösen Handy-Telefo-nate mit seinen diversen Freundinnen (»Also, besorgst du's mir heute Abend? Sonst geh ich lieber mit ein paar Kumpels saufen.«) Während die Kunden, für die er gerade Sandwiches zubereitet, vor Scham bis über beide Ohren erröten.

Aber wir können ihn nicht feuern, und zwar aus einem ganz simplen Grund: Die Kunden aus der Nachbarschaft würden auf die Barrikaden steigen, was auch Dwayne nur allzu genau weiß. Weshalb ich mich manchmal frage, ob uns der Laden gehört oder wir dem Laden. Als Salim sich verabschiedete, sahen die Nachbarn seinen legitimen Nachfolger in Dwayne, nicht nur, weil er bereits siebzehn Jahre hinter der Sandwich-Theke gestanden hatte, sondern auch, weil er für sie so etwas wie der gute Geist des Viertels war, junge Kerle unter seine Fittiche nahm, die gerade eine Strafe abgesessen hatten, und für jeden ein offenes Ohr hatte. In Zeiten des Wandels ist er so etwas wie der Fels in der Brandung, und nicht zuletzt wissen offenbar auch alle über sein persönliches Schicksal Bescheid. Jedem ist bewusst, dass Dwayne eine Karriere auf der Straße hinter sich hat, inklusive Drogen, Gewalt und zwei Kindern von zwei verschiedenen Frauen, auch wenn ihn das in unserem Viertel nicht sonderlich aus der Menge hervorhebt. Bemerkenswert ist aber, mit welcher Zähigkeit er seine inneren Dämonen niedergerungen hat; außerdem ist weit und breit bekannt, dass Dwayne das Sorgerecht für seine mittlerweile siebzehnjährige Tochter Keisha über mehrere Gerichtsinstanzen hinweg erkämpft und sie allein aufgezogen hat. Sein Job im Laden hat dabei mehr als nur ein bisschen geholfen, ihn zu ankern. Das Deli ist gewissermaßen seine Kirche, und von seiner Kanzel hinter der Wurstauslage predigt er den Gospel von Selbstbescheidung, Verantwortung und ehrlicher Arbeit.

Aber wie so viele Prediger ist auch er nicht ganz frei von Eitelkeit: Dwayne *braucht* seine Kanzlei. Trotzdem hat er mit seiner kleinkriminellen Vergangenheit nicht wirklich abgeschlossen: Nur allzu gern lässt er durchblicken, dass er immer noch der Alte ist, vielleicht sogar ein noch härterer Bursche als früher – daher die peinlichen Ausfälle Frauen gegenüber, die abrupten Wutausbrüche und nicht zuletzt die Knarre.

In einem so winzigen Laden wie dem unseren hat man keine Chance, den anderen auf Abstand zu halten. Wir sind gezwungen, auf kleinstem Raum miteinander auszukommen. Wobei ich mich frage, was Dwayne eigentlich von uns will.

Eines Abends fragt mich Dwayne, ob ich ihn nach der Arbeit noch irgendwohin fahren würde; da er mich sonst nie um einen Gefallen bittet, sage ich Ja, ohne nach der Adresse zu fragen. Tatsächlich kommt mir die Frage erst in den Sinn, als wir im Auto sitzen.

»Bed-Stuy«, murmelt er, während er vage ins Herz Brooklyns hinüberdeutet.

Bedford-Stuyvesant: das größte, ärmste und gefährlichste Viertel von ganz Brooklyn. Kay würde das ganz und gar nicht gefallen. Eigentlich herrscht zwischen uns die Abmachung, mit den Schichteinnahmen grundsätzlich auf direktem Weg nach Hause zu fahren, und unter meinem Sitz befindet sich eine Papiertüte mit zweitausend Dollar.

»Und wohin genau?«, frage ich.

»Fahr einfach«, sagt Dwayne eisig. Seit wir losgefahren sind, hat sich seine Stimmung um hundertachtzig Grad gedreht. Normalerweise quasselt er allen und jedem die Ohren ab, doch jetzt hüllt er sich unvermittelt in Schweigen, lehnt sich im Beifahrersitz zurück und fummelt an seinem Handy herum.

Zunächst fahren wir noch durch vertraute Straßen, und ich tue so, als seien wir bloß unterwegs zum nächsten Großhandel, um Windeln oder Zigaretten zu besorgen. Wenn man täglich mit jemandem wie Dwayne zusammenarbeitet, ist es gar nicht so schwierig, einen auf locker zu machen – jedenfalls solange man nicht in Situationen gerät, die man nicht kontrollieren kann.

Plötzlich frage ich mich abermals, was Dwayne eigentlich von uns will. Und allmählich beginnt es mir zu dämmern. So banal es klingen mag: Für ihn ist der Laden kein bloßer Arbeitsplatz. Er will Geborgenheit, Nestwärme, das Gefühl, gebraucht zu werden – von uns ebenso wie von unseren Nachbarn und Kunden. »Kommt doch auch zum Founders-Day-Picknick«, hatte er uns im Frühjahr eingeladen und dann noch mehrmals nachgehakt. Zuvor hatte er gefragt, ob wir am Wochenende nicht mit nach Baltimore zum Krabbenessen fahren wollten oder Lust auf einen Ausflug zu Dutch Kitchen in Pennsylvania hätten; außerdem schlug er ein Hummeressen in Maine vor, eine All-you-can-eat-Sause in Chinatown, und nicht zuletzt lud er uns sogar zur Geburtstagsparty seiner Mutter ein.

Aber ich hatte seine Einladungen allesamt ausgeschlagen. Unter anderem deshalb, weil ich der Meinung war, dass Dwayne und ich nicht auch noch einen außerdienstlichen Männerbund schließen mussten. Wir glucken ohnehin schon die ganze Zeit im Laden zusammen. Mit seinen Bemühungen, Freundschaft mit mir zu schließen, übertritt Dwayne jedes Mal wieder eine Art unsichtbarer Linie. Klar, er wünscht sich lediglich, dass sein Job mehr beinhaltet als bloß Arbeit, aber ich frage mich, ob ihm bislang noch nicht aufgefallen ist, dass er gerade mal lausige 10.50 Dollar die Stunde bekommt. Meiner Meinung nach sollte er sich lieber um eine vernünftige Krankenversicherung kümmern, statt mich dauernd zum Grillen einzuladen.

Mittlerweile hat er seine Annäherungsversuche weitgehend eingestellt. Außerdem verlebt Dwayne außerhalb des Ladens einen ziemlich schwierigen Sommer. Seine Miete ist neulich erhöht worden, und wie es scheint, jongliert er mit mehr Freundinnen als je zuvor, während seine Töchter, die gerade in irgendeinem Sommercamp sind, ihm offenbar dauernd in den Ohren liegen, dass sie ihr Taschengeld schon ausgegeben haben. Zumindest kann er sich inzwischen sicher sein, dass wir unser Deli nicht wieder aufgeben müssen, worüber er garantiert ebenso erleichtert ist wie wir. Dennoch frage ich mich, ob Dwayne ahnt, dass seine Tage bei uns gezählt sind – na schön, dann beschweren sich eben ein paar Stammkunden, falls wir die Zusammenarbeit mit ihm beenden, aber Tatsache ist auch, dass Boerum Hill nicht mehr das Viertel ist, das es einmal war. So schnell, wie sich die Nachbarschaft inzwischen wandelt, kann man eigentlich gar nicht mehr von einer richtigen Nachbarschaft reden.

Vielleicht will er mir einfach mal zeigen, was eine Harke ist, denke ich, während wir weiter ins dunkle Herz Brooklyns vordringen. Am frühen Abend war ein Kumpel von Dwayne – ein Kleindealer namens Monty – im

Laden aufgetaucht, und die beiden hatten sich draußen auf dem Gehsteig in die Wolle gekriegt, obwohl ich keine Ahnung habe, warum. In letzter Zeit hängt Dwayne mit einer ganzen Reihe fertiger Typen à la Monty herum und spült seinen Frust nach Feierabend mit ein paar Sixpacks Heineken drüben in der Sozialsiedlung herunter. Als wir das Deli seinerzeit übernommen haben, meinte Dwayne, er würde die Siedlung meiden wie der Teufel das Weihwasser. Nun frage ich mich, ob Dwayne vielleicht in altes Fahrwasser geraten ist und wieder krumme Touren mit lichtscheuen Gestalten fährt. Hat unser Ausflug nach Bedford-Stuyvesant womöglich etwas damit zu tun?

»He, Dwayne, wie lange soll das noch gehen?«, blaffe ich ihn an. Inzwischen befinden wir uns im tiefsten Brooklyn, und allmählich verliere ich die Orientierung. Wir fahren an dunklen, fensterlosen Gebäuden, von Unkraut überwucherten Baulücken und heruntergekommenen Ladenkirchen mit reichlich unpassenden Namen wie »Bright Horizons« und »New Beginnings« vorbei.

Er antwortet mir immer noch nicht. Allmählich geht mir der Arsch auf Grundeis. Was will Dwayne hier, und warum sagt er mir nicht, was Sache ist? Ich wünschte, ich hätte zu Hause angerufen und Bescheid gegeben. Tatsächlich wünschte ich sogar, ich hätte Dwayne den Gefallen kurz und schmerzlos abgeschlagen. Ich wünschte, er hätte mich von vornherein mit seinem Verbrüderungsmist in Ruhe gelassen. Ich wünschte, ich könnte friedlich mit Dwayne koexistieren, ohne mich pausenlos von ihm herausfordern lassen zu müssen. Tja, aber all das kann ich mir getrost abschminken. Dwayne verändert den Laden durch seine bloße Präsenz – und uns gleich mit.

»ABBIEGEN! ABBIEGEN, HABE ICH GESAGT!«, fährt er mich urplötzlich an, als sei er gerade aufgewacht.

Es ist nicht gerade die günstigste Stelle zum Abbiegen, da ich drei Gegenspuren überqueren müsste. Außerdem sind wir viel zu schnell – besser, ich wende an der nächsten Kreuzung.

Doch so lange will Dwayne offenbar nicht warten. Er greift mir ins Lenkrad und zieht brutal nach links, ohne sich um die entgegenkommenden Scheinwerfer zu scheren.

BA-RUMP!

Ein schauderhaftes metallisches Kratzen ertönt, als der Wagen über die Bürgersteigkante brettert, und ich frage mich, ob womöglich auch noch ein Reifen geplatzt ist. Aber Gott sei Dank haben wir keinen Unfall gebaut, und irgendwie hat es uns auf einen Parkplatz verschlagen. Du lieber Himmel, wo sind wir denn jetzt gelandet?

»Dwayne?«

Dwayne lacht. »Wo hast du denn den Führerschein gemacht?«

»Wo sind wir?«

Doch Dwayne ist bereits ausgestiegen, was mir nur die Wahl lässt, ihm schleunigst zu folgen oder auf einem gottverlassenen Parkplatz im Auto sitzen zu bleiben, von den zweitausend Dollar gar nicht zu reden. Ich blicke mich um. Oh: Erst jetzt fällt mir das unweit entfernte Neonschild auf, das in der Dunkelheit blinkt wie eine Bude auf einem nächtlichen Rummelplatz.

Mir geht ein Licht auf. Dwayne hat mich drangekriegt.

Mit seiner Kidnapping-Aktion ist es ihm nun doch noch gelungen, mich zu einem gemeinsamen Ausflug zu »überreden«.

»Burger King?!«, rufe ich ihm hinterher. »Du hast mich für ein paar Buletten im Brötchen hier rausfahren lassen?«

Aber Dwayne ist schon drinnen und bestellt. Natürlich auch für mich.

Liebe auf den zweiten Blick

Ich war ganz schön nervös, als ich zum ersten Mal hinter die Registrierkasse trat, und neun Monate später verspüre ich immer noch leichtes Lampenfieber. Tja, wer hätte gedacht, wie aufregend das Leben im Einzelhandel sein kann? Vielleicht hat es mit meiner puritanischen Herkunft zu tun, vielleicht auch mit dem Umstand, dass ich seit der zwölften Klasse keine echten psychotropen Substanzen mehr zu mir nehme, das eine oder andere Bierchen ausgenommen. Aber ich merke genau, wie die Show hinter Kasse und Theke meinen Adrenalinspiegel steigen lässt – was wohl auch der Grund dafür ist, warum ich bei Schichtbeginn die meisten Fehler mache.

Gerade bin ich zur Abendschicht eingetrudelt, und Gab und Kay reden gleichzeitig auf mich ein, was alles noch erledigt werden müsse, während die Lottomaschine vor sich hin rattert und etwa ein Dutzend Kunden ihre eigenen Unterhaltungen führen, dabei immer wieder die Ohren spitzen, was wir untereinander zu besprechen haben, und zwischendurch einen kollektiven Seufzer ablassen, als eine Kundin ihren Einkauf mit lauter Pennys aus ihrem Sparschwein bezahlt. Mein Bewusstsein streckt sich gleichsam in alle Richtungen, um jede noch so unwichtige Kleinigkeit mitzubekommen, die sich in meiner unmittelbaren Umgebung abspielt. Eine Art Superhirn verarbeitet die erhaltenen Informationen und trifft unmittelbar Entscheidungen, aber irgendwie scheint es gar nicht zu mir zu gehören. Schließlich gelingt es mir ja sonst auch nicht, zehn Dinge gleichzeitig in Angriff zu nehmen. Aber irgendwie bringe ich es hier eben doch zustande und habe mich inzwischen derart eingespielt, dass ich quasi mit meiner Umgebung verschmelze: Ich *bin* der Laden. Nebenbei kriege ich sogar mit, dass an der Straßenecke ein paar Männer und Frauen herumstehen, als würden sie auf etwas warten.

»Hast du alles verstanden?«, fragt mich Gab mit leicht zweifelndem Gesichtsausdruck, die Hände in die Hüften gestützt. »Wie gesagt, im Safe liegen drei Umschläge, einer für die Müllmänner, einer für den Bagel-Lieferanten und einer für...« Ich nicke und lächle; Gab weiß, dass ich mittlerweile alles fast genauso gut drauf habe wie sie selbst. Was sie allerdings auch ein bisschen zu wurmen scheint – sie ist eben doch gern einen Tick besser als andere. Und so lässt sie gleich einen weiteren Datenstrom auf mich los.

Währenddessen betreten zwei Männer den Laden, der eine alt, der andere jung, und stellen sich direkt in der Schlange an der Kasse an, der junge Bursche zuerst. Der Jüngere ist um einiges größer als ich, glatt rasiert und wirkt nervös, der Ältere hingegen macht einen ziemlich verlotterten Eindruck – vielleicht ein Penner, der hier betteln will?

»Und vergiss nicht, die Lottomaschine um zehn abzuschalten, sonst kriegen wir echte Probleme«, erinnert mich Kay. »Okay? So, lass uns gehen.« Dann verlassen sie und Gab den Laden.

Kurz darauf ist der junge Bursche an der Reihe. »Eine Packung Newport Lights, bitte«, sagt er.

Hmm. Normale Raucher fügen für gewöhnlich kein »bitte« hinzu. Sie sagen »PACKUNGNEWPORTS« und werfen einen halb zerknüllten Zehner vor die Kasse. Genau deshalb werde ich erst mal überprüfen, ob dieser Knilch überhaupt alt genug ist, um im Staat New York Zigaretten erwerben zu dürfen, auch wenn das Gesetz lediglich vorschreibt, sich von Leuten den Ausweis zeigen zu lassen, wenn diese jünger als fünfundzwanzig *aussehen*.

Jedenfalls beginnt im selben Moment der alte Penner grässlich zu husten. Es klingt, als habe er einen Asthmaanfall oder so was.

»Alles in Ordnung mit Ihnen?«, frage ich.

Er winkt ab und scheint sich wieder zu erholen. Ich wende mich wieder dem jungen Burschen zu, der mir einen Zwanziger vor die Nase hält und auf seine Zigaretten wartet. Die anderen Leute in der Schlange beginnen bereits mit den Hufen zu scharren.

»Könnte ich bitte Ihren ...«, beginne ich.

Der alte Penner fängt wieder an zu husten und schlägt sich mit der flachen Hand vor die Brust.

»Gibt's ein Problem?«, frage ich. In letzter Zeit hatten wir öfter Ärger mit seltsamen Kunden. Einmal musste ich sogar die Polizei rufen, nachdem ein junger Typ mit einem scheußlichen Kinnbart sich weigerte, unseren Laden zu verlassen, und mich wie ein Irrer anbrüllte, weil ich seinen Ausweis sehen wollte. Er keifte, ich solle sofort eine Packung American Spirit herausrücken, bezeichnete mich als »Altersfascho« und drohte, mich auf seinem Blog an den Pranger zu stellen.

Wiederum hört der Alte auf zu husten. Mittlerweile werden die anderen Kunden zu Recht sauer; eine Frau hat ihren vollen Korb bereits demonstrativ abgestellt und den Laden verlassen. Ich gebe dem jungen Burschen also seine Zigaretten, ohne mir seinen Ausweis zeigen zu lassen (außerdem bin ich bereit, einen Besen zu fressen, wenn er keine achtzehn ist). Aber als er zur Tür geht, trifft mich eine jähe Erkenntnis. Der Nacken eines Menschen verrät eine ganze Menge – Haltung und Muskeltonus geben fast genauso viel preis wie ein Blick in sein Gesicht. Und während ich dem Burschen hinterhersehe, fällt mir außerdem sein übergroßes blaues Hemd auf, eins von der Art, wie es normalerweise nur Teenager tragen. *Du lieber Himmel*, schießt es mir durch den Kopf, *von hinten sieht er viel jünger aus. Das hätte auch ins Auge gehen können.*

Im selben Moment hält mir der Penner seine Dienstmarke unter die Nase. Fast gleichzeitig erfasst mich ein geradezu außerkörperliches Gefühl, als würde ich die ganze Szene nicht mit eigenen Augen, sondern durch eine wacklige Handkamera erleben. Außerdem höre ich plötzlich eine Melodie in meinem Kopf, die ich nicht sofort erkenne, auch wenn ich sie schon tausendmal gehört habe.

Bad boys, bad boys, whatcha gonna do? Whatcha gonna do when they come for you?

Mitgefangen, mitgehangen.

»Haben Sie nicht mitbekommen, dass ich Sie warnen wollte?«, fragt mich der Detective.

»Mich warnen? Mit dem Husten, meinen Sie?«

»Was sonst? Ich habe Sie extra darauf aufmerksam gemacht, sich den Ausweis zeigen zu lassen. Kein Verkauf an Minderjährige, das wissen Sie ja wohl.«

»Sie haben mich abgelenkt, sonst gar nichts!« Meine ganze Welt scheint mit einem Mal einzustürzen, und mir ist, als bekäme ich keine Luft mehr. Vor ein paar Minuten habe ich mich noch wie der große Checker gefühlt, der alles unter Kontrolle hat, und mit einem Mal habe ich nichts, aber auch gar nichts mehr im Griff. Kalter Schweiß steht mir auf der Stirn, meine Arme scheinen lang und länger zu werden, und plötzlich kommt es mir vor, als würde sich die Welt rasend um mich drehen, genau wie in den Anfangstagen unseres Ladens – während gleichzeitig eine heiße, ohnmächtige Wut Besitz von mir ergreift.

Der alte Detective zuckt mit den Schultern und drückt mir ein Konvolut Formulare in die Hand. Ich habe die Wahl, per Unterschrift meine Schuld einzugestehen oder eine Anhörung vor einem Richter zu erwirken. Ich weiß nicht, was ich tun soll, doch als ich die Seiten durchblättere, fällt mir ein Bogen mit den Personalien des Lockvogels ins Auge, des jungen Burschen, der die Newports gekauft hat. In vier Monaten wird er achtzehn.

»Wie? Sie haben wohl keinen gefunden, der *morgen* volljährig wird!«, schnauze ich den Detective an. »Nehmen Sie nächstes Mal doch gleich irgendein Kid von der nächsten Highschool – ein falscher Bart, ein Stock und orthopädische Schuhe, und fertig ist die Laube!«

»Was haben Sie denn erwartet?«, schnauzt der Detective zurück. »In New York läuft das eben so, Freundchen.«

Und da hat er wohl recht. Habe ich allen Ernstes geglaubt, sie würden Dorothy und Toto schicken? Little Orphan Annie mit ihrem Dauerlutscher? Oder Harry Potter?

»Außerdem«, fährt er fort, »hätte ich das gar nicht zu tun brauchen. Einer wie Sie fällt doch auf jeden Köder rein.« Dann lässt er mich einfach stehen und geht. Die Formulare in der Hand, sehe ich, wie er dem Jungen draußen die Schachtel Newports abnimmt und sich eine ansteckt. Orange glimmert das Zigarettenende im Kobaltblau der Brooklyner Dämmerung.

***

Seit Jahren gilt in New York die lächerliche Regel, auf Ausweiskontrollen zu verzichten, solange die Kunden nicht wie Erstsemester oder noch jünger aussehen, aber inzwischen leuchtet mir die Sache ein. Die New Yorker sind es gewöhnt, andere Menschen in Sekundenbruchteilen einzuschätzen. Wir verfahren überall so, in der U-Bahn, auf der Straße, in Bars und Restaurants. Warum sollte man dann nicht auch in zweieinhalb Sekunden entscheiden können, ob jemand in jene Alterskategorie fällt?

Doch da gibt es einen Unterschied – und der liegt darin, dass man mit Haus, Hof und Karriere spielt, wenn man Zigaretten an den falschen Kunden verkauft. Und da die Stadt New York bekanntlich alles andere als nett mit ihren Bürgern umspringt, macht sie auch beim Zigarettenverkauf an Minderjährige keine Ausnahme: Beim ersten Mal zahlt man etwa tausend Dollar Ordnungsstrafe – für kleinere Läden der Gewinn einer ganzen Woche –, beim zweiten Mal mehrere tausend Dollar, was jedoch eigentlich nicht mehr besonders ins Gewicht fällt, da man gleichzeitig seine Tabaklizenz verliert und unter Umständen auch noch die Lottomaschine, was bedeutet, dass man seinen Laden im Prinzip gleich dichtmachen kann.

Keine Frage, es gibt wenig Lobenswerteres, als Kinder und Jugendliche vom Rauchen abzuhalten. Aber wenn das wirklich so wichtig ist, warum muss dann nicht einfach *jeder* beim Kauf seinen Ausweis vorzeigen, um Irrtümer zu vermeiden?

Vielleicht, weil ein derartiges System wohl ein bisschen *zu* effektiv wäre. Ladeninhaber und ihre Angestellten werden sich niemals von jedem den Ausweis zeigen lassen, weil dadurch der gesamte Betrieb aufgehalten und zudem eine Menge Leute den Aufstand proben würde, denen es nicht gefiele, für zu jung gehalten zu werden. Da aber niemand einen folgenschweren Fehler begehen will, legen sich Ladeninhaber ihre eigenen elaborierten Regeln zurecht, von wem sie den Ausweis sehen wollen oder nicht: *Geht am Stock. Erzählt von seinen Enkeln. Kauft Haftcreme.* Nennen Sie mich einen Zyniker, aber etwas sagt mir, dass sich die großen amerikanischen Zigarettensyndikate genau das wünschen: ein System, das alles andere als wasserdicht ist. Tja, und wer profitiert davon? Na klar: zum einen die Zigarettenindustrie und zum anderen die Behörden, die ebenfalls fett abkassieren, während sie so tun, als ginge es ihnen bloß um den Jugendschutz.

Einige Zeit nach dem Vorfall recherchiere ich eines Abends bei Google, ob ich richtig liege mit meiner Verschwörungstheorie. Leider stellt sich nicht direkt heraus, dass die Tabakindustrie seit jeher Hand in Hand mit den New Yorker Behörden zusammenarbeitet. Zumindest aber lässt sich sagen, dass die Zigarettenbarone seit den Mittneunzigern bei der Gesetzgebung die Finger im Spiel haben, insbesondere was einen verbindlichen Altersnachweis angeht. Da halten sie mächtig den Daumen drauf, auch wenn sie natürlich so tun, als machten ihnen die rauchenden Teenager ernste Sorgen, weshalb sie Schulungsprogramme für Einzelhändler anbieten, um sie auf das Problem »aufmerksam zu machen«. Noch beängstigender ist allerdings, dass Firmen wie Philip Morris die »It's the Law«-Programme unterstützen, mit denen die drakonischen Ordnungsstrafen gerechtfertigt werden, die in vielen Bundesstaaten an der Tagesordnung sind. Inzwischen fordert eine ganze Reihe von Einzelhandelsverbänden einen obligatorischen Altersnachweis, weil gesetzliche Vorschriften und Schulungsprogramme zu vielen unausweichlichen Fehlern führen.

»Sie arrogantes Schwein!«, hatte mich der junge Bursche mit dem fiesen Ziegenbart seinerzeit angebrüllt. »Sie beurteilen Menschen nach ihrem Äußeren.« Und er hatte recht: Ob man sich von jemandem den Ausweis zeigen lässt oder nicht, hat letztlich etwas mit Menschenkenntnis zu tun. Und in dieser Hinsicht war ich schon immer etwas unterbelichtet.

***

Seit neuestem gelten in New York City neue Vorschriften für Straßenhändler, jene Leute also, die etwa Hotdogs und geröstete Nüsse auf der Straße verkaufen – und dies wohl kaum, weil sie so gern an der frischen Luft sind, sondern vielmehr, weil sie sich keinen eigenen Laden leisten können. Da wir keine Straßenhändler sind, betreffen uns die neuen Regelungen nicht; ich erwähne sie trotzdem, da sie eine Menge über die Mentalität von Klein- und Kleinstunternehmern aussagen.

Im Großen und Ganzen bestehen die neuen Vorschriften aus einem überarbeiteten Katalog von Ordnungsgeldern; wer zum Beispiel keinen Papierhut trägt, ein paar Zentimeter zu nah an oder zu weit entfernt von der Gehsteigkante steht oder seinen Stand vorübergehend unbeaufsichtigt lässt, riskiert drastische Geldstrafen. Zum Teil müssen die Händler jetzt das Vierfache von dem bezahlen, was vorher aufgerufen wurde, und wenn man bedenkt, dass durchschnittlich sieben Ordnungsstrafen im Jahr gegen Straßenhändler verhängt werden, kann man sich problemlos vorstellen, dass viele vor dem Ruin stehen, darunter oft Einwanderer aus Dritte-Welt-Ländern. Wer Einspruch gegen die Ordnungsgelder erheben will, muss vor ein obskures Gericht gehen, das Environmental Control Board, einen Wust aus Formularen ausfüllen und stundenlange Wartezeiten auf sich nehmen, obwohl jede einzelne Minute Umsatzverlust bedeutet; manche Straßenhändler verdienen gerade mal 35 Dollar pro Tag.

Wer einen Straßenhandel oder einen kleinen Laden betreibt, lebt tagtäglich mit der Angst, dass aus heiterem Himmel eine Katastrophe hereinbrechen könnte, sei es nun in Form eines Stromausfalls oder in Gestalt eines städtischen Inspektors. Pausenlos spürt man das Schwert des Damokles über sich schweben; der Drang, die Kontrolle über sein eigenes Schicksal zu behalten, kann so übermächtig sein, dass man zuweilen sogar bereit ist, das eigene Unternehmen zu gefährden.

»Glaub mir, ohne Tabakverkauf kannst du nicht überleben«, sagt Habib, einer unserer Zigarettenhändler, als ich ein paar Tage nach dem Zusammenstoß mit dem Detective bei ihm vorbeisehe. »Ohne Zigaretten geht ihr den Bach runter, verstanden?«

»Okay, aber was sollen wir tun?«, gebe ich leicht verzweifelt zurück. Noch haben wir uns nicht entschieden, ob wir uns schuldig bekennen oder Einspruch erheben sollen. Ich frage Habib, wie er vorgehen würde, aber er zuckt bloß mit den Schultern. Er hat ein wettergegerbtes Gesicht und einen Bart wie Abraham Lincoln und steht in einem Stahlkäfig, in dem sich Tabakwaren im Wert von wahrscheinlich mehreren hunderttausend Dollar befinden – Mores, Vantages, Lucky Strikes, Virginia Slims... Will man sich mit Ware eindecken, muss man zu ihm in den Käfig kommen, wo es wider Erwarten sogar recht gemütlich ist: Eine Couch lädt zum Verweilen ein, ein Fernseher läuft, und aus dem Kühlschrank in der Ecke kann man sich ein kühles Getränk holen. Rauchen ist allerdings nicht erlaubt – ein kleines Feuer könnte Habib und seine Kunden im Handumdrehen in gegrilltes Menschenfleisch mit Tabakaroma verwandeln.

»Und wenn du den Laden einem Verwandten überschreibst?«, schlägt ein anderer Deli-Inhaber vor, der uns zugehört hat. »Besagter Verwandter beantragt neue Lizenzen für Tabak und Alkohol, du wartest, bis die einjährige Bewährungsfrist abgelaufen ist, und lässt den Laden wieder auf dich überschreiben. Ganz simple Sache, Mann.«

Gar keine so schlechte Idee, denke ich. Natürlich ist es gesetzlich nicht erlaubt, einen Laden an Dritte zu überschreiben, um der Strafverfolgung zu entgehen, aber mir ist nicht bekannt, dass jemand wegen so etwas schon einmal belangt worden wäre. Kay zufolge hat die Stadt früher alles viel laxer gehandhabt und in mancherlei Hinsicht auch davon profitiert: Indem die Behörden ein wenig *Laissez-faire* walten ließen, ermöglichten sie es Einwanderern, in einer Art Untergrund-Ökonomie ihre Nische zu finden und ihren Unternehmergeist von Generation zu Generation zu erneuern.

Wie auch immer, am Ende beschließen wir, keine Zigaretten mehr zu verkaufen, und verzichten damit freiwillig auf ein paar hundert Dollar Umsatz am Tag – fast ein Drittel unseres Gewinns, um genau zu sein. Vielleicht treibt uns unsere Sturheit, das Gefühl, lieber gar keinen Laden mehr zu besitzen als ihn vorübergehend einem Strohmann zu überantworten. Aber womöglich ist es auch nur weise Voraussicht. Wenn wir noch einmal dabei erwischt werden, wie wir versehentlich Zigaretten an Minderjährige verkaufen, ist Schluss mit lustig: Bei der Zähigkeit und Hinterlist, mit der uns die Behörden verfolgen, würden wir unsere Tabaklizenz schließlich so oder so verlieren, und am Ende liefe alles auf dasselbe hinaus. Und so können wir wenigstens sicher sein, dass wir unsere Lottomaschine behalten. (Du liebe Güte, jetzt halten wir auch noch verzweifelt an einem Gerät fest, das pro Stunde gerade mal lausige drei Dollar einbringt und uns mit jeder Sekunde weiter in den Wahnsinn treibt!)

Jedenfalls steht alles plötzlich auf Messers Schneide.

Der Sommer ist vorbei. Wie ich nur allzu genau weiß, habe ich die Stunden während der letzten Monate nicht mehr gezählt, sondern geradezu herbeigesehnt. Jeden Morgen habe ich zuerst einen Blick in das Kassenbuch in der Küche geworfen, in dem wir die Einnahmen vom Vortag notieren. Zwar waren die Zahlen nicht übermäßig berauschend – es war nun wirklich nicht so, als hätten wir es mit den Aktienkursen von Google zu tun –, aber ich blickte immer optimistischer in die Zukunft. Wir standen als Familie zusammen, erledigten unsere Arbeit, trafen die richtigen Entscheidungen und standen finanziell endlich auf halbwegs sicheren Beinen. Doch jetzt ging es erneut ums Überleben, und ich war schuld daran.

Ein echter Tausendsassa

An einem schönen Tag zu Herbstbeginn stürmt George in die Redaktion. Er ist soeben von einer vierwöchigen Sommerfrische in den Hamptons zurückgekehrt, seine Koffer stehen in der Diele, und er hat noch Sand an den Schuhen, als er uns zu einer Krisensitzung zusammenruft – keine Cocktails, keine belegten Brötchen, keine Anekdötchen in geselliger Runde, damit wir wenigstens ein bisschen warmlaufen könnten.

»Ich habe die Manuskripte gelesen, die ihr für die nächste Ausgabe vorgesehen habt.« Er schwenkt ein Konvolut Papier durch die Luft. »Das ist ja alles schauderhaft – die schlimmsten Texte, die ich je gelesen habe.« Dann sieht er plötzlich mich an. »Kannst du mir freundlicherweise erklären, was du an diesem Mist findest?« Er fängt an, aus einer der Geschichten vorzulesen, die ich ihm gegeben habe, ein ausgesprochen solides, McEwaneskes Stück Literatur einer jungen Autorin (deren Namen ich hier nicht preisgeben werde), deren Heldin, eine junge Frau, in eine ebenso dekadente wie perverse Familie einheiratet und von ihrer Schwangerschaft buchstäblich aufgefressen wird. Während er die ersten Sätze vorträgt, trieft Georges Stimme vor Hohn und Spott – ein Tonfall, den die beste Geschichte aller Zeiten nicht überleben würde.

»Das nennst du Literatur?« Ein maliziöses Grinsen erscheint auf seiner Miene. »Erkläre mir doch mal, warum? Ich bin ganz Ohr!«

Ich schweige, weil mir klar ist, dass die Frage rhetorisch gemeint ist. George hat keinerlei Interesse an einer Diskussion. Er will uns zeigen, wo der Hammer hängt, und weiß genau, dass keiner von uns aufmucken wird.

Er liest weiter vor, zieht meine Texte der Reihe nach durch den Kakao.

»Wie kann man als erfahrener Redakteur bloß auf derartigen Schund reinfallen?«, versucht er mich aus der Reserve zu locken. »Du liebe Güte, was für ein Dreck!«

Schließlich scheint ihm selbst aufzufallen, mit welcher Häme er über mich herzieht. »Tut mir leid, Ben. Ich will dich nicht bloßstellen. Aber ich hatte einfach das Gefühl … tja, dass hier einiges aus dem Ruder läuft. Wir müssen uns wieder auf das Wesentliche konzentrieren! Ich wollte euch bloß mal aus dem Schlaf schrecken, bevor hier alles den Bach hinuntergeht!«

Dann begibt er sich nach oben, während wir weiter konferieren.

Was sollen wir tun? Einige meiner Kollegen sind der Meinung, dass es George weder um das Magazin im Allgemeinen noch um unsere Veröffentlichungen im Besonderen ging; sie glauben, dass er einfach nur mal wieder zeigen wollte, wer hier der Boss ist, oder womöglich schlicht frustriert ist, weil er mit seinem Buch nicht vorankommt. Wahrscheinlich wollte er sich nur mal wieder Gehör verschaffen.

Ich bleibe bis spätabends in der Redaktion und schreibe ein Gutachten, in dem ich die Geschichte, die George

derart in die Tonne getreten hat, leidenschaftlich vertei-
dige und ihn bitte, seine Entscheidung noch einmal zu
überdenken. Aber das ist nur ein erster Schritt, da ich
mir fest vorgenommen habe, mit George über die Zukunft der *Review* zu sprechen, bevor es tatsächlich zu
spät ist.

∗∗∗

Knapp eine Woche später ruft mich frühmorgens jemand aus der Redaktion zu Hause an. Am liebsten würde ich nicht drangehen, da mich das untrügliche Gefühl
überkommt, dass am anderen Ende üble Nachrichten
auf mich warten. Aber das Telefon hört nicht auf zu
klingeln – offenbar hat jemand den Anrufbeantworter
abgeschaltet –, und schließlich bleibt mir keine andere
Wahl, als doch abzuheben.

Brigid ist dran. Sie musste in aller Herrgottsfrühe noch
ein paar Details in Sachen Herbstausgabe klären, die
gestern Nachmittag zur Druckerei gegangen ist. »Ich
hab's schon von weitem gesehen, als ich die 72. Straße
herunterkam«, sagt sie. »Ein Krankenwagen fuhr gerade
vor, und als ich ins Haus kam, bin ich Georges Schwester in die Arme gelaufen. George ist tot, Ben. Er ist über
Nacht gestorben, und seine ganze Familie war bereits
oben. Die Sanitäter sind kurz darauf wieder abgefahren,
und wenig später kamen schon die ersten Freunde und
Bekannten, um Abschied von ihm zu nehmen.«

Wie betäubt sitze ich in der U-Bahn und warte darauf,
dass mich meine Gefühle übermannen. Aber nichts passiert. Fakt ist, dass ich mehr als ein Jahr lang miterlebt
habe, wie sich Georges Gesundheitszustand mehr und

mehr verschlechterte, und trotzdem kann ich nicht glauben, dass ausgerechnet George von uns gegangen sein soll. Irgendwo tief in meinem Herzen bin ich fest davon überzeugt, dass er bloß mal wieder eine tolle Show abgezogen hat, um sie anschließend in einem Artikel für die *Review* zu verewigen.

Aber natürlich fällt meine Fantasievorstellung abrupt in sich zusammen, als ich die Redaktion betrete und in die versteinerten Mienen meiner Kollegen sehe. Und nun brechen auch bei mir alle Dämme. Als ich an meinem Schreibtisch sitze, kommt mir meine letzte Unterhaltung mit George in den Sinn, oben bei ihm in der Küche, und ich frage mich, ob ich womöglich nicht richtig mitbekommen habe, wie schlecht es ihm wirklich ging. Mein schlechtes Gewissen meldet sich: Hätte ich mich mehr um ihn kümmern müssen? Warum habe ich ihm dauernd mit Problemen in den Ohren gelegen, statt ihn ein wenig aufzubauen? So schwer es mir zunächst fällt, angesichts des Todes eines scheinbar so unbeschwerten Menschen wie George Verzweiflung und Trübsinn zu empfinden, wird mir nun doch bewusst, dass er eine leicht melancholische Aura hatte, auch wenn er diesen Wesenszug vor anderen meist verborgen hielt. Eine tiefe Traurigkeit ergreift Besitz von mir, während mir endgültig klar wird, dass ich ihn nie wiedersehen werde.

Die gesamte Redaktion ist untröstlich; alle würden am liebsten laut losheulen. Schließlich kommen wir überein, Georges Freunde und Bekannte anzurufen (eine Aufgabe, die buchstäblich mehrere Tage in Anspruch nehmen wird) und ihnen die traurige Nachricht persönlich zu übermitteln, bevor sie von Georges Ableben aus dem

Internet erfahren; und natürlich werden sie auch wissen wollen, woran George gestorben ist (an einem Herzinfarkt, wie wir am Tag darauf erfahren). Momentan können wir lediglich sagen, dass George offenbar einen ganz normalen Abend verlebt und mal wieder eine Party nach der anderen besucht hat. So war er eben: immer unter Menschen, stets private und öffentliche Person in einem. Und anscheinend hat er sich gut amüsiert, da er spät nach Hause kam und friedlich im Schlaf verschied – ein passendes Ende für ein Leben wie seines, obwohl ich glaube, dass er lieber dem Polarbären im Zoo in die Tatzen gefallen wäre.

Im Lauf der nächsten Wochen kehrt wieder Ruhe in der Redaktion ein. Wir überlegen gemeinsam, wie es weitergehen soll, doch als wäre Georges Tod nicht schon Tragödie genug, finden wir keine richtigen Antworten, wie die *Review* ohne ihn fortbestehen könnte. Was bedeutete George für das Magazin? Und wie kann er ersetzt werden? Reicht es, dass sein Geist weiterlebt, oder geht es nicht ohne seine persönliche Aura, seinen unfehlbaren Instinkt? Vielleicht ist die *Review* mit ihm gestorben, womöglich aber auch schon vor langer Zeit. Letzten Endes sind das natürlich rein akademische Fragen, mit denen sich besser ein Biograph oder ein Symposion beschäftigen sollte, aber es stehen Jobs auf dem Spiel, und nicht zuletzt geht es auch um den Namen einer der angesehensten Literaturzeitschriften Amerikas.

George hatte sich trotz seiner gelegentlichen Mahnrufe stets beharrlich geweigert, über die Zukunft nachzudenken. Einen Nachfolger hatte er nicht herangezogen, stattdessen gelegentlich damit kokettiert, dass die

Review im Falle seines plötzlichen Ablebens ganz einfach dichtgemacht werden sollte. Natürlich glaubte ihm keiner, nicht zuletzt deshalb, weil er vor nicht allzu langer Zeit auf Drängen seines Anwalts eine Treuhandgesellschaft gegründet hatte, um das Überleben der *Review* zu sichern. Zu den Treuhändern gehören eine Reihe von Georges Freunden aus der Verlagsbranche, Schriftsteller, Verleger und reiche Gönner, die zu Georges Lebzeiten zwar den einen oder anderen Scheck ausgestellt, sich aber nicht in die Belange der *Review* eingemischt haben. Nun aber, da George nicht mehr unter uns weilt, werden sie über kurz oder lang Farbe bekennen und die *Review* übernehmen müssen – eine Aussicht, die diejenigen von uns, die allzu oft unter Georges Ausfällen zu leiden hatten (also eigentlich alle), regelrecht herbeisehnen. Endlich sieht es so aus, als würden wir eine *professionelle* Leitung bekommen. Tatsächlich sagt uns einer der Treuhänder frei heraus, die *Review* müsse endlich »erwachsen« werden.

Die Ironie besteht darin, dass mir Georges Berufseinstellung – seine Hemdsärmeligkeit, sein Dilettantismus, wie immer man es auch nennen mag – durch mein eigenes Improvisieren in Tante-Emma-Land inzwischen erheblich verständlicher und sympathischer geworden ist. Wenn ich nun an den verhassten Stapel unverlangt eingesandter Manuskripte und all die nervtötenden Buchmessen denke, kommt mir nicht mehr unsere enge, chaotische Redaktion, sondern etwas ganz anderes in den Sinn: die Fähigkeit, flexibel zu bleiben, für alles offen zu sein und sich seine Leidenschaft zu bewahren, auch wenn es gar nicht so einfach ist, diese Philosophie anderen zu erklären, da man sich schnell so anhört, als sei man gegen Fortschritt und Erfolg. Und nachdem ich mir jahrelang selbst gewünscht habe, George möge endlich erwachsen werden, werde ich mich den neuen Entwicklungen sicher nicht in den Weg stellen. Außer natürlich, es gäbe gravierende Gründe dafür.

Uns läuft die Zeit davon. Die von George eingesetzten Treuhänder sind jedenfalls der Überzeugung, dass die Existenz der *Review* bereits gefährdet ist, wenn nur eine einzige Ausgabe ausfällt. Leider führt der damit verbundene Druck dazu, dass wir uns nicht angemessen mit Georges Tod und unserem Verhältnis zu ihm auseinandersetzen können. Statt uns mit ihm als Freund und Mensch zu beschäftigen, sehen wir auch weiterhin nur unseren ehemaligen Mentor und Chef in ihm.

Aber natürlich erinnern uns tausend Dinge an George und seine beeindruckende Persönlichkeit. Die schlohweiße Mähne, das Bostoner Patriziergesicht, die hochgewachsene Statur – er war ein Mann, der die Aufmerksamkeit anderer geradezu magisch anzog. Doch jetzt, da er nicht mehr unter uns ist, erinnere ich mich plötzlich, dass er noch eine andere Seite hatte: manchmal schlich er – fast wie mein Schwiegervater – auf so sachten Sohlen in die Redaktion, dass man höchstens das leise Quietschen einer Tür hörte, ehe seine gedämpfte Stimme ertönte: *Entschuldige die Störung, Ben. Sag mal, bist du gerade beschäftigt? Hättest du vielleicht Lust auf eine Runde Billard? Ach komm, leg das Buch weg, dafür ist später immer noch Zeit.*

In den Wochen nach Georges Tod ertappe ich mich mehr als einmal dabei, wie ich plötzlich seinen Schreibtischsessel über mir knarren höre, so wie immer, wenn er gerade nicht weiterkam. Und einmal dringt sogar seine Stimme von nebenan zu mir herüber, inklusive des unnachahmlichen Akzents und all seiner sprachlichen Eigenheiten (»Ja, sag bloß!«, »Potzblitz!«, »Pfui Teufel!«, »Ein echter Tausendsassa!«). Wie sich kurz darauf herausstellt, ist es sein Sohn Taylor, der uns einen Besuch in der Redaktion abstattet.

Während des letzten Jahres war mir aufgefallen, dass George nicht nur stets spielerisch und locker an die Arbeit ging. Wie so vielen erfolgreichen Menschen schien ihm alles leicht von der Hand zu gehen, aber natürlich war das nicht genug. George musste stets auch den Eindruck vermitteln, als sei alles nur ein großer Spaß – und ja, er war immer für ein Späßchen zu haben. Inzwischen aber weiß ich, dass Georges Frohnatur Teil seines Jobs und diese Facette seiner Persönlichkeit hart erarbeitet war.

Aber warum gibt jemand den Gute-Laune-Kasper, wenn es ihm oft Mühe bereitet und auch in finanzieller Hinsicht gar nicht notwendig ist? Vielleicht, weil man sich irgendwann daran gewöhnt, oder man sich nicht mit dem zufriedengeben will, was einem in die Wiege gelegt worden ist, weil man sich weiter verbessern, andere Menschen von sich überzeugen will, letzten Endes womöglich aus dem vagen Gefühl heraus, ihnen etwas schuldig zu sein. Vielleicht hatten George und ich doch mehr gemeinsam, als ich dachte.

Unerfüllte Wünsche

Wie so viele Karrierefrauen hat Gab Angst, dass sie mit dem Kinderkriegen zu lange warten könnte. Hyperorganisiert und zielbewusst, wie sie ist, hat sie sich sogar eine Deadline gesetzt: Spätestens mit 32 will sie Mutter sein. Ab 35 Jahren besteht nämlich ein größeres Risiko, ein behindertes Kind zur Welt zu bringen, und sie will genug Zeit haben, vorher auch noch ein zweites Kind zu bekommen.

Wenn nur ihr Ehemann mitspielen würde.

Den lieben langen Sommer über haben wir versucht, ihren »Plan« in die Tat umzusetzen – was gar nicht so einfach ist, wenn sich ständig irgendein anderes Familienmitglied in der Nähe aufhält. Wenn man dauernd damit rechnen muss, dass die Schwiegereltern jede Sekunde hereinplatzen könnten, fühlt man sich verständlicherweise ein wenig gehemmt, andererseits kann so etwas durchaus prickelnd sein. Schließlich sind wir ein verheiratetes Paar Anfang dreißig, und mit den Jahren lässt die sexuelle Anziehungskraft bekanntlich ein wenig nach. Nun aber war es, als seien wir plötzlich wieder Teenager, abgesehen davon, dass man es als Teenager permanent treiben will und es einem nichts ausmacht, zwischendurch spontan eine Nummer im Gartenschup-

pen zu schieben, während es heute häufig Hinderungs-
gründe gibt, à la »Ähm, jetzt? *Fear Factor* ist doch noch
nicht zu Ende« oder so. Und wenn man jung ist, hat man
den Vorteil, dass die Wunden schneller heilen, die man
sich zuzieht, wenn man mit der Hose um die Knöchel in
eine Kiste mit Gartengeräten fällt.

Und so verbrachten wir den Sommer mit richtig er-
wachsenem Sex und hofften darauf, die Natur würde
mitspielen. Aber irgendwie wollte es mit der Reproduk-
tion nicht klappen, und allmählich wurde Gab so ungeduldig, dass sie mich mehr und mehr an ihre Mutter
erinnerte. Obendrein ließ sie überall Kataloge mit Baby-
sachen und Bücher über Schwanger- und Mutterschaft
herumliegen – mit dem Resultat, dass Kay sofort im
Bilde war.

»Wie? Sie ist schon wieder beim Arzt?«, fragte mich
Kay neulich, als Gab bei der Schwangerschaftsberatung
war. Halb glaube ich, dass Gab das absichtlich tut, damit ihre Mutter sie zu ihrer Kräuterfrau in Flushing
schleppt – ein Pülverchen aus getrockneten Gottesan-
beterinneneierstöcken oder was auch immer könnte
schließlich Wunder wirken. Was mir ein wenig Angst
macht – was, wenn Kay mich für den »Schuldigen« hält
und mich Nashornpulver oder gemahlene Vielfraß-
hoden schlucken lässt? Oder, noch schlimmer, sogar zu
dem Schluss kommt, dass ich unfähig bin, meine wunderschöne Frau zu schwängern (Wie Donald Barthelme
einst schrieb: »Der Künstler ist von Natur aus zum
Scheitern verurteilt.«), und sie das Geld für die Vielfraß-
hoden genauso gut zum Fenster rausschmeißen könnte.

Eines Morgens quäle ich mich nach einer besonders

anstrengenden Nachtschicht aus dem Bett. Hundemüde schleppe ich mich in die Küche, um mir einen Kaffee zu machen, aber als mein Blick auf den Kühlschrank fällt, bin ich mit einem Schlag hellwach. Bevor Gab zur Arbeit gefahren ist, hat sie eine kleine Überraschung für mich an der Kühlschranktür befestigt. Nein, es handelt sich nicht um ein Ultraschallbild unseres ungeborenen Kindes, sondern um eine Notiz von ihrem Gynäkologen, auf der die Adresse einer Fruchtbarkeitsklinik sowie einige Masturbationstipps stehen mit der Überschrift: »ANLEITUNGEN ZUR ABGABE EINER SAMENPROBE«.

Nachdem ich die Notiz eingesteckt habe – ich kann nur hoffen, dass Kay sie noch nicht bemerkt hat, aber anscheinend ist außer mir niemand zu Hause –, rufe ich Gab im Büro an und frage sie, was sie sich dabei gedacht hat.

»Es klappt einfach nicht«, erwidert sie. »Und da habe ich überlegt, ob wir nicht professionelle Hilfe in Anspruch nehmen sollten.«

»Geht es dabei nur um mich? Vielleicht liegt es ja an dir!«

»Mach dir keine Sorgen«, beruhigt mich Gab. »Ich lasse mich auch testen.«

»Und warum musst du das gleich vor deiner ganzen Familie publik machen?«

»Ach was, du kennst doch meine Eltern. Die lesen doch sowieso nichts.«

»Von wegen. Deine Mutter pappt alles an die Kühlschranktür, das weißt du genau.« Wohl wahr: Ob Telefonnummern, Schichtpläne, Quittungen, Kay pflegt alles an den Kühlschrank zu heften. Und hätte ich nicht auf-

gepasst, hinge dort jetzt immer noch besagte Selbstbe-
friedigungsanleitung – als müsste irgendein männliches
Wesen jenseits des elften Lebensjahrs über solche Fines-
sen aufgeklärt werden. Kommen dort etwa regelmäßig
Drittklässler hin, um ihre Samenprobe abzugeben?

Nach unserem Telefonat setze ich mich erst mal ins
Wohnzimmer. Vielleicht hat Gab ja recht – hmm, womöglich sollte ich mich wirklich testen lassen. Soll ich es
jetzt gleich hinter mich bringen? Schließlich bin ich
noch im Schlafanzug, und da sowieso niemand da ist...
O nein, du lieber Himmel! In zwei Stunden haben wir
Redaktionskonferenz, und es wäre wohl nicht besonders
professionell, wenn ich zu spät kommen würde, weil ich
mir noch schnell... Okay, George hätte sicher Verständ-
nis dafür gehabt – »Ach, deshalb bist du zu spät? Kein
Problem, ich hab vorhin erst selbst die Handmaschine
benutzt...« Aber George ist eben nicht mehr unter uns.

Einerseits glaube ich, dass es nur an Gabs Ungeduld
liegt; zwar warten wir jetzt schon seit einem halben Jahr
darauf, dass sie schwanger wird, doch in Wahrheit brauchen andere Paare in unserem Alter noch viel länger, bis
es endlich klappt. Andererseits frage ich mich: Liegt es
vielleicht an uns selbst? Wäre es möglich, dass wir
biologisch nicht zusammenpassen, irgendwie allergisch
aufeinander reagieren? Dass unsere Persönlichkeiten auf
Sperma-Eizelle-Level aufeinanderprallen und meine
sensiblen kleinen Grübler sich einfach nicht mit Gabs
ehrgeizigen Gipfelstürmern vertragen wollen? Allmählich frage ich mich, ob meine kleinen Bens, die bestimmt
ebenso zum Kopfzerbrechen neigen wie meine Wenigkeit selbst, womöglich von ihrer eigentlichen Arbeit ab-

gelenkt sind, wenn sie sich mitten im Geschehen fragen: »Wer wird wohl das Rennen machen? Und warum hat gerade er das Privileg, das gelobte Land zu erobern?«

* * *

Ich habe immer schon unfreiwillig andere Menschen nachgeahmt. Ich übernehme nicht nur ihren Akzent, sondern auch ihre Gestik, ihre sprachlichen Eigenheiten und schließlich – Sprache bestimmt nun einmal unsere Wahrnehmung – sogar ihre Lebenseinstellung. Was schon in alltäglichen Situationen problematisch genug ist. Und wenn man kurz in Erwägung zieht, wie vielen Leuten man täglich an der Registrierkasse in einem New Yorker Deli begegnet, kann man sich vorstellen, dass ich mich zuweilen wie ein Imitator bei einer Improvisationstruppe fühle. *He, mach mal einen französischen Diplomaten! Zeig uns den albanischen Killer! Und jetzt den Müllmann aus der Bronx!*

Der Schlüssel zu solcher Mimikry liegt darin, dass man sich mehr oder weniger komplett von seiner eigenen Persönlichkeit löst. Man ist quasi auf der Suche nach einer Rolle, in die man schlüpfen kann – übrigens nichts Ungewöhnliches, wenn man spätabends in einem Deli arbeitet. Manchmal ist einfach nichts los, und Stunden verstreichen, ohne dass auch nur ein einziges bekanntes Gesicht auftaucht. Während solcher Durststrecken steht man an seinem angestammten Platz – an der Kasse, den Blick zur Tür gerichtet – und fühlt sich, als befände man sich in einem Traum. Hat da eine verhutzelte alte Frau gerade tatsächlich eine geschlagene Viertelstunde lang auf Spanisch mit unserer Käseauslage gesprochen? Gibt es tatsächlich Eis mit Schlagsahne-geschmack, nach dem ein Kunde vorhin verlangt hat? In solchen Augenblicken könnte wirklich jeder durch die Tür treten – der Präsident der Vereinigten Staaten, Donna Ledbetter, meine Freundin aus der sechsten Klasse oder ein Mann mit Bocksbeinen –, und es würde mich kein bisschen überraschen. Und auch ich kann mich jederzeit neu erfinden, einen neuen Akzent ausprobieren oder gar eine neue Persönlichkeit. Selbst chemische Drogen könnten mir nicht dieses seltsame Gefühl verschaffen, das an manchen Abenden unweigerlich Besitz von mir ergreift: *Woher komme ich? Warum bin ich eigentlich hier?*

Doch obwohl ich nach Kräften gegen diesen unheimlichen Sog ankämpfe, macht mein Widerstand meist alles nur noch schlimmer. Es ist wie in *Nightmare – Mörderische Träume*, wenn sich die Hauptfiguren immer wieder einschärfen, bloß nicht einzuschlafen, bloß nicht einzuschlafen, bloß nicht... und im selben Augenblick kommt ein Brandversehrter herein, dem das halbe Gesicht fehlt, klopft mit seiner Klaue – ach, doch nur seinem Autoschlüssel – an die Theke und fragt nach Vollkornbrot.

Zugegeben, meine Probleme sind harmlos, wenn man sie mit den Identitätskrisen anderer Menschen vergleicht. Einwanderer etwa befinden sich ständig im Spagat zwischen ihrer weit entfernten, mysteriösen Heimat und der nicht weniger rätselhaften Welt, in der sie gelandet sind. Nun gut, mein eigener Ursprung ist nicht sonderlich geheimnisvoll. Über meine Vorfahren kann ich so gut wie alles herausfinden: wo sie lebten, wie viele Kinder sie hatten und welche Universität sie besuchten. Außerdem hatten diese Menschen eine richtige *Identität*. Auch wenn sie keine komplett uniforme Gruppe darstellten, waren sie sich doch allesamt ziemlich ähnlich – kein Wunder, da sie allzu oft Cousins oder Cousinen heirateten. Ihre Vorfahren stammten aus England (die meisten aus Ostanglien) und waren nicht als Individuen, sondern zusammen mit ihren Familien nach Amerika gekommen. Das ist ein wichtiger Umstand, da die neuenglischen Siedler derart aggressiv auf Familie fixiert waren, dass Alleinstehende ausgegrenzt und letztlich gezwungen wurden, sich anderen Familien anzuschließen, wenn sie keine eigenen gründen konnten. Außerdem gehörten sie fast allesamt der Mittelklasse an – viele waren Händler, Handwerker, Geistliche – und waren großteils außerordentlich gebildet. Der wichtigste Faktor aber war, dass sie die gleiche Weltanschauung hatten; sie hingen der Vergangenheit an, waren fest in ihren Traditionen verwurzelt. Interessant ist in diesem Zusammenhang auch, dass viele Nachfahren der Pilgerväter, die sich von der Church of England losgesagt und dafür Verfolgung, Gefängnis und Exil in Kauf genommen hatten, ebendieser Kirche innerhalb weniger Generationen wieder beitraten. Einige meiner Ahnen kämpften während der Revolution sogar auf englischer Seite. Und obwohl meine Familie fast ein halbes Jahrhundert Zeit hatte, ihre neu erlangte Freiheit zu genießen und sich zu ändern, passierte nichts dergleichen. Das puritanische Erbe blieb bestehen, auch als die Puritaner selbst längst passé waren.

Wie also kann jemand wie ich überhaupt eine Identitätskrise haben? Wie kann sich jemand wurzellos fühlen, der knietief in der Geschichte verwurzelt und obendrein noch in *Boston* aufgewachsen ist?

Tja, in gewisser Weise *ist* Boston das Problem. Boston bietet ein kunterbuntes Völkergemisch – Iren, Juden, Schwarze, sogar Armenier –, doch vor allem ist die Stadt durch und durch puritanisch. Die städtischen Institutionen, die Lebensart der Bürger, Sitten und Bräuche – alles atmet puritanisches Erbe. Angefangen bei den Schildern, die an fast jeder Straßenecke an irgendeine historische Begebenheit erinnern, blickt keine andere Metropole in den Vereinigten Staaten so sehr auf ihre Geschichte zurück. Keine andere amerikanische Stadt ist so sehr davon überzeugt, dass sie die »Auserwählten« stellt, nirgendwo sonst spielen Herkunft und Bildung eine derart exponierte Rolle und herrscht ein nüchterneres Klima. In Boston aufzuwachsen bedeutet, Mode für etwas völlig Überflüssiges zu halten, den Namen Caleb normal zu finden und sich selbst stets bescheiden in den Hintergrund zu stellen. Um sich zu vergegenwärtigen, wie sonderbar das alles ist, zieht man am besten schnellstmöglich an einen anderen Ort – Entwurzelung tut not.

In diesem Sinne habe ich in den letzten zwei Jahren eine ausgesprochen gute Erfahrung gemacht. Zuerst begann sich meine Persönlichkeit zu lockern, meine ohnehin schon labile Psyche aufzuweichen. Zudem wurde ich Werten ausgesetzt, die diametral im Gegensatz zu jenen standen, mit denen ich aufgewachsen war: Im Kosmos meiner Schwiegereltern zählen Resultate eben mehr als die Prozesse, die zu ihnen führen, und während ich es gewohnt war, tief in der Geschichte und der Tradition meiner Familie verwurzelt zu sein, musste ich feststellen, dass man mit einem Kleinunternehmen ganz auf sich allein gestellt ist. Mit einem Mal stand ich zwischen zwei Weltanschauungen: dem Ehrgeiz koreanischer Einwanderer, die die soziale Leiter möglichst schnell erklimmen wollen, und der Denkweise meiner Vorfahren und meiner Familie, jenen Menschen eben, die stets auf die Bremse treten und jegliche Art von Fortschritt seit jeher mit höchstem Misstrauen betrachten.

Und so scheint es, als habe sich mein Blickwinkel mehr als nur ein klein wenig erweitert. Und Perspektive ist eine wichtige Sache, vielleicht sogar die wichtigste überhaupt.

Manche Konflikte aber lassen sich schlicht und einfach nicht lösen. Die einen Werte lassen sich eben nicht mit den anderen unter einen Hut bringen. Am Ende muss man eine Wahl treffen – denn eine Seite muss die Oberhand behalten, oder?

*＊＊

Im November fliegen Gab und ich nach Denver zur Hochzeit eines Freundes. Es ist unser erster richtiger gemeinsamer Trip seit Eröffnung des Deli. Zum ersten Mal seit langer Zeit übernachten wir wieder in einem Hotel. Das Zimmer riecht nach Desinfektionsmittel, das Fenster geht auf den Highway hinaus, aber ich bin so aufgeregt wie damals, als ich noch ein kleiner Junge war. Das Beste ist, dass Gabs Fruchtbarkeitszyklus, den sie akribisch in ihrem Wochenplaner festhält, einen Tag nach der Hochzeit seinen Höhepunkt erreicht. Weshalb ich unsere Rückkehr um vierundzwanzig Stunden hinausgeschoben und einen Wagen gemietet habe, um mit ihr einen lauschigen Abend in Steamboat Springs zu verbringen, einem höchst romantischen Ort in den Rocky Mountains.

Vielleicht hilft uns der Aufenthalt in Colorado ja weiter. Ich habe hier ein paar Jahre meines Lebens verbracht, und die Gegend ist sozusagen mein Wohnzimmer. Die Landschaft ist sinnlich und zerklüftet, und ein kleiner Ausflug in die Berge könnte Wunder wirken. Die hoch aufragenden Felsmassive haben etwas Männliches an sich, künden gleichsam von Abenteuer und Wagemut, gerade jetzt, da die Wintersaison begonnen hat und einige der lawinengefährdeten Pässe, über die man zu Orten wie Steamboat Springs gelangt, mit Sicherheit in Kürze geschlossen werden.

Während wir uns der Wolkengrenze nähern, fahren wir direkt in einen Schneesturm hinein, und ich fühle mich, als könnte ich ein paar Vielfraße mit eigenen Händen erlegen. Doch dann fällt mir auf, wie Gab immer kleiner zu werden scheint und sich nervös auf dem Beifahrersitz zusammenkauert. *Kommt ja noch besser als geplant,* denke ich.

Als wir in unserem Hotel einchecken, sind es noch sechs Stunden bis zum magischen Moment. Da die Skisaison noch nicht begonnen hat, lässt sich in Steamboat Springs wenig mehr unternehmen, als sich bereits nachmittags in eine der vielen Bars zu setzen, in denen man Chili-Enchiladas essen und quasi in einer Endlosschleife alte Jimmy-Buffett-Hits hören kann. Auf Rat der Dame an der Rezeption beschließen wir also, uns vor Sonnenuntergang noch die natürlichen heißen Quellen anzusehen, die etwa eine halbe Stunde außerhalb des Ortes liegen.

Und damit beginnt der ganze Schlamassel. Die heißen Quellen befinden sich am Ende einer Landstraße, die sicher problemlos befahrbar wäre, hätte es nicht erneut zu schneien begonnen – große, schwere Flocken, die in ihren eigenen kleinen Umlaufbahnen zu schweben scheinen. Schließlich verschwindet auch noch die Sonne hinter den steil aufragenden Felswänden des Yampa Valley. Gegen 18:00 Uhr erreichen wir die Quellen, aber man kann ohnehin kaum noch die Hand vor den Augen erkennen. Vor uns erstreckt sich ein schlammiger, unasphaltierter Weg, der sich in engen Serpentinen den Hang hinaufwindet.

»Siehst du das Schild da drüben?« Gab deutet auf eine unmissverständliche Warnung, die Serpentinen unter *keinen* Umständen ohne Vierradantrieb zu befahren. Unser Mietwagen hat natürlich keinen. Außerdem weist Gab darauf hin, dass unsere Versicherung unmittelbar erlischt, sobald wir nicht mehr auf Asphalt fahren.

»Vergiss es«, sagt sie. »Lass uns lieber zurückfahren.«

Sie hat recht. Als ich einen Blick auf mein Handy werfe, stelle ich fest, dass wir hier draußen keinen Empfang haben. Zudem haben wir weit und breit kein Haus oder ein anderes Auto gesehen. Wir könnten den Rest des Wegs zwar zu Fuß gehen, aber da wir nur Sportschuhe und leichte Mäntel tragen, wäre das eine echte Schnapsidee.

Tja, aber was hat man für eine Wahl, wenn man sich auf einen wahrhaft leidenschaftlichen Akt einstimmen und ein neues Leben zeugen will, nachdem man quer durch die Vereinigten Staaten geflogen und Schnee und Eis getrotzt hat, um eine heiße Quelle in den Bergen zu besichtigen?

Und so stapfen wir die Serpentinen hoch, während ich mich im Stillen frage, ob ich mich nun für Puritaner- oder Einwandererwerte entscheiden soll. Ich habe es satt, pausenlos zu grübeln, mich permanent in der »Zentrifuge des Ewigen« zu drehen, wie es einer meiner Redak- teurskollegen neulich ausgedrückt hat. Innerlichkeit kann eine gute Sache sein, solange sie einen nicht zu erdrücken droht. Die Puritaner waren weiß Gott introver- tierte Leute, aber auch durchaus Männer der Tat, die sich zu engagieren wussten, wenn es darauf ankam. Endlich haben wir die Anhöhe erklommen, und vor uns liegen die heißen Quellen in all ihrer brodelnden Herrlichkeit. Eine gute Stunde lang wandern wir zwischen ihnen um- her, und mir gefällt es sogar besser als erwartet. Ich bin wirklich kein New-Age-Freak, doch plötzlich ist mir, als würden sich all meine vergangenen und aktuellen Sor- gen – vom Kauf des Ladens über das Zigarettendrama bis hin zu unserem Schwangerschaftsproblem – kurzerhand im 40 Grad heißen Wasserdampf auflösen. Ich fühle mich pudelwohl, aber wer würde sich nicht wohl fühlen, wenn er von wunderbaren 40 Grad umschmeichelt wird?

Meine kleinen Bens, wie wir kurz darauf erfahren. Ob die kleinen Kerle Zauderer sind oder schlicht zu viel nachdenken, spielt nämlich keine Rolle mehr, wenn sie bei 40 Grad gesotten werden. Nun ja, jedenfalls sind sie so schlapp von der Hitze, dass sie ihre Schwänzchen kaum bewegen können. Im Hotel sollten sie dringend ein Schild anbringen, das vor den Nebenwirkungen dieses Ausflugs warnt: »Die heißen Quellen bieten eine ausgezeichnete Möglichkeit, Schwangerschaften zu verhindern, speziell für Männer, die es ohnehin nicht geregelt kriegen.«

Zu diesem Zeitpunkt wissen wir natürlich noch nichts davon, sondern finden es erst heraus, als wir zurück im Hotel sind und Gab in einem ihrer Schwangerschaftsbücher davon liest. Das ist auch gut so – denn an den heißen Quellen hatten wir endlich mal wieder richtig Spaß miteinander, frei und ohne Hintergedanken, so wie die Erwachsenen, die wir einmal waren und vielleicht eines Tages wieder sein werden.

***

Auf dem Rückflug von Colorado starre ich auf die schachbrettartig angeordneten Felder der Landschaft unter mir, als mir urplötzlich aufgeht, dass ich eigentlich ein ganz anderes Schachbrett vor mir sehe – die spülwasserfarbenen Fliesen, auf die ich normalerweise von meinem Platz hinter der Kasse blicke. Im selben Augenblick wird mir klar, wie sehr ich mich danach sehne, endlich wieder nach Hause zu kommen. Drei Tage lang waren Gab und ich fort, und wenn ich es mir recht überlege, ist keine Stunde vergangen, in der ich nicht an unseren Deli gedacht habe. Zwischendurch habe ich Gab sogar gebeten, bei Kay anzurufen und sich zu erkundigen, wie die Geschäfte laufen. Gab fehlt der Laden auch, aber sie ist zu sehr mit Babys beschäftigt, um allzu viele Gedanken daran zu verschwenden. Ich hingegen sehe den Wonnen, die mich erwarten, bereits mit Ungeduld entgegen – den Tagen, an denen Lieferungen eintreffen und die Regale frisch bestückt werden können, den Wochenenden, wenn mich die Vorfreude bereits am Freitagmorgen packt, und natürlich all den Stunden, wenn sich derart viele Kunden im Laden drängeln, dass wir zusätzliche Aushilfen benötigen und uns quasi telepathisch verständigen müssen, eine Art menschliches Fließband bilden, bei dem ein Rädchen ins andere greift. Während solcher Stoßzeiten kommt es mir manchmal vor, als würde ich nicht mit meinen eigenen, sondern mit Gabs oder Kays Händen arbeiten, als sei ich kein Individuum mehr, sondern Teil eines einzigen großen Organismus. Es ist zwar keine besonders anspruchsvolle Tätigkeit, aber dafür schafft sie ein Gefühl von Gemeinschaft und Verbundenheit.

Leider funktioniert unser Experiment, einen Tante-Emma-Laden ohne Tabakwaren zu führen, nicht besonders gut. Und zwar nicht bloß wegen des fehlenden Umsatzes oder der nach und nach abwandernden Kunden, die sonst stets Zigaretten *und* Bier, Lebensmittel oder die Zeitung zu kaufen pflegten, sondern vor allem wegen des Signals, das wir damit aussenden. Plötzlich stehen wir wie Oberlehrer da. Selbst einige Nichtraucher finden es merkwürdig, in einem Deli einzukaufen, in dem es keine Zigaretten gibt. Und es nützt nichts, zu großen Erklärungen anzusetzen, da manche Kunden über unseren Tabakverkaufsstopp so erbost sind, dass sie uns allen Ernstes mit Gegenständen bewerfen oder einfach grußlos den Laden verlassen. Hier in New York fühlen sich Raucher nach all den Vorschriften, die ihnen in den letzten Jahren aufs Auge gedrückt worden sind, ohnehin als Verfolgte. »Und jetzt werden wir auch hier noch diskriminiert!«, schnauzte mich neulich ein Kunde an. »Leckt mich doch alle, verdammt noch mal!«

Noch tragischer ist der Umstand, dass wir uns endlich halbwegs etabliert hatten und unser Laden schließlich doch von der Nachbarschaft angenommen worden war, obwohl unser Angebot nach wie vor nicht zusammenzupassen schien. In gewisser Weise führte unser Deli ein Doppelleben – wie so viele New Yorker, die tagsüber als Kellner und abends als Schauspieler am Theater arbeiten, um sich und ihre Familie durchzubringen. Wir hatten Kunden mit verschiedensten Bedürfnissen, und trotzdem war es uns irgendwie gelungen, sie allesamt zufrieden zu stellen. »Einen kleinen Laden zu betreiben«, hat jemand neulich zu mir gesagt, »bedeutet, Vertrauen in die Welt zu haben. Du riskierst deinen Ruf, deine Familie, deine Zukunft, aber am Ende wird dein Vertrauen belohnt werden.« Und in jenem Sommer gab es allen Grund, daran zu glauben.

Koma

Ein paar Tage, nachdem wir aus Denver zurück sind, schlafen Gab und ich noch, als Edward zu uns in den Keller kommt, was sonst so gut wie nie passiert. Er flüstert Gab irgendetwas auf Koreanisch zu, worauf sie abrupt aus dem Bett springt.

Ich setze mich auf und frage mich, was los ist. Haben wir verschlafen? Ist etwas im Laden passiert? Und wenn, warum hat Edward dann Gab geweckt und nicht Kay? Vielleicht hat Kay wieder mal schlecht geschlafen; sie macht sich Sorgen wegen der Zigarettenaffäre, kann nachts nicht schlafen und nickt tagsüber immer wieder ein. Offenbar leidet sie an nervöser Erschöpfung. Sie ist gedanklich abwesend und macht immer wieder Fehler, die ganz und gar nicht zu ihr passen – sie verrechnet sich, vergisst Dinge, die dringend erledigt werden müssten; ausgerechnet sie, Kay, die sonst nie im Leben etwas vergessen würde. Gestern hätte sie in der Küche um ein Haar in Flammen gestanden, und ihre Hände sind von Brandblasen übersät. Sie wirkt fahrig und raucht mehr als je zuvor, mit dem Ergebnis, dass sie dauernd krank ist. Als ich sie oben husten höre, frage ich mich wieder einmal, was wir tun können, damit Kay ein wenig besser auf sich Acht gibt.

Dann wird es dramatisch. Plötzlich höre ich, wie Gab ihre Mutter anfleht: »Was ist denn los? Bitte, Mom, sag doch etwas!« Als ich ins Wohnzimmer laufe, erblicke ich Kay, die zusammengesunken auf dem Boden hockt. Ein wenig sieht es aus, als sei sie bei einer Yogaübung eingenickt. Gab kniet neben ihr, Edward steht mit kreidebleicher Miene daneben.

»Was ist passiert?«, frage ich.

»Ich weiß es nicht«, erwidert Gab. »Mein Vater sagt, sie habe ein Grippemittel genommen, und jetzt wacht sie nicht mehr auf.« Sie rüttelt an Kays Schulter, so fest, dass Kay beinahe zur Seite kippt.

»Ich ... alles okay«, murmelt Kay schließlich, ein gutes Zeichen, da sie uns immerhin zu hören scheint. Doch ihre Zunge verschleppt die Silben; ihre Stimme klingt schwach.

Gab bringt sie vorsichtig in eine liegende Position und legt ihr ein Kissen unter den Kopf. Selbst das matte Morgenlicht scheint Kay Schmerzen zu bereiten; sie verzerrt das Gesicht, als ihr Blick zum Fenster fällt.

»Am besten, wir rufen den Notarzt«, sage ich.

Gab und Edward wechseln einen besorgten Blick. In Gabs Familie sind Ärzte und Krankenhäuser äußerst unbeliebt; stets wartet man bis zum allerletzten Moment, ehe professionelle Hilfe in Anspruch genommen wird.

»Kein Arzt«, bringt Kay mühsam hervor. »Zu teuer.« Was mal wieder so typisch Kay ist, dass ich innerlich den Kopf schüttele und einen Augenblick lang denke: *Wird schon nichts Wildes sein. Kay erholt sich bestimmt im Handumdrehen.*

Trotzdem bestehe ich darauf, dass wir sie ins fünf

Minuten entfernte Krankenhaus bringen. Auf der Fahrt scheint sich ihr Zustand sogar noch zu verschlechtern.

»Ich spüre ihren Atem nicht mehr«, sagt Gab, während sie ihre Mutter auf dem Rücksitz im Arm hält. »O nein! Warum ist sie so blass?« Ich trete aufs Gas. Als wir kurz darauf die Notaufnahme erreichen, eilt uns bereits eine Schwester mit Krankentrage entgegen.

»Was ist passiert?«, fragt sie.

Hilflos gestehe ich ein, dass ich es nicht weiß. Die Schwester fühlt Kays Puls, zieht eine alarmierte Miene und verschwindet mit Gab in den Tiefen des Krankenhauses, einem alten Bau, der Gab und mir nicht ganz geheuer ist, seit wir in der Zeitung gelesen haben, dass die Klinik pleite ist und mehrere Gebäudetrakte leer stehen.

Stunden vergehen. Wir sitzen im Wartezimmer der Notaufnahme, bekommen mit, wie ein Unfallopfer hereinhinkt, gefolgt von einer alten Dame, die offenbar einen Schlaganfall erlitten hat. Plötzlich erinnere ich mich daran, was Kay neulich auf dem Nachhauseweg von der Abendschicht zugestoßen ist. Nachdem sie den Laden verlassen hatte, fuhr sie über die Atlantic Avenue zum Brooklyn-Queens Expressway, wo man sich in den Strom der anderen Autos einfädeln muss, die an dieser Stelle mit gut sechzig Sachen unterwegs sind. Versehentlich bremste sie einen Taxifahrer aus, der, statt einmal kurz aufzublenden, eine kleine Ewigkeit auf die Hupe drückte, sie dann bis zum Gowanus Expressway verfolgte, sich schließlich vor sie setzte und immer wieder abrupt auf die Bremse trat. Kay gelang es nicht, auf die rechte oder linke Spur zu wechseln – wie auch? –, was zur Folge hatte, dass sie sich unvermittelt in einem Mahlstrom hupender, vorbeizischender Fahrzeuge befand, mit diesem Psychopathen vor sich, der keine Gnade zu kennen schien. Sie hatte panische Angst, einen tödlichen Unfall zu bauen, doch gleichzeitig blickte sie von der Schnellstraße hinunter auf die Dächer des friedlich daliegenden Brooklyn, während ihr die Freiheitsstatue vom Horizont aus zuzwinkerte. Sie wartete darauf, dass der offenbar geisteskranke Taxifahrer sie rammen würde, doch dann ließ er sich zurückfallen, als habe ihn das wunderschöne Panorama ebenso beeindruckt, zog nach rechts und zischte Richtung Südbrooklyn ab. Kay fing sich wieder, und irgendwie gelang es ihr, doch noch heil nach Staten Island zu kommen. Das war vergangenen Sommer passiert, und seitdem lebte sie in steter Angst, jenem Taxifahrer noch einmal zu begegnen, erzählte uns aber zunächst nichts davon, weil sie befürchtete, wir würden sie kritisieren oder nicht mehr allein nach Hause fahren lassen.

Als ich davon erfuhr, fühlte ich mich einen Moment lang wie vor den Kopf geschlagen. Ich fragte mich, was meine Schwiegermutter uns sonst noch verheimlichte. Und nun, während ich mit Gab in der Notaufnahme saß, stellte ich mir die bange Frage, ob sie uns auch etwas über ihren Gesundheitszustand vorenthalten hatte. Schon als wir den Laden gekauft hatten, war sie öfters unpässlich gewesen, und die stressigen Schichten hatten ihr sichtlich zugesetzt. Zwar sagte sie immer, alles sei »so weit okay«, doch immer wieder war sie körperlich am Ende, oft, wenn sie gerade das Haus geputzt hatte (das dann immer aussah, als sei ein Wirbelsturm durch die Räume gefahren, inklusive schiefhängender Bilder, herausgerissener Kabel und entzweigebrochener Moppstiele); aber vielleicht musste sie auch nur dem Umstand Tribut zollen, ein Leben lang für zwei gearbeitet zu haben.

Aber natürlich wäre ebenso gut möglich, dass Kay uns rein gar nichts vorenthalten hat. Vielleicht haben wir schlicht und einfach nicht bemerkt, wie ihr die Knochenarbeit im Laden zusetzte.

Schließlich kommt doch noch eine Krankenschwester zu uns. »Sind Sie mit Kay Pak verwandt?«, fragt sie. Inzwischen ist es Abend; wir haben den ganzen Tag in der Notaufnahme verbracht und wissen immer noch nicht, wie es um Kay steht. Gab ist mit den Nerven am Ende. »Folgen Sie mir bitte.«

Kurz darauf stellt sich uns ein freundlicher junger Arzt vor, schätzungsweise ein Pakistani oder Inder. Er informiert uns darüber – Schock Nummer eins –, dass Kay einen Herzinfarkt erlitten habe und sich glücklich schätzen könne, dass wir sie ins Krankenhaus gebracht hätten.

»Herzinfarkt?«, stottern Gab und ich fassungslos. »Aber … sie hatte doch keine Schmerzen in der Brust … und sie ist erst fünfundfünfzig … sie hatte noch nie Herzprobleme.«

Geduldig wartet der Doktor ab, bis wir uns einigermaßen gefasst haben, ehe er uns den zweiten Schock versetzt: Wie die Untersuchungen ergeben haben, war es nicht Kays erster Herzinfarkt – offenbar hat sie vor Jahren schon einmal einen erlitten.

»Ihre Mutter ist eine starke Frau«, wendet er sich an Gab, wobei ein leises Lächeln seine Lippen umspielt, als kenne er Kay schon seit Ewigkeiten. »Trotzdem kann sie nicht in diesem Stil weitermachen.« Er erklärt uns, ihr Blutdruck sei extrem hoch; ihre Blutzuckerwerte bezeichnet er ebenfalls als äußerst bedenklich. »Außerdem hat sie Übergewicht«, fährt er fort. Sie müsse dringend Sport treiben und das Rauchen aufgeben.

»Kann sie denn weiter arbeiten?«, fragt Gab.

»Was macht Ihre Mutter beruflich?«, fragt der junge Arzt.

Gab erzählt ihm von unserem Laden.

»Damit muss sie sofort aufhören«, erwidert der Doktor. »Diese Art von Stress ist Gift für Ihre Mutter. Sie sollte auf jeden Fall ein halbes Jahr aussetzen und zur Ruhe kommen. Und dann sollte sie sich einen anderen Job suchen. Die Arbeit in Ihrem Laden wird sie über kurz oder lang umbringen, fürchte ich.«

Gab und ich nicken. Wir können es immer noch nicht fassen, sind gleichermaßen besorgt wie bestürzt, doch auch erleichtert, dass wir rechtzeitig erfahren haben, wie es um Kays Gesundheit steht.

Dann aber folgt der dritte Schock – als wir den Doktor fragen, ob wir mit Kay sprechen können.

»Leider nein«, erwidert er. »Wir haben sie vorübergehend in ein künstliches Koma versetzt.«

Ein künstliches Koma?, denke ich. Tja, anders ist es wohl nicht möglich, Kay den Wind aus den Segeln zu nehmen. Sobald sie aus dem Koma erwacht, wird sie sich wahrscheinlich die Schläuche aus den Armen reißen, Gab bitten, ihr sofort eine Packung Parliaments zu besorgen, und anschließend im Badezimmer eine rauchen. Vor meinem inneren Auge sehe ich, wie sie ein paar

Tage später im Laden auftaucht und uns anfaucht, ob wir allein überhaupt nichts auf die Reihe bekämen (obwohl Emo und Dwayne erstklassige Arbeit leisten).

»Können wir sie wenigstens kurz sehen?«, fragt Gab. »Nur einen Augenblick?«

Nachdem wir ihm versprochen haben, uns so leise wie möglich zu verhalten, führt uns der Arzt in ein wahrhaft erbärmliches Krankenzimmer, eine trübe beleuchtete Kammer ohne Fenster. Die Wände sind fleckig, in der Ecke stehen ausrangierte Gerätschaften. So sympathisch mir der junge Doktor ist, am liebsten würde ich Kay auf der Stelle aus dem Bett heben und in irgendeine moderne Klinik in Manhattan bringen, was auch immer es kosten mag. Doch dann zieht die Schwester einen Vorhang zurück, und vor uns liegt Kay; sie ist an so viele Maschinen angeschlossen, dass ich sie unmöglich davon befreien und anderswo hinschaffen könnte. Sie ist fixiert und intubiert worden; ihre Gesichtsmuskeln sind im Koma so erschlafft, dass ich sie kaum wiedererkenne. *Das ist gar nicht Kay!*, würde ich am liebsten herausplatzen. *Sie liegt auf irgendeiner anderen Station – lass uns sofort nachsehen, ob alles mit ihr in Ordnung ist!*

Im selben Moment aber erblicke ich Kays Kleidung, die über dem Plastikstuhl neben dem Bett hängt: ihre Hose und das orangefarbene, ärmellose T-Shirt, das sie so oft trägt. Tränen steigen mir in die Augen, und so drehe ich mich um und verlasse den Raum, ehe mich meine Gefühle übermannen.

✳✳✳

Drei Tage später erwacht Kay aus dem Koma. Nachdem die Ärzte sie erneut untersucht haben, versammeln wir uns um ihr Bett und erklären ihr, dass wir den Deli um ihrer Gesundheit willen verkaufen werden.

Mit versteinerter Miene hört sie uns zu; so hilflos, so resigniert habe ich meine Schwiegermutter nie zuvor gesehen. Wider Erwarten reißt sie sich nicht die Schläuche aus den Armen und fährt auch niemanden an, dass sie immer noch selbst bestimme, was sie tue oder lasse. Sie sitzt einfach nur da und hört zu, ohne den geringsten Widerstand zu leisten. Zwar tut es mir leid, dass wir sie derart massiv bedrängen, aber bei jemandem, der so stur ist wie Kay, bleibt einem keine andere Wahl. Und da wir ihr helfen wollen, egal ob sie uns versteht oder nicht, müssen wir ihr mit allem Nachdruck klarmachen, dass es so nicht weitergehen kann.

Nachdem wir ihr erklärt haben, warum sie sich überhaupt im Krankenhaus befindet (sie kann sich an nichts erinnern), scheint sie tatsächlich zu begreifen, dass sie mit ihrem Leben gespielt hat. Ganz sicher aber bin ich mir nicht: Kay mag Einsicht zeigen, aber vielleicht schämt sie sich auch nur, dass sie nicht stark genug war und nun zu Hause Däumchen drehen muss, weil sie nicht mehr arbeiten darf.

Wie auch immer, sie willigt ein, sich in nächster Zeit zu schonen, während wir in den nächsten Tagen genau darauf achten, dass sie nicht plötzlich anfängt, das Haus zu putzen, oder sich auf eine Zigarette nach draußen schleicht. Es ist absurd, Babysitter für eine Erwachsene zu spielen, vor allem für eine so unabhängige und vitale Frau wie sie; jedenfalls fühle ich mich ausgesprochen unwohl in dieser Rolle und hoffe, dass sie mir künftig erspart bleiben wird.

Gott sei Dank aber hat Kay sich bald wieder erholt; ihre Kräfte kehren zurück, und schon nach wenigen Tagen bettelt sie uns an, endlich wieder das Haus verlassen zu dürfen. Anfangs lassen wir sie ein paar kleinere Besorgungen machen – ihre Medizin kann sie sich ruhig selbst aus der Apotheke holen –, aber dann ist sie auch schon wieder so weit auf dem Damm, dass sie im Laden nach dem Rechten sehen will. An jenem Tag, an dem sie erstmals wieder nach Brooklyn fährt, muss sie mir hoch und heilig schwören, dass sie nur ein bisschen Wechselgeld vorbeibringt und anschließend sofort wieder nach Hause kommt. Mit dramatischer Geste legt Kay die Hand aufs Herz, ehe sie sich auf den Weg macht. Neun Stunden später sehe ich sie wieder, nach Ende der Abendschicht. Am Tag darauf schleicht sie sich wieder aus dem Haus, und kurz darauf ist alles beim Alten. So viel zu unserem Plan, den Laden wieder zu verkaufen.

Do It Yourself

Zuerst befürchteten alle, ohne George würde das Erscheinen der *Paris Review* über kurz oder lang eingestellt. Doch nach ersten Gesprächen mit den Treuhändern war das Thema ruck, zuck vom Tisch. Vielmehr ging es nun darum, wer künftig als Herausgeber fungieren würde. Wie wir aus der Zeitung erfuhren, hatten die Treuhänder bereits verschiedene Kandidaten im Sinn. Im ersten Moment sah es ganz danach aus, als würde man uns, den »alteingesessenen« Redakteuren, nicht einmal die Chance geben, eine einzige Ausgabe auf eigene Faust zusammenzustellen. Doch irgendjemand schien den Treuhändern dann doch geflüstert zu haben, dass es vielleicht besser wäre, uns zumindest vorübergehend ans Ruder zu lassen. Vielleicht graute ihnen vor dem Gedanken, dass womöglich die komplette Mannschaft auf einen Sitz kündigen würde, jedenfalls wurde die Suche nach einem neuen Herausgeber vorerst vertagt. Keiner von uns glaubte ernsthaft daran, dass man uns den Laden schmeißen lassen würde, aber wenn wir anständige Arbeit ablieferten, so dachten wir, bliebe ihnen vielleicht keine andere Wahl.

Folglich hat sich die Atmosphäre deutlich verändert: Inzwischen schiebt hier niemand mehr eine ruhige Kugel.

Niemand kommt mehr zu spät oder lässt Abgabetermine verstreichen, niemand glänzt wochenlang durch Abwesenheit, weil er gerade ein paar Wochen Skilaufen oder einen Roman schreiben will. Außerdem hat sich die Belegschaft halbiert, seit wir das Tempo so drastisch angezogen haben; einige Mitarbeiter haben von selbst gekündigt, andere sind leider entlassen worden. Alles in allem ist der Spaßfaktor nicht mehr ganz so hoch, wie George ihn sich gewünscht hätte, dafür sind wir erheblich effizienter geworden. Wir begehen nicht mehr die Fehler, mit denen wir uns sonst das Leben erschwert haben, und haben mittlerweile ein paar richtig starke Ausgaben auf den Markt gebracht.

Trotzdem haben wir immer noch weder einen Vertriebschef, noch einen IT-Spezialisten noch einen Juristen für den leidigen Vertragskram. Unsere Redaktion befindet sich nach wie vor an der alten Adresse in Manhattan, und wir beschäftigen immer noch dreiundzwanzigjährige Nobodys, die die Texte von Nobelpreisträgern redigieren. Aber auch wenn jetzt weniger Stunden am Billardtisch verbracht und weniger Geschäftsreisen inklusive Besuch der Playboy Mansion unternommen werden, läuft im Großen und Ganzen alles wie bei einer Studentenzeitschrift. Kein Mensch würde auf die Idee kommen, dass wir das berühmteste Literaturmagazin der Welt herausgeben.

Tja, und das ist gefährlich. Wenn die *Review* weiter an ihrer Dilettanten-Vergangenheit festhält, ist das nächste Fiasko programmiert. Und dann wird es ganz dicke kommen.

✳✳✳

Seit Georges Tod hat sich auch die Aufgabenverteilung drastisch verändert. Ich zum Beispiel bin nun für die Anthologiereihe zuständig, in der seinerzeit auch die Textsammlung erschienen ist, die uns wegen meiner Nachlässigkeit Dollar gekostet hat. Dass diese Aufgabe ausgerechnet mir übertragen worden ist, gibt es garantiert nur bei der *Review*. Nicht nur ist das Zehntausend-Dollar-Fiasko das beste Argument dagegen, mich mit diesem Job zu betrauen; darüber hinaus muss ich als Herausgeber der Anthologien auch wichtige Autorenlesungen im ganzen Land organisieren, und da ich einst acht Monate lang einen abgelaufenen Kalender über meinem Schreibtisch hängen hatte und mich dauernd fragte, was mit den eingetragenen Terminen nicht stimmte (»Wie bitte? Wieso waren wir vorgestern verabredet?«), sollte man mich eigentlich kategorisch von jedem Job fernhalten, bei dem es Flüge zu buchen oder öffentliche Veranstaltungen auf die Beine zu stellen gilt.

Das Stressigste an meinem Job sind die Autoren. Manche Schriftsteller sind nette, ganz normale Menschen, die man gern als Nachbarn hätte. Die meisten aber sind egozentrische, wahrhaft schillernde Persönlichkeiten, genau so, wie man sich Künstler für gewöhnlich vorstellt. Dann gibt es noch die zerstreuten Professoren, die sich derart intensiv damit beschäftigen, jede noch so entlegene Dimension des Unbewussten auszuloten, dass sie nicht mehr in der Lage sind, ganz alltägliche Dinge zu bewältigen – etwa, um 19:00 Uhr zu einer Lesung in einer Buchhandlung zu erscheinen. Oder die fertigen Typen, die zu lange in ihrem Kopf gelebt oder vielleicht auch bloß zu viel Zeit vor dem leeren Computerbildschirm verbracht haben und regelmäßig betrunken zu ihren Lesungen auftauchen, Leute aus dem Publikum anpöbeln oder die Buchhändlerinnen anbaggern. Kurz, Lesungen sind eine brandgefährliche Sache, weil man nie weiß, was passieren wird, wenn man Autoren auf die Öffentlichkeit loslässt.

An einem Mittwochabend Ende Juli muss ich eine Lesung mit Robert Pinsky und Jamaica Kincaid im Harvard Book Store in Cambridge betreuen. Eigentlich will ich direkt nach Ende meiner Schicht losfahren, doch aus einem unerfindlichen Grund taucht Dwayne nicht auf, obwohl er sonst nie auch nur eine Minute zu spät kommt. Eine halbe Stunde vergeht, dann eine ganze. Ich rufe bei ihm zu Hause an, doch niemand geht ans Telefon. Dann erblicke ich ihn plötzlich auf der Straße. Er ist sichtlich unsicher auf den Beinen, und sein Gesicht ist geschwollen, als sei er in eine Schlägerei geraten.

»Was ist passiert?«, platze ich heraus.

»Hatte Zahnschmerzen«, nuschelt er. »Aber das verdammte Ding ist raus.«

»Du warst beim Zahnarzt?«

»Spinnst du? Ich leg doch keine hundertfuffzig Mäuse hin!«

»Und wer hat den Zahn gezogen?«

»Na, ich selbst.«

»Womit?«

»Mit 'ner Zange. Und dann bin ich ohnmächtig geworden.« Ich sehe, dass an seinen Händen Blut klebt, als er sich vorsichtig das Kinn reibt. »Sonst wäre ich bestimmt nicht zu spät gekommen.«

Um ein Haar werde ich selbst ohnmächtig. Aber ich

habe keine Zeit, das Bewusstsein zu verlieren – ich muss schleunigst los.

Als ich endlich auf dem Highway bin, herrscht dort bereits Feierabendverkehr. Ich benötige fast eine Stunde, um New York City hinter mir zu lassen. Auf der Höhe von Westchester ist eine Baustelle, und in Connecticut gerate ich schließlich in einen Stau, der sich bis nach Hartford zu erstrecken scheint. Verdammter Mist. Es passiert mir viel zu oft, dass ich auf den letzten Drücker zu irgendwelchen Terminen hetze, und diesmal werde ich die Quittung dafür bekommen – schließlich warten nicht nur zwei Autoren auf mich, sondern eine ganze Reihe von Kulturmenschen und Edelfedern vom *Boston Globe*, die sich nun direkt davon überzeugen können, wie die »Professionalität« der neuen *Paris Review* aussieht.

Ganz davon abgesehen, dass diese Lesung eine ziemlich heikle Nummer zu werden droht. Robert Pinskys Entscheidung, als Literat zu reüssieren, scheint mir nicht die klügste gewesen zu sein; mit seinem Aussehen hätte er garantiert auch in Hollywood Karriere gemacht, und seine beeindruckend sonore Stimme klingt wie eine Mischung aus Gott und einem Klassik-Rock-DJ. Als Sprecher für Kinotrailer wäre er wahrscheinlich bereits Millionär, doch stattdessen hat er sich lieber die Übersetzung von Dantes *Inferno* aufgehalst. Als berühmtester Lyriker der Vereinigten Staaten zieht er mit Sicherheit jede Menge Fans an; bei der Lesung wird die Hölle los sein.

Und dann ist da noch Jamaica Kincaid. Kincaid ist eine Autorin, die polarisiert, unter anderem wahrscheinlich deshalb, weil sie einst darüber geschrieben hat, dass sie sich gelegentlich Einläufe mit warmem Kaffee verpasst. Weithin bekannt ist, dass sie ihren Job als Redakteurin beim angesehenen *New Yorker* hingeschmissen hat, weil sie sich mit Tina Brown, der so überaus erfolgreichen Herausgeberin des Magazins, in die Haare gekriegt hatte, oder auch, dass sie zuweilen im Krankenhausnachthemd und anderen seltsamen Klamotten durch Manhattan spaziert; ihr bester Freund, der Schriftsteller Ian Frazier, hat vor ein paar Jahren darüber geschrieben, wie schwierig es sei, ein Taxi zu kriegen, wenn man mit einer »schwarzen Riesin im Pyjama« unterwegs sei. Im kuscheligen kleinen Kosmos von Autoren und Lektoren ist Kincaid eine klare Außenseiterin, eine Schriftstellerin aus einem armen Land (Antigua), die zunächst in New York als Kindermädchen arbeiten musste, ehe sie sich einen Namen als Schriftstellerin machen konnte.

Wie auch immer, jedenfalls sehe ich der Lesung weniger mit Vorfreude als mit leichtem Grausen entgegen, insbesondere weil ich wegen der Lesung monatelang wieder und wieder bei ihr angefragt habe, ohne je eine direkte Antwort zu erhalten. Eigentlich sollte sie den Sommer über in Harvard unterrichten, doch als ich mich über ihre Fakultät mit ihr in Verbindung setzen wollte, wusste niemand, ob sie überhaupt in Cambridge war; anschließend versuchte ich es unter ihrer Privatnummer in Vermont, aber dort ging niemand ans Telefon, und da sie, wie ich von ihrer Sekretärin an der Uni erfahren hatte, auch keine E-Mail benutzt, spannte ich einen Kollegen ein, dessen Bruders Pilates-Trainer mit einer Frau verheiratet war, die mal an einem Kurs für kreatives

Schreiben bei Jamaica Kincaid teilgenommen hatte, und am Ende erhielt ich tatsächlich eine Antwort über irgendeinen Cousin besagter Frau, dass sie an der Lesung teilnehmen werde – tja, aber eigentlich glaube ich immer noch nicht so recht, dass es klappen wird.

Inzwischen bin ich derart nervös, dass ich nicht einmal mehr in der Lage bin, Musik zu hören. Ich trete aufs Gas und beuge mich über das Lenkrad, als würde der Wagen so schneller fahren. Connecticut ist so winzig, dass es mir normalerweise so vorkommt, als könnte ich von einem Ende zum anderen sehen, doch heute ist es, als befände ich mich in den endlosen Weiten von Kansas. Alle paar Minuten rechne ich mir aus, welches Tempo ich vorlegen muss, um noch rechtzeitig nach Cambridge zu gelangen (210 Meilen pro Stunde, wenn ich nicht irre), und während Kays Honda bebt wie ein Space Shuttle beim Wiedereintritt in die Erdumlaufbahn, komme ich schier um vor Ungewissheit: *Werde ich es schaffen? Und wenn nicht, was dann? Soll ich einfach aufgeben? Die nächste Ausfahrt nehmen und zurückfahren?*

Doch so unangenehm der Druck ist, dem ich gerade ausgesetzt bin, lässt sich nicht verleugnen, dass so ein Leben aus der Improvisationskiste, wie George es bei der *Review* kultivierte, auch einiges für sich hat. Nie wusste man, wie sich die Dinge entwickeln würden, was wiederum dafür sorgte, dass man stets hochkonzentriert an seine Aufgaben ging. Und gleichzeitig blieb man so offen für die kleinen Freuden, etwa, wenn man einen neuen Autor entdeckte oder eine brandneue Ausgabe in Händen hielt, ja sogar wenn man einer so prosaischen, aber auch zutiefst befriedigenden Arbeit wie dem Korrekturlesen nachging. Geld konnte einen nicht ablenken, da ohnehin keines zur Verfügung stand, und Gott sei Dank steckten wir nicht in der Mühle einer Riesenfirma, in der alle nur noch funktionieren müssen. Unser Antrieb waren Inspiration, die Kunst, aus dem Stegreif zu agieren, und nicht zuletzt das aufregende Gefühl, mit dem Rücken zur Wand zu stehen.

In der Anthologie, aus der heute Abend gelesen wird, befindet sich auch »Nighthawks«, ein superber Text des aus Chicago stammenden Autors Stuart Dybek, der nicht zuletzt auch ein wenig von dem Kitzel einfängt, den ich gerade verspüre: Der Ich-Erzähler, ein scheinbar sanftmütiger Mann, hält auf einer Fahrt durch die Great Plains spätabends an einer Raststätte, um dort eine Tasse Kaffee zu trinken. Dort lernt er eine lebenslustige, frisch geschiedene Frau kennen, die ihm vorschlägt, mit zu ihr nach Hause zu kommen. Kurz darauf kippt die Geschichte ins Surreale, als er der Frau in seinem Auto folgt, sie regelrecht durch die Weizenfelder hetzt, immer schneller und schneller fährt, bis er um ein Haar die Kontrolle über den Wagen verliert und sich fragt, wie um Himmels Willen er in diese Situation geraten konnte. Auf gerade einmal zweieinhalb Seiten gelingt es Dybek perfekt, die innere Spannung zu schildern, die seinen Helden fast bis zum Äußersten treibt.

Diese Art von spontaner, impulsiver Energie ist es, die einen echten Amateur auszeichnet, und während ich wie ein Wahnsinniger quer durch New England brettere, geht mir plötzlich auf, dass ich Georges Dilettanten-Ethos nur in Zweifel gezogen habe, weil ich sauer auf ihn war – und dass mir der Laden den Glauben daran zurückgegeben hat. Und nicht zuletzt auch George selbst; immer wieder sind wir aneinandergeraten, aber erst jetzt habe ich endlich das Gefühl, ihn verstanden zu haben. Mir ist klar, dass es bei der *Review* nicht so weitergehen wird wie unter seiner Ägide, doch wenn ich zwischen Dilettantismus und Professionalität zu wählen hätte, wüsste ich genau, wofür ich mich entscheiden würde.

Gleichwohl: Wenn ich es nicht rechtzeitig nach Cambridge schaffe, ist das letztlich auch egal, da ich sowieso davon ausgehe, dass meine Tage bei der *Review* gezählt sind. Doch als um halb sechs die zwölfspurige Mautstelle an der Grenze zu Massachusetts in Sicht kommt, weiß ich, dass ich noch eine kleine Chance habe. Ich trete das Gaspedal durch, so dass der Honda sich zu verformen droht, und zische kometengleich über den Massachusetts Turnpike; als ich den Großraum Boston erreiche, bleibt mir noch eine halbe Stunde. Mit einem Mal sieht es richtig gut aus (wer sagt, das Leben eines Literaturredakteurs sei statisch und dröge?), und zu guter Letzt stellt sich sogar heraus, dass der liebe Gott auf meiner Seite ist: Mitten auf dem Harvard Square gibt es einen freien Parkplatz – wenn das kein Wunder ist!

Als ich in die Buchhandlung hetze, sehe ich sofort, dass sich bereits eine Menge Leute versammelt haben. Gleichzeitig fällt mir eine Frau ins Auge, die nervös den Blick über die Menge gleiten lässt.

»Entschuldigung«, sagt sie. »Sind Sie der Redakteur vom *Paris Review?*«

»Ja«, verkünde ich triumphierend. »Hab's in letzter Sekunde geschafft!«

Sie mustert mich gelangweilt. »Ich bin für die Lesungen in unserer Buchhandlung zuständig«, erwidert sie. Und dann fährt sie (zu Recht) leicht bissig fort: »Wo sind denn Ihre Autoren?«

»Wie?«, platze ich heraus. »Sie sind nicht da?« Das ist der Supergau. Okay, wegen Jamaica Kincaid habe ich mir ohnehin schon Sorgen gemacht, aber mit Robert Pinsky habe ich erst gestern noch persönlich gesprochen. »Wann beginnt die Lesung?«

»In fünf Minuten«, sagt die Frau. »Ich sehe draußen nach. Können Sie sich vielleicht mal hier drinnen umschauen?«

Und so dränge ich mich durch die Regalreihen: Lyrik, Belletristik, Kochbücher, Nachschlagewerke. Zu allem Überfluss ist es hier so heiß wie in einem Auto, das den ganzen Tag mitten in der Sonne gestanden hat. Anscheinend ist die Klimaanlage ausgefallen; überall stehen schweißgebadete Leute, die sich mit Büchern Luft zufächeln, die sie sich von Jamaica Kincaid und Robert Pinsky signieren lassen wollen.

Dann erblicke ich Jamaica Kincaid in der Klassiker-Abteilung. Sie hockt auf dem Boden, beinahe so, als wolle sie sich verstecken. Zwar trägt sie kein Nachthemd, aber ungefähr sechs Kleider übereinander, dazu ein Paar babyblauer Joggingschuhe. Um ein Haar stolpere ich über ihre langen, hübschen Beine.

»Miss Kincaid!«, spreche ich sie an. »Sie sind ja doch da!«

Sie wirkt alles andere als begeistert und blickt mich an, als würde sie nichts lieber tun, als weiter auf dem Fußboden zu hocken.

»Du liebe Güte, ist das heiß hier«, sagt sie. In den Händen hält sie ein Exemplar der *Ilias.*

»Ich glaube, die Klimaanlage funktioniert nicht. Vielleicht kann hier ja mal jemand ein Fenster aufmachen. Ich kümmere mich darum. Tja, dann könnten wir doch jetzt eigentlich ...«

Jamaica Kincaid mustert mich argwöhnisch. Erst jetzt bemerke ich, dass sie stocksteif auf dem Boden sitzt, sich keinen Millimeter vom Fleck rührt. Dann beginnt sie plötzlich, ihre Schuhe auszuziehen.

»Ja?«, fragt sie stirnrunzelnd.

»Na ja, zur Tat schreiten, äh ...« Plötzlich wird mir schwindelig. Als seien meine Höllenfahrt durch Connecticut und die Bullenhitze in der Buchhandlung noch nicht genug, fällt mir nun auch siedend heiß ein, dass ich den ganzen Nachmittag nichts gegessen habe. Trotzdem gelingt es mir, irgendwie das Wörtchen »Lesung« über die Lippen zu bringen, auch wenn ich mich dabei eher wie ein versteinertes Nagetier anhöre.

»Lesung?«, sagt Jamaica Kincaid in einem Tonfall, bei dem mir gleich mehrere unangenehme Fragen durch den Kopf schießen: *Weiß sie überhaupt, dass sie eine Lesung hat? Ist sie womöglich bloß zufällig hier? Was, wenn sie meine Nachricht nie erhalten hat?* Alles scheint möglich – vor allem, dass ich hier mein Waterloo erlebe.

»Ähm, Sie ... Sie lesen doch, oder? Deswegen sind all die Leute hier.«

Ich blicke mich um. Es ist so heiß, dass die Luft zu flimmern scheint wie bei einer Fata Morgana. Träume ich etwa, und wenn ja, woran werde ich mich erinnern, wenn ich wieder erwache? Was hat das alles zu bedeuten – die Ilias, die babyblauen Sneakers und Dwayne mit seinem selbst gezogenen Zahn?

»Ja, natürlich!« Urplötzlich lächelt sie, während sie sich ihre Schuhe wieder überstreift. »Wo ist denn das Podium? Soll ich hinterher noch Bücher signieren?«

Ich bin so erleichtert wie selten zuvor in meinem Leben. Am liebsten würde ich niedersinken und ihr die Füße küssen. Doch auf dem Weg zum Podium spüre ich plötzlich den heißen Atem der Buchhändlerin im Nacken. »Wo ist Robert Pinsky?«

»Keine Ahnung!«

»Dann müssen wir ohne ihn anfangen.« Sie erklimmt das Podium.

Für das Publikum sind etwa achtzig Stühle bereitgestellt worden – viel zu wenige. Zwischen den Regalreihen drängen sich Menschen und versuchen, ebenfalls einen Blick auf die improvisierte Bühne zu erhaschen. Während ich den Blick über die Versammelten schweifen lasse, erspähe ich die Journalisten vom *Globe*, die ich eingeladen habe. Die Buchhändlerin hält eine kleine Rede, entschuldigt sich für den Ausfall der Klimaanlage und bittet dann Jamaica Kincaid aufs Podium, die sich zuallererst wieder die Schuhe auszieht.

»Tja.« Sie scheint sich ausgesprochenen unwohl zu fühlen, starrt stirnrunzelnd auf das Mikro. Dann nimmt sie ein Exemplar der Anthologie zur Hand, beäugt es, als komme es von einem fremden Planeten, und richtet schließlich den Blick auf mich. »Hier ist meine Story drin?«

Von meinem Platz nicke ich ihr nachdrücklich zu. Du lieber Himmel, was geht denn jetzt ab?

»Und jetzt soll ich daraus lesen?«

Abermals nicke ich. Natürlich bin ich davon ausgegangen, dass sie ihren eigenen Text liest, eine Art Fiebertraum mit dem Titel *What I Have Been Doing Lately*. Nachdem sie ihre eigene Geschichte kurz überflogen hat, erklärt sie, dass es kein Lesetext ist, und schlägt die Anthologie wieder zu.

Im Publikum macht sich leichte Unruhe breit. »Hmm ... was könnte ich stattdessen lesen?«, murmelt sie, während sie den Blick über die nahe gelegenen Regale schweifen lässt. Allerdings stehen dort nur Atlanten und Kochbücher. Ich könnte wetten, dass man durch mein schweißgetränktes Hemd hindurch sieht, wie mir das Herz bis zum Hals schlägt.

Dann richtet Jamaica Kincaid erneut den Blick auf mich. »Können Sie mir vielleicht mal helfen?«

Mir bleibt nicht mal Zeit zu überlegen. Ich erklimme das Podium, nehme ihr die Anthologie aus den Händen und schlage die Geschichte von Stuart Dybek auf – »Nighthawks«.

Ja. Dybeks Text ist kurz und schnell und enthält zudem so gut wie keine Dialoge. Und dann beginnt Jamaica Kincaid auch schon zu lesen:

»Der Mond, noch nicht ganz abgekühlt von letzter Nacht, wieder am Himmel – eine Glühbirne, die kein Insekt umkreisen kann.«

Das Publikum lauscht gebannt. Niemand, Jamaica Kincaid eingeschlossen, hat auch nur die geringste Ahnung, was nach diesem harmlosen Anfang noch alles passieren wird. Und, ehrlich gesagt, bin ich mir selbst nicht mehr so sicher, da es schon ein paar Monate her ist, seit ich die Geschichte gelesen habe.

Wie auch immer, im Nu gewinnt die Handlung an Tempo, und dann sind wir auch schon mittendrin – ehe Jamaica Kincaid zu dem Teil kommt, wenn der Erzähler die flotte Geschiedene kennenlernt und bereits auf dem Parkplatz in die Vollen geht. Plötzlich hält Jamaica Kincaid inne.

Du lieber Himmel! Ich hatte ganz vergessen, dass Dybeks Geschichte zu einem großen Teil von ihrer erotischen Spannung lebt. *Verdammt, habe ich Jamaica Kincaid allen Ernstes dazu animiert, eine Sexszene in der Öffentlichkeit vorzulesen?*

»Was ist das denn?« Sie wirkt eher irritiert als konsterniert. Trotzdem ergreift mich urplötzlich der Drang, aufs Podium zu stürmen und ihr das Buch aus den Händen zu reißen, aber es ist zu spät; mir stockt der Atem, mein Mund ist staubtrocken, wie angewurzelt stehe ich da. Wie schweinisch ist der Text? Wieso kann ich mich an nichts mehr erinnern? Der Text ist doch bloß zweieinhalb Seiten lang, verdammt noch mal!

»Sollen wir hier den ganzen Abend wie Teenager herumsitzen?«, sagt die flotte Geschiedene, als der Erzähler versucht, ihr an die Wäsche zu gehen. *»Wollen wir nicht lieber zu mir nach Hause fahren?«*

Das wird der schlimmste Tag meines Lebens. Die Verfolgungsjagd durch die Weizenfelder spricht Bände. Alle werden sofort merken, was Sache ist. Aber sprengt der Text die Grenzen des guten Geschmacks? Nun kommt Jamaica Kincaid zu der rasanten Szene kurz vor dem Ende, während ich keine Luft mehr bekomme – oh, ich schwöre, wenn sie nicht bald aufhört, werde ich direkt vor ihren Füßen niedersinken, die ich vorhin noch am liebsten geküsst hätte. *Oh, bitte, bitte...*

»Sie fuhr schneller und schneller, und vor meinem inneren Auge sah ich, wie die Spitze ihres hochhackigen Pumps auf die arbeitsstiefelgroße Fläche des Gaspedals drückte... Als wir auf die Straße zwischen den Feldern abbogen, fuhr sie wie eine Besessene. Der Wagen holperte über Bahnübergänge und die Buckel von Abwasserrohren, wirbelte dabei so viel Staub auf, dass ihre Rücklichter nur noch als rote Stecknadelköpfe in der Dunkelheit zu erkennen waren, und ich fragte mich, welchen Radiosender sie wohl gerade hörte, fragte mich, ob sie betrunkener war, als ich angenommen hatte, ob sie glaubte, wir würden ein Wettrennen machen, oder ob sie es sich schlicht anders überlegt hatte und nun versuchte, mich auf dieser staubigen Straße wieder loszuwerden, und ich überlegte, ob ich sie entkommen lassen sollte.«

Dann ist es endlich vorbei. Wir haben es geschafft. Das Publikum applaudiert, während Jamaica Kincaid leicht benommen aus der Wäsche sieht.

»Das«, verkündet sie, »ist Literatur.«

Was bedeutet, dass ich endlich aufatmen kann. Und als ich einen Blick über die Schulter werfe, sehe ich, wie der attraktivste Lyriker Amerikas die Buchhandlung betritt. Robert Pinsky ist genau rechtzeitig gekommen.

Ladenschluss

»Woher weiß man, wann man aufhören soll?«, fragt der Ladenbesitzer in V. S. Naipauls *An der Biegung des großen Flusses*, einem der vielen exzellenten Romane, die großteils in einem Laden spielen. »Wartet man auf einen Fingerzeig von oben? Darauf, dass der Umsatz einbricht? Hört man plötzlich eine innere Stimme?«

Ladeninhaber geben gute Erzähler ab, da sie ein gleichförmiges, passives und bescheidenes Leben führen; sie sind stets für andere da, während sie selbst von der Welt nichts geschenkt bekommen und am Ende widerfährt ihnen immer etwas Schreckliches, sei es nun in Gestalt der anarchischen Revolution, die schließlich den postkolonialen afrikanischen Staat hinwegfegt, den Naipauls Ladenbesitzer mit aufgebaut hat, oder schlicht des Ruins, mit dem sich Morris Bober, der jüdische New Yorker Lebensmittelhändler in Bernard Malamuds *Der Gehilfe*, am Ende des Buchs konfrontiert sieht.

Woher weiß man, wann man aufhören soll? Tja, gute Frage. Bober zum Beispiel ist gewarnt, als er erfährt, dass er es mit ebenso durchsetzungsfähigen wie rücksichtslosen Konkurrenten zu tun bekommen wird (Malamuds Eltern betrieben übrigens selbst einen kleinen Laden in Brooklyn). »Die großen Ketten vernichten den kleinen Mann«, bemerkt er, fast so, als ginge ihn das alles nichts an. Die Welt um ihn herum verändert sich, doch er unternimmt nichts, um sich zu schützen. Wie so viele Ladeninhaber lebt er in Platos Höhle, einer hermetisch abgeschirmten Welt, in der die Wirklichkeit der Außenwelt lediglich als tanzender Schatten an der Wand existiert. »Ach, das wird schon, solange ich mich um meine eigenen Angelegenheiten kümmere«, denkt er, während sich vor seiner Ladentür unbemerkt ein rapider Wandel vollzieht, so schnell, wie es wahrscheinlich nur in New York geschehen kann.

Brooklyn verändert sich. Nur einen Steinwurf vom Fort-Greene-Park, wo ich vor ein paar Jahren meine Bibo-Vision hatte, wird demnächst eine Firma aus Cleveland eines der größten Bauprojekte verwirklichen, die New York je gesehen hat: eine Reihe von Wolkenkratzern, ein Hotel, ein Stadion und mittendrin diverse »Kulturräume« – Atlantic Yards nennt sich das Bauvorhaben, das für die gesamte Gegend beträchtliche Konsequenzen haben wird. Der Verkehr muss umgeleitet, Häuser müssen abgerissen, Anwohner umgesiedelt werden. Allein schon die Größe und der Ehrgeiz des Projekts stehen in diametralem Gegensatz zu den Menschen, die hier leben. Brooklyn ist nicht Manhattan.

Aber vielleicht haben die Atlantic Yards auch etwas Gutes; zum Beispiel könnte der Wert unseres Ladens steigen. Vielleicht bringt uns das Projekt ja zusätzliche Laufkundschaft, Touristen und jede Menge Umsatz – alles, wovon man als Ladeninhaber so träumt. Aber wir müssen gar nicht die fünf oder sechs Jahre warten, bis die Atlantic Yards fertiggestellt sind, da in nächster

Nähe neue, schicke Apartmentkomplexe entstehen, in deren unfreundlich verspiegelten Fenstern sich die Sonnenstrahlen brechen.

Tja, nur keine Sentimentalitäten. Ob es sich nun um Stadtviertel oder Literaturzeitschriften handelt, es ist sinnlos, sich gegen Fortschritt und Wandel zu stellen. Und als ich eines schönen Tages im Jahr 2004 die Zeitung aufschlage und lese, dass eine Manhattaner Baufirma einen um die Ecke gelegenen Parkplatz erworben habe und plane, dort im kommenden Jahr zweihundert Apartments und siebenundzwanzig Einfamilienhäuser aus dem Boden zu stampfen, kriege ich gleich richtig gute Laune.

»Jede Menge neue Nachbarn«, rufe ich Gab zu. »Und kein Laden liegt näher als unserer!«

Gab nimmt mir die Zeitung aus der Hand und liest da weiter, wo ich aufgehört habe. »Hast du das nicht gesehen? Da soll auch eine Ladenzeile entstehen, vielleicht sogar ein Supermarkt.«

Wir sehen uns an, warten beide darauf, dass der andere zuerst sagt, was er denkt. *Sollen wir den Laden aufgeben?*

Nachdem wir uns nach Kays Krankenhausaufenthalt doch nicht dazu durchringen konnten, das Geschäft zu verkaufen, sind Gab und meine Schwiegermutter untypisch zögerlich geworden. Zunächst kamen wir zu dem Entschluss, doch wieder Zigaretten zu verkaufen, und bald darauf pendelte sich unser Umsatz wieder auf Normalniveau ein. Doch das machte uns träge; wenn man nicht ums Überleben kämpfen muss, hört man auf, Entscheidungen zu treffen, da man sich im Glauben wiegt, es gar nicht nötig zu haben. Ambivalenz ist ein Luxus:

Wer glaubt, alles haben zu können, steht auf der Stufe eines verwöhnten Teenagers. Daher sind Einwanderer mit ihrer Mentalität, es um jeden Preis schaffen zu wollen, auch perfekt dafür geeignet, einen Laden zu führen, weil man als Einzelhändler permanent dazu gezwungen ist, klare Entscheidungen zu treffen. So wie Kay und Gab es können. Oder vielleicht einmal konnten.

In Sachen Klarheit und Entschlossenheit zeigen sich auch wieder einmal die Tücken eines Familienbetriebs. Wenn Kay zuweilen der Katzenjammer packt, will sie, dass wir den Laden verkaufen, doch anderntags schämt sie sich ihrer Mutlosigkeit und will auf jeden Fall weitermachen. Sie schwankt hin und her, ebenso wie Gab und ich, mit dem Ergebnis, dass gar nichts passiert. Was wohl bedeutet, dass die Aufgabe des Ladens genauso anstrengend wird wie seine Eröffnung.

∗∗∗

Gegen Frühlingsende, fünf Monate nach unserem Entschluss, doch wieder Tabakwaren ins Sortiment zu nehmen, werden wir wieder auf frischer Tat ertappt. Diesmal hat Emo einem Minderjährigen eine Dutch-Master-Zigarre verkauft, und wir sehen einer drastischen Geldbuße entgegen, ausgerechnet jetzt, da der Sommer bevorsteht, die betriebsamste Zeit des Jahres. Vielleicht sollten wir die drohende Geldbuße als Wink des Schicksals betrachten, aber wir werden uns ganz bestimmt nicht von irgendwem zwingen lassen, aufzugeben – schon gar nicht von den New Yorker Behörden. Mag sein, dass der Einzelhandel ein ziemlich passives Geschäft ist, aber Einzelhändler sind für gewöhnlich sture Masochisten, die sich von niemandem etwas bieten lassen.

Leider können wir nur darauf hoffen, dass sich die Behörden nachsichtig zeigen, was wiederum bedeutet, dass wir unseren Stolz herunterschlucken und zumindest ein wenig zu Kreuze kriechen müssen. Die Bestimmungen besagen nämlich, dass der Fehler eines Angestellten als Bagatelle angesehen werden kann, wenn der Ladeninhaber nachweist, dass alles unternommen wurde, um derartige Irrtümer zu vermeiden. Es ist zweifelhaft, ob wir damit durchkommen, aber zuweilen findet sich tatsächlich ein Richter, der Gnade vor Recht ergehen lässt. Und so marschieren Gab und ich, nachdem wir eine Anhörung erwirkt haben, in die John Street im unteren Manhattan, wo sich der kafkaeske Kaninchenbau befindet, in dem die fensterlosen Amtsräume der Verbraucherschutzbehörde untergebracht sind.

Schon der Warteraum wirkt wie das Vorzimmer zur Hölle. Etwa zwanzig Männer – müde wirkende Kerle in Daunenwesten und Kapuzenjacken – wippen nervös auf ihren Stühlen, führen Selbstgespräche auf Urdu, Spanisch oder Koreanisch, während sie darauf warten, via Lautsprecher zu einer Plexiglasscheibe mit einer runden Öffnung gerufen zu werden, die ungefähr so groß wie das Loch in einem Doughnut ist. Wie eine Herde verängstigter Tiere hocken wir in der Mitte des Raums, den Blick auf die demütigende Fensteröffnung gerichtet. Ein schmerbäuchiger Sicherheitsbeamter mit einem klobigen Walkie-Talkie umkreist uns wie ein ausgehungerter Kater und wacht mit Argusaugen darüber, dass wir ja keine Vorschriften verletzen. »KEINE PRIVATGESPRÄCHE!«, brüllt er, sobald irgendein Handy klingelt, und »KEINE MAHLZEITEN!«, wenn jemand einen halben Bagel aus der Tasche zieht, während sich die Beamten hinter dem Plexiglasschalter mit reichhaltigen Frühstückssandwiches verköstigen, die sie sich aus den Delis an der Wall Street mitgebracht haben.

Ich bemühe mich nach Kräften, so aufrecht wie möglich zu sitzen, doch der Stuhl ist aus dem gleichen Material wie die Sitzschalen an Bushaltestellen. Drei Stunden später gebe ich auf und fläze mich auf dem Stuhl wie ein beleidigter Teenie. Kurz darauf liegt der halbe Tag hinter uns, und allmählich drohen mir die Augen zuzufallen. Schließlich – Mittag ist schon vorbei – trete ich an das Doughnutloch und sage: »Unsere Anhörung sollte um neun Uhr stattfinden. Warum dauert es so lange?«

»Unsere Richter sind sehr beschäftigt«, erwidert eine Stimme hinter dem Glas. »Nehmen Sie bitte wieder Platz.«

Eine weitere Stunde vergeht, bis uns schließlich ein schlecht gelaunter Mann (mit irgendeinem haitianisch anmutenden Namen wie Patrice oder so) in ein fensterloses Amtszimmer ruft. Er riecht, als habe er sich unlängst im Umkleideraum eines Fitnesscenters mit Talkumpuder eingestäubt.

»Also.« Er leckt sich über die Lippen, während er seinen Aktenkoffer öffnet. »Was haben Sie in der Sache vorzubringen?«

Gab klappt ihren eigenen Aktenkoffer auf und fördert eine schriftliche Erklärung zutage, die besagt, dass wir das Arbeitsverhältnis mit Emo beendet haben. Es ist ein absurdes Dokument – *Hiermit erkläre ich, dass ich meine eigene Tante gefeuert habe* –, aber ohne selbiges Schreiben bräuchten wir uns überhaupt keine Hoffnung auf Nachsicht zu machen.

Patrice sieht Gab an. »Repräsentieren Sie den Inhaber des Ladens?«

»Ich bin die Ladeninhaberin«, antwortet Gab.

Patrice zieht die Augenbrauen hoch, ein Zeichen, dass sich das Blatt zu unseren Gunsten wenden könnte. Dass sich die Verbraucherschutzbehörde mit echten Anwälten konfrontiert sieht, kommt gewiss eher selten vor, und Gab und ich haben uns zu Hause geschworen, dass wir nicht so einfach klein beigeben werden. Deshalb hat Gab nicht nur das schon erwähnte Schreiben vorbereitet, sondern auch Fotos von den Aushängen im Laden gemacht, die klar und deutlich beweisen, dass wir alles unternehmen, um den Verkauf von Alkohol und Tabak an Minderjährige zu unterbinden. Sie hat ein regelrechtes Dossier vorbereitet und trägt ihre ehrfurchteinflößendste Anwältinnen-Montur, ein superprofessionelles Rock/Blazer-Ensemble, wie es die Bürohengste hier garantiert nicht allzu oft zu sehen bekommen.

Doch Patrice entpuppt sich als harter Brocken. Nachdem Gab ihre Argumente vorgebracht hat, versucht er ihr nachzuweisen, dass wir durchaus mehr hätten tun können. »Ist der Aushang wirklich sichtbar?«, hakt er nach und deutet mit dem Zeigefinger auf eins von Gabs Fotos. »Haben Sie Ihren Angestellten klare Instruktionen gegeben?« Doch Gab gelingt es, jeden seiner Einwürfe abzuschmettern, und nach etwa einer halben Stunde scheint sie die Oberhand zu gewinnen. Patrice hört auf zu bohren, lehnt sich in seinem Schreibtischstuhl zurück und lächelt zum ersten Mal.

»Sehr beeindruckend«, sagt er, während er Gabs Dossier in die Höhe hält. »Ich arbeite hier schon einige Jahre, aber so etwas habe ich noch nie gesehen.« Trotzdem, fährt er mit strenger Stimme fort, die Tabaklizenz wird uns vorerst wieder entzogen, da wir bereits zum zweiten Mal gegen die Vorschriften verstoßen haben. Dennoch will er aufgrund unseres Verantwortungsbewusstseins noch einmal in sich gehen und verspricht, uns in den nächsten Wochen über seine Entscheidung zu unterrichten.

Auf dem Nachhauseweg freuen wir uns diebisch, da wir überzeugt sind, dass Patrice uns mit einem blauen Auge davonkommen lassen wird. »Gut, dass wir den Laden keinem Verwandten überschrieben haben«, sage ich, während wir den Broadway heruntergehen. »Das wäre wirklich Blödsinn gewesen.« Um unseren Erfolg zu begießen, kaufen wir uns ein paar Flaschen Bier in einem Deli (die gemäß der New Yorker Bestimmungen zum »Konsum von Alkohol in der Öffentlichkeit« wie immer in braune Papiertüten gesteckt werden) und trinken sie anschließend in Gesellschaft der Tauben und Möwen, die die Fähre begleiten, die uns an einem wunderschönen Spätnachmittag von Manhattan nach Staten Island zurückbringt.

* * *

Als das Schreiben von der Verbraucherschutzbehörde eintrifft, kommt mir um ein Haar das Bier wieder hoch, das wir an Bord der Fähre getrunken haben, und ich wünschte, dass wenigstens die Tauben da wären, damit ich meinen Frust an ihnen auslassen könnte. Die Stadt New York erkennt an, dass wir die erforderlichen Maßnahmen ergriffen haben, um den Verkauf von Tabak an Minderjährige zu unterbinden, und begrüßt in diesem Zusammenhang auch die Entscheidung, dass wir Emo entlassen haben. Allerdings haben wir den Fehler begangen, nicht auch die Person zu feuern, die uns ursprünglich in Konflikt mit der Behörde gebracht hat – also mich. Offenbar ist die Stadt der Meinung, ich hätte mich selbst entlassen müssen – was ich seinerzeit nur allzu gern getan hätte, wäre es denn möglich gewesen. Tja, aber dazu ist es nun ohnehin zu spät. Die Stadt hat unseren Antrag abgelehnt, weshalb uns die Lizenz entzogen wird – sollten wir weiterhin Tabakwaren verkaufen, müssen wir mit Strafanzeige sowie einer Geldbuße im mittleren vierstelligen Bereich rechnen.

✳✳✳

Das Beste am Job ist immer noch der Feierabend, egal welcher Tätigkeit man nachgeht, und das gilt natürlich auch, wenn man einen Deli betreibt. Die letzte Stunde der Abendschicht zieht sich wie Kaugummi, während man gezwungen ist, sich die Zeit mit unappetitlichen Aufgaben zu vertreiben, zum Beispiel Fingernagelsplitter aus den Registrierkassenfächern zu fischen oder die Schneidemaschine zu reinigen. Um diese Zeit trudeln auch die unangenehmsten Kunden ein, Betrunkene, unheimliche Gestalten und nicht zuletzt jene Kantonisten, die sich hilflose Lebensmittelhändler und andere unschuldige Opfer suchen, um ihnen mit den Verdauungs-

problemen ihrer Katze oder Szene-für-Szene-Nacher-
zählungen des letzten Pauly-Shore-Films in den Ohren
zu liegen. Als ich Salim seinerzeit fragte, warum sein
Laden nicht auch nachts geöffnet sei, erwiderte er:
»Glauben Sie mir, auf die Kunden, die nach ein Uhr früh
kommen, kann man getrost verzichten.« Und wenn man
den Laden nicht Punkt eins verlassen hat, kann man
eine Wette darauf abschließen, dass eine Minute später
jemand an die Tür klopft und noch einen Halbliterkarton
Milch kaufen will. Wenn es ein Stammkunde ist, tut man
ihm natürlich den Gefallen.

Sobald man hinter sich abgeschlossen hat, ist man
nicht nur frei von leidigen Verpflichtungen, um ein Uhr
nachts kann man auch tun, wonach auch immer einem
gerade der Sinn stehen könnte: auf dem Gehsteig fahren,
splitternackt einen Bummel machen, mit einem Flugzeug auf der Atlantic Avenue landen. New York mag
eine 24-Stunden-Metropole sein, aber nach Mitternacht
könnte der Unterschied zwischen Manhattan und Brooklyn nicht größer sein. Wenn ich nach der Abendschicht
den Laden verlasse, ist es fast unheimlich still auf der
Straße. Die nächtliche Fahrt über den Brooklyn-Queens-
Expressway ist um diese Uhrzeit ausgesprochen angenehm. Weit und breit ist keine Polizei in Sicht, so dass
ich richtig Gas geben kann, bis ich beinahe abhebe.
Außer mir sind nur wenige andere übernächtigte Auto-
fahrer unterwegs, und gelegentlich ist eine Spur gesperrt, weil es wieder einmal einen schrecklichen Unfall
gegeben hat, doch solange mir die Laune nicht durch
einen derartigen Anblick verdorben wird, empfinde ich
die Fahrt auf dem BQE als wahres Vergnügen, und wenn

ich gegen halb zwei die Verrazano Bridge überquere, als würde ich lautlos ins All gleiten, ist es der perfekte Abschluss eine langen, arbeitsreichen Tages.

An einem schwülen Augustabend sehe ich auf dem Weg von der *Review* nach Hause kurz im Laden vorbei, um ein Sandwich zu essen und ein Schwätzchen mit Dwayne und Kevin (dem dürren Studenten, der immer noch bei uns aushilft) zu halten. Es ist bereits acht Uhr, und die Hitze will einfach nicht nachlassen. Wenn sich ein heißer Tag dem Ende zuneigt und nicht das kleinste Lüftchen aufkommt, fühlt man sich irgendwie betrogen. Wenn man in den schlechten alten New Yorker Zeiten an solchen Abenden die Nachrichten einschaltete, gab es erst einmal sechs Berichte über Morde und Raubüberfälle auf kleine Läden wie Domingo's Mini-Super in Washington Heights oder das New Steve Deli an der Avenue C. Die betroffen dreinblickenden Nachrichtensprecher gaben an noch betroffener dreinblickende Reporter weiter, und kurz darauf sah man Bilder von Tatort, Polizeiabsperrungen, brennende Kerzen auf dem Gehsteig und weinende Familienmitglieder, ehe der grobkörnige Film aus der Überwachungskamera über dem Kassenbereich gezeigt wurde – alles wirkte wie in Zeitlupe, worauf man unwillkürlich dachte: »Mann, dem Baselballschläger hätte ich aber problemlos ausweichen können!« Seit Eröffnung unseres eigenen Ladens habe ich mir so manches Mal vorgestellt, wie ich wohl auf einem derartigen Film aussehen würde, ehe mir einfällt, dass wir ja gar keine Überwachungskamera haben. Bislang haben wir nur regelmäßig darüber diskutiert, ob wir uns vielleicht eine anschaffen sollten, und die Entscheidung immer wieder vertagt, ähnlich wie die Antwort auf die Frage, was denn nun aus unserem Deli werden soll.

Am heutigen Abend aber macht die Stadt einen richtig beschaulichen Eindruck; als ich nach Staten Island zurückfahre, wirkt New York fast wie eine schläfrige Kleinstadt, und schließlich spüre ich sogar, wie allmählich das Barometer fällt, während am Horizont bereits Blitze zucken. Nachdem ich noch ein Bier vor dem Fernseher getrunken habe, sinke ich noch vor Mitternacht ins Bett – zum allerersten Mal seit der Eröffnung des Ladens.

Eine Stunde später, um Punkt ein Uhr, klingelt das Telefon. Als ich über meine schlafende Frau hinweg nach dem Hörer greife, falle ich halb aus dem Bett.

»Hallo?«, stammele ich. »Hallo? Hallo?«

Ich erkenne die Nummer unseres Ladens auf dem Display. Aber niemand ist dran.

»Wer ist das?«, murmelt Gab.

»Das Deli«, antworte ich, als sei der Laden persönlich am anderen Ende, um uns vor irgendetwas zu warnen. Dann höre ich plötzlich ein Krachen und jemanden laut brüllen.

»Dwayne, bist du das?«, rufe ich in den Hörer. »Wer ist da? Was ist denn los?«

Schließlich dringt Dwaynes schwerer Atem an mein Ohr. Er keucht, schnappt zwischendurch immer wieder nach Luft, während er mir mit stockender Stimme berichtet, es sei etwas passiert, ich müsse mich sofort in den Wagen setzen und herüberkommen. »Alles« sei »voller Blut«. Dann knallt das Telefon auf irgendeine harte Fläche, und erneut höre ich Schreie, als würde er – oder irgendjemand anderes – erneut von jemandem attackiert.

»Was ist?«, fragt Gab. »Sind wir überfallen worden?«

»Keine Ahnung«, sage ich und schnappe mir meine Klamotten. »Ich fahre mal eben rüber. Ruf du die Polizei.«

Kurz darauf rase ich denselben Weg zurück, den ich vor drei Stunden gekommen bin; der Asphalt ist regennass. Immer wieder versuche ich per Handy im Laden anzurufen, doch niemand meldet sich. Ich will wissen, was los ist – Hat es Tote gegeben? Ist die Polizei schon eingetroffen? Was meinte Dwayne damit, alles sei voller Blut? Ist er selbst verletzt worden? Oder jemand anders? Was ist mit Kevin? Wer befindet sich überhaupt im Laden?

Dann erinnere ich mich an Dwaynes Knarre, und plötzlich wird mir sehr, sehr mulmig. Ich hätte etwas unternehmen, ja darauf bestehen müssen, dass er seine Waffe zu Hause lässt; außerdem hätten wir zumindest eine von diesen Sicherheitskamera-Attrappen über dem Kassenbereich installieren können, um potentielle Übeltäter abzuschrecken. Und welche Konsequenzen haben wir zu befürchten, wenn Dwayne jemanden erschossen hat? Je länger ich darüber nachdenke, desto nervöser werde ich, und gleichzeitig fühle ich mich richtig mies, weil ich so egoistisch bin.

Ja, es ist Zeit, den Hut an den Nagel zu hängen. Der Gong ist erklungen, und diesmal wird ihn die ganze Familie vernehmen.

An der Ecke Atlantic Avenue und Hoyt Street blinkt Blaulicht. Ein Streifenwagen steht quer auf dem Bürgersteig. Trotzdem macht die Szenerie einen seltsam friedlichen Eindruck, als sei das, was hier passiert ist, schon vor Stunden geschehen. Der Teil des Gehsteigs, wo normalerweise unsere Abfallcontainer stehen, ist mit gelbem Band abgesperrt, aber nirgendwo erblicke ich Kerzen, weinende Menschen, Reporter oder Kameramänner. Auf den ersten Blick scheint nichts sonderlich Dramatisches passiert zu sein.

Dann aber fällt mein Blick auf die nicht zu übersehende Blutlache, die feucht auf dem Gehsteig schimmert. Inmitten des Blutes liegt eine teure Yankees-Baseballkappe, die vor einer Stunde wohl noch weiß war, inzwischen aber die Farbe der dunklen Flüssigkeit angenommen hat.

Es stellt sich heraus, dass die Kappe dem Täter gehört. Wie ich erfahre, kamen er und sein Komplize – zwei Jugendliche aus Bay Ridge, einer weißen Mittelklassegegend in South Brooklyn – kurz vor Ladenschluss. Offenbar gingen sie davon aus, dass Kevin allein war, da Dwayne sich gerade hinten im Lager befand, um einen Putzeimer mit Wasser zu füllen, und wegen des laufenden Wassers vorübergehend nichts hören konnte. Der Teenager mit der Yankees-Kappe richtete eine Pistole auf Kevin und forderte ihn auf, das Geld aus der Kasse herauszurücken, und Gott sei Dank kam Kevin gar nicht erst auf die Idee, in irgendeiner Form Widerstand zu leisten. Er nahm das komplette Geldfach aus der Kasse und überließ es ihnen, worauf sich die beiden jungen Kerle die Taschen mit Scheinen vollzustopfen begannen. Doch in der Hektik riss einer von ihnen versehentlich einen Aluminiumständer mit Biscotti um – genau in dem Moment, in dem Dwayne den Wasserhahn abstellte.

»Alles okay?«, rief Dwayne.

Die Täter gaben Fersengeld, und als Dwayne einen Blick aus dem Lager warf und Kevins bleiche Miene sah, rannte er ihnen sofort hinterher.

»Nein, Dwayne!«, rief Kevin. »Die sind bewaffnet!«

Dwayne ließ sich davon nicht aufhalten. Auf der Straße sah er, dass die zwei Teenager sich auf Fahrrädern aus dem Staub zu machen versuchten. Der eine war schon zu weit weg, aber der Junge mit der Waffe kam nicht richtig in die Pedale. Mit einem Hechtsprung riss Dwayne den Burschen vom Rad, und beide landeten auf dem Asphalt. Der Teenager hatte immer noch seine Waffe in der Hand, und plötzlich sah Dwayne die Mündung auf sein Gesicht gerichtet. Der Kerl drückte ab, aber aus dem Lauf kam nur eine harmlose Plastikkugel, die an Dwaynes Wange vorbeizischte – die Tunichtgute hatten unseren Laden allen Ernstes mit einer Druckluftpistole überfallen.

Dann begann Dwayne, den Jungen systematisch zu Brei zu schlagen, bis glücklicherweise ein Passant auftauchte und so lange auf Dwayne einredete, bis dieser endlich von dem Jungen abließ. Später stellte sich heraus, dass er dem Täter den Kiefer gebrochen und eine schlimme Risswunde im Gesicht zugefügt hatte, die vom Kinn bis zur Schläfe reichte und mit zweiundfünfzig Stichen genäht werden musste – daher auch das viele Blut.

»Der Mistkerl ist aus heiterem Himmel über mich hergefallen«, gab der Täter später bei der Polizei zu Protokoll. »Ich bin bloß auf meinem Rad die Straße entlang gefahren, und plötzlich kommt dieser Typ aus dem Deli und schlägt wie ein Irrer auf mich ein.« Seinen Komplizen machte die Polizei ein paar Tage später dingfest; beide hatten bereits eine ganze Reihe von Vorstrafen auf dem Kerbholz.

Mit Druckluftpistolen bewaffnete Bürschchen auf Fahrrädern – ein Witz, wäre da nicht diese scheußliche Blutlache gewesen. Noch Tage später frage ich mich, wie es möglich ist, dass jemand so viel Blut verlieren kann, ohne daran zu sterben.

Zweiundfünfzig Stiche. Gern hätte ich gesehen, wie der Täter in Handschellen abgeführt wird, aber er ist bereits auf dem Weg ins Krankenhaus. Ich bitte Dwayne, mir zu schildern, was genau passiert ist, erwarte, dass er mir die Umstände mit der üblichen Detailfreude unter die Nase reibt. Aber – und das ist das Erstaunlichste in dieser Nacht – Dwayne wirkt erschüttert, mit den Nerven völlig am Ende, als seien ihm derartige Gewaltausbrüche ebenso fremd wie ... nun ja, mir. Während ich mit ihm spreche, wischt er den Boden, als sei überhaupt nichts passiert, doch dann sehe ich, dass er vergessen hat, Reiniger ins Wasser zu geben.

»Dwayne, warum gehst du nicht einfach nach Hause? Ich kümmere mich um alles Weitere«, sage ich zu ihm.

Zunächst macht er einfach weiter, starrt unentwegt auf den Mopp, aber ich bestehe darauf, dass er für heute Schluss macht, und schließlich fügt er sich. Nachdem ich ihm noch ein Sixpack Heineken aufgenötigt habe, blicke ich ihm hinterher, wie er die Straße hinunterschlurft, eine einsame, seltsam verhuscht wirkende Gestalt, die mit gesenktem Kopf im Dunkel verschwindet.

***

Am nächsten Tag eröffnet uns Gab beim Abendessen: »Ich werde den Laden so schnell wie möglich zum Verkauf inserieren. Am liebsten schon morgen. Hat jemand etwas einzuwenden?«

Nein, niemand.

Es dauert nicht mal einen Monat, bis wir einen Käufer gefunden haben. Zunächst scheint eine Art ethnischer Paradigmenwechsel stattzufinden, denn alle potentiellen Käufer, die unseren Laden besichtigen, sind Bengalen – untersetzte Schnurrbartträger in Nadelstreifen, die grundsätzlich zu zweit auftreten, aber nicht bereit sind, den von Gab geforderten Preis zu zahlen, im Gegensatz zu einer koreanisch-amerikanischen Familie, die zehn Jahre nach den Paks in die Vereinigten Staaten gekommen ist. Die beiden Söhne, etwas jünger als Gab, wollen den Laden für ihre Eltern kaufen.

An unserem letzten Tag geht Gab zur Verbraucherschutzbehörde, um dort satte 1000 Dollar an Geldbußen zu bezahlen, was sie so lange wie möglich vor sich her geschoben hat. Anschließend fahren Gab, Kay und ich zu Jetro und kaufen bergeweise Toilettenpapier. Dann schließen wir den Laden früher als sonst, obwohl es weder einen Stromausfall noch einen Schneesturm gibt, versammeln uns zu dritt um die Registrierkasse und vertilgen schweigend das Essen, das wir uns vom Thai-Imbiss mitgebracht haben. Kunden hämmern gegen die Tür – »Lassen Sie mich rein!«, »Ich brauche einen Lottoschein!«, »Nur ein Tässchen Tee!«, »Können Sie einen Zwanziger wechseln?«, »Wo ist Preach?«. Aber wir tun so, als würden wir sie nicht hören.

Einmal Brooklyn, immer Brooklyn

Sechs Jahre ist es nun her, seit wir das Deli verkauft haben, und inzwischen habe ich so manches vergessen, etwa den Preis für eine Zwei-Liter-Dose Coors Light oder, wie man eine Lottomaschine bedient. Ab und zu laufen mir ehemalige Kunden auf der Straße oder in der U-Bahn über den Weg, und oft frage ich mich, woher ich die betreffende Person kenne. *War das eine ehemalige Kommilitonin? Eine frühere Kollegin? Quatsch, das war die Frau, die ihr Sandwich immer mit Roastbeef, Schmelzkäse und Ketchup wollte.* Gelegentlich mustern mich die Leute auch für einen Moment, doch die meisten schenken mir keinen zweiten Blick. In einem Amerika, in dem der soziale Zusammenhalt angeblich immer mehr verlorengeht, gehören Tante-Emma-Läden womöglich zu den letzten Orten, wo man sich nicht nur unter »seinesgleichen« bewegt. Trotzdem ist der Kontakt in aller Regel eher oberflächlich, und einen echten Freund habe ich in unserem Laden eigentlich nur einmal gefunden.

Eins aber habe ich nicht vergessen: wie viel Freude mir diese Arbeit bereitet hat. Sicher, Neun-Stunden-Schichten gehen an die Grenze der körperlichen und geistigen Belastbarkeit, und die Vorstellung, sich bis zum Sankt Nimmerleinstag derart abrackern zu müssen, ist etwa so anheimelnd wie ein ausgedehnter Aufenthalt im Gulag. Doch zumindest einer bedeutenden Definition zufolge – derjenigen, die Karl Marx in seinen *Ökonomisch-philosophischen Manuskripten aus dem Jahre 1844* formuliert hat, über die ich an der Uni bestimmt fünf Hausarbeiten verfasst habe – ist es im Grunde Balsam für die Seele, einen Deli zu betreiben. Marx war der Meinung, in der entfremdeten Arbeit im Kapitalismus könne sich der Mensch nicht selbst verwirklichen, niemals miterleben, wie die Früchte seiner Arbeit von der Gemeinschaft gewürdigt werden. Was sich auf unser Viertel ganz und gar nicht übertragen ließ: Auch wenn die alteingesessenen Anwohner mehr und mehr verdrängt wurden und viele neue Nachbarn ihr Quartier nur vorübergehend in Boerum Hill aufschlugen, bestand trotzdem reger Kontakt, insbesondere an jenen Abenden, wenn es bei uns so gerammelt voll war, dass es mir manchmal vorkam, als betrieben wir eine Feldstudie über verschiedene Mundgerüche. Keine Frage, in gewisser Weise waren auch wir nur Rädchen im kapitalistischen Getriebe, da wir schließlich keinen selbst geernteten Kaffee oder selbst gebackenen Kuchen im Angebot hatten, trotzdem fühlte ich mich nie wie ein menschlicher Automat, der darauf wartet, mit Münzen gefüttert zu werden. Die Arbeit war interessant und abwechslungsreich, und man benötigte durchaus ein gewisses Know-how, um alle Aufgaben bewältigen zu können. Jeden Tag erwarteten mich neue Herausforderungen, und zuweilen entwickelte der Job sogar eine geradezu transzendente Qualität.

Paradoxerweise waren es ebendiese glücklichen Erfahrungen, die mich schließlich davon überzeugten, dass ich nicht aus dem Holz eines echten Lebensmittelhändlers geschnitzt bin. Auch wenn ich meine Scheu vor Geschäftsdingen mittlerweile zu einem großen Teil abgelegt habe, hatte Kay von Anfang an recht: Ich mache mir einfach nichts aus Geld. Jedenfalls nicht genug. Und obwohl der gesunde Egoismus, den der Job in mir zutage förderte, keineswegs etwas Schlechtes war, machte es mir Sorgen, dass auch eine gewisse Paranoia damit einherging. Wer stets zuallererst an sich selbst denkt, traut irgendwann keiner Menschenseele mehr über den Weg. Aber am besten hatte es mir ja gefallen, erst einmal unvoreingenommen auf andere zuzugehen, und meine Offenheit wollte ich mir nicht nehmen lassen.

***

Bei der *Paris Review* lichteten sich die Reihen. Einige der Redakteure, die nach Georges Tod geblieben waren, kündigten schließlich, frustriert über das, was sich geändert oder auch nicht geändert hatte, und die übrigen wurden gegangen, darunter auch meine Wenigkeit. Neue Redakteure übernahmen, die meisten davon alt genug, um sich halbwegs in der Medienlandschaft auszukennen. Die Redaktionsräume wurden von den hübschen alten Villa in ein Bürogebäude an der 72. Straße Ost in Manhattan verlegt und Vertrieb und Werbung Profis überlassen – eine längst fällige Maßnahme, die sich sicher nicht negativ ausgewirkt hat. Trotzdem habe ich keine Ahnung, wie es um die *Review* steht, da ich es schlicht und einfach nicht über mich bringe, sie zu lesen. Ich werde schon neidisch, wenn ich nur daran denke, wie

irgendein neuer Redakteur ein paar Seiten mit unge-
wöhnlicher Rückadresse – Zook, Kansas, oder Justizvoll-
zugsanstalt, Auburn, NY – aus dem Stapel unverlangt
eingesandter Manuskripte zieht, zu lesen beginnt und
plötzlich weiß, dass er etwas ganz *Großes* entdeckt hat:
Erst beschleunigt sich der Herzschlag, dann fliegt der
Blick wie gebannt über die Zeilen, ehe man so im Text
versinkt, dass neben einem eine Bombe losgehen könnte, ohne dass man auch nur aufsehen würde, und dann
steht man wie elektrisiert auf, geht zu einem Kollegen,
nimmt ihm den Telefonhörer aus der Hand und sagt:
»Lies das mal.« Der Stapel unverlangt eingesandter
Manuskripte ist der beste Beweis, dass es nicht darum
geht, welche Creative-Writing-Kurse man besucht hat
oder welche Kontakte man hat – sondern ausschließlich
um den Text selbst. Merkwürdig, aber plötzlich fehlt mir
genau das, was ich immer am meisten gehasst habe.

∗∗∗

Wirklich angefreundet habe ich mich während meiner
Zeit als Deli-Inhaber eigentlich nur mit Dwayne, auch
wenn sich unsere Beziehung spürbar veränderte, nachdem wir das Geschäft verkauft hatten. Als Kollege war
er hundertprozentig zuverlässig gewesen. Bei unserem
ersten Zusammentreffen hatte er stolz verkündet, er
würde arbeiten wie ein Asiate, »nicht wie die Schwarzen«; er war nie krank, erschien stets pünktlich zur Arbeit (außer an dem Tag, an dem er sich eigenhändig den
Backenzahn gezogen hatte) und war jederzeit zu Hause
zu erreichen. Als Freund hingegen zeigte er sich von
einer völlig anderen Seite. Manchmal ließ er monatelang

nichts von sich hören, und wenn wir uns auf ein Bier verabredet hatten, versetzte er mich ein ums andere Mal. Und wenn er sich zwischendurch doch einmal telefonisch meldete, lag er mir stundenlang mit Geschichten über seinen neuen Job (er arbeitete jetzt als Rausschmeißer), seine neue Flamme (eine Bibliothekarin) und das neueste Mordinstrument in seinem Waffenarsenal (eine Art Armbrust, mit der man mehrere vergiftete Projektile auf einmal abschießen konnte, oder so ähnlich) in den Ohren. Und wie immer erging er sich in endlosen Details, doch konnte ich mich nicht des Gefühls erwehren, dass er mir irgendetwas verschwieg.

Doch auch wenn er es nicht preisgab, wusste ich, dass sein Leben aus den Fugen geraten war. Erst hatte er noch für die neuen Besitzer unseres ehemaligen Ladens gearbeitet, doch diese waren nicht mit ihm klargekommen und hatten ihn nach ein paar Monaten entlassen. Anschließend half er in einem Deli in der Nähe der Sozialsiedlung aus, in der er wohnte; schließlich aber wurde der Laden wegen illegalen Glücksspiels geschlossen. Vorübergehend arbeitslos, war er eine Zeitlang permanent auf Jobsuche, und eines Tages verabredete ich mich mit ihm im Ale House, einer Kneipe an der Atlantic Avenue, um mit ihm eine Empfehlung zu besprechen, die ich für ihn geschrieben hatte. Eine Stunde lang musste ich auf ihn warten, und als er endlich eintrudelte, hatte ich schon ein paar Bier getrunken; er erzählte, es schaffe es noch nicht mal, einen Mindestlohnjob zu ergattern, ließ sich jedoch nicht anmerken, wie sehr ihn das belastete.

»Vielleicht stelle ich mich einfach wieder an die Straße

und verticke, was gerade gefragt ist.« Er lachte. »So wie's meine Kumpels auch machen. *Back to the roots.*«

»Und was ist mit dem neuen Applebee's-Restaurant in den Atlantic Yards?«, fragte ich. »Da könntest du dich auf jeden Fall bewerben.«

»Sehe ich vielleicht wie 'n Mexikaner aus? Vergiss es.«

Dwayne schien sich keine Sorgen zu machen. Mir gefiel das Ganze allerdings gar nicht. Es war einfach nicht gerecht, dass jemand wie Dwayne – ein geschickter, fleißiger, zuverlässiger Kerl – keine Arbeit fand. Eigentlich hätten die Leute bei ihm Schlange stehen müssen, um sich seine vielfältigen Talente zu sichern; zumindest aber müsste es ihm doch möglich sein, einen Job in dem Viertel zu finden, in dem er sein ganzes Leben verbracht hatte.

»Warum eröffnest du nicht selbst ein Deli?«, fragte ich. »Du wärst dein eigener Herr, und irgendwie lässt sich bestimmt auch ein Kredit an Land ziehen. Was hältst du davon?«

Doch Dwayne hatte andere Ambitionen.

»Ich will kein Astronaut sein«, erwiderte er. »Ich will einfach bloß malochen, meine Kinder aufwachsen sehen und ansonsten meine Ruhe haben. Ich zieh das seit 36 Jahren so durch, und ich hänge weder an der Nadel noch sitze ich im Knast, und tot bin ich auch nicht. Das ist doch immerhin was, oder?«

Ein paar Wochen später rief ich wieder mal bei Dwayne an, doch eine Automatenstimme informierte mich darüber, dass der Anschluss abgeschaltet worden war. Als er sich vier Wochen später immer noch nicht wieder gemeldet hatte, fuhr ich nach Boerum Hill und fragte alle möglichen Leute, ob sie etwas über Dwaynes Verbleib wussten, doch erst Pedro, der Straßenklempner, konnte mir Genaueres sagen.

»Dwayne ist umgezogen«, erklärte er mir. »Der wohnt jetzt in Far Rockaway.«

»Far Rockaway?«, erwiderte ich ungläubig. »Dwayne ist nach Queens gezogen? Er wohnt nicht mehr *in Brooklyn?*« Das konnte doch wohl nicht wahr sein. Mir sträubten sich die Haare. Letzten Endes lief es auf dieselbe Dynamik wie mit Dwaynes Knarre hinaus: Niemand hatte alles so gut im Griff wie er, doch ebenso hatte kaum ein anderer die seltene Begabung, sich ohne Not in Schwierigkeiten zu bringen.

Dann, einen guten Monat später, rief er doch noch an. Sobald ich abgehoben hatte, redete er auf mich ein, als hätten wir uns erst gestern gesehen, erzählte, was er zum Frühstück gegessen und wie lange er am Vorabend auf den A-Train gewartet hatte, ließ sich lang und breit über eine Fernsehserie namens *Extreme Factor* aus, schwadronierte darüber, was für ein Leben er wohl führen würde, wenn er nur einen Arm hätte, und ...

»Dwayne!«, unterbrach ich ihn. »Wo hast du die ganze Zeit gesteckt? Wir haben uns Sorgen gemacht! Pedro meinte, du seist nach Queens gezogen.«

Damit schien ich einen wunden Punkt getroffen zu haben.

»Einmal Brooklyn, immer Brooklyn!«, blaffte er mich an. Dann aber räumte er ein, dass er sich »vorübergehend« eine Bleibe in Queens gesucht hatte. »Mein alter Vermieter wollte schon wieder mehr Geld«, erklärte er düster. »Aber egal, in der Smith Street gefiel es mir eh nicht mehr.« Die halbe Zeit verbrachte er bei seiner Freundin in der Bergen Street.

Im Großen und Ganzen klang er ganz okay. Aber eigentlich klang Dwayne immer okay, solange man nicht nachbohrte. Ich machte mir immer größere Sorgen um ihn. Im Laden hatte Dwayne oft sechzig Stunden die Woche heruntergerissen, und nun musste er Teilzeitjobs in der ganzen Stadt annehmen, um über die Runden zu kommen: in Coney Island, East Midtown, im West Village, sogar in Hempstead und Staten Island. Das Pendeln war gnadenlos. Vom Laden hatte er nur drei Blocks entfernt gewohnt, nun aß und schlief er die halbe Zeit in öffentlichen Verkehrsmitteln, was seinem ohnehin höchst ungesunden Lebenswandel (zwei Sixpacks Heineken pro Tag, eine Packung Newports, riesige Mengen an Fastfood, die dazu geführt hatten, dass er gut 20 Kilo über Normalgewicht lag) gewiss nicht förderlich war.

Und dazu kamen die Jobs selbst. Nach seinem Ausscheiden aus der Lebensmittelbranche hatte Dwayne die Gewalt zu seinem Beruf gemacht. Tagsüber jobbte er als Detektiv und Wachmann in verschiedenen Kaufhäusern, verschreckte Tunichtgute mit finsterer Miene oder verfuhr mit Dieben, wie er es seinerzeit bei dem Überfall auf unseren Laden getan hatte. Abends verdingte er sich als Rausschmeißer in Nachtclubs in Brooklyn und Queens. Als ich ihn einmal in einer Bar unterhalb des Brooklyn-Queens-Expressway besuchte, stand er draußen vor der Tür. Die Klientel der Klitsche bestand zum Großteil aus schwer angetrunkenen mittelamerikanischen Einwanderern, und ehrlich gesagt wirkte Dwayne selbst eher wie ein Trunkenbold als ein Aufpasser. In diesem Ambiente waren Schlägereien geradezu vorprogrammiert, und so kam es auch: Gegen eins ging ein Besoffener mit einem abgebrochenen Flaschenhals auf Dwayne los, mit dem Ergebnis, dass ihn seine Kumpels kurz darauf draußen vom Asphalt kratzen konnten. Es war eine gefährliche, blutige Tätigkeit, die obendrein auch noch mies bezahlt wurde.

Schlimmer aber fand Dwayne seinen Job als Schiedsrichter bei Baseballspielen der Little League, mit dem er sich noch ein kleines Zubrot verdiente.

»Diese verdammten Eltern gehen mir echt auf die Nüsse«, sagte er kopfschüttelnd. Er hatte so oft Ärger mit aufgebrachten Müttern und Vätern, dass er sich einen Pitbull zugelegt hatte, den er zu den Spielen mitnahm.

Aber offenbar schienen die drei Jobs nicht zu reichen, um ihm einen einigermaßen angenehmen Lebensstandard zu sichern.

»Einmal Brooklyn, immer Brooklyn!«, wiederholte er, wann immer es mir gelang, ihn aufzuspüren, selbst als er mit der Bibliothekarin Schluss gemacht hatte und mich aus Kingsbridge in der Bronx anrief, wo er einmal mehr »vorübergehend« abgestiegen war.

»Einmal Brooklyn, immer Brooklyn!«

Genau das brüllte er mir auch ins Ohr, als ich zum letzten Mal mit ihm telefonierte. Er wusste nicht genau, wo er sich gerade befand – er war in der S-Bahn eingeschlafen und hatte die Haltestelle verpasst, an der er eigentlich aussteigen wollte.

»Ich melde mich dann wieder«, sagte er mit müder Stimme.

Doch das tat er nicht. Ein halbes Jahr lang hatten wir

keinerlei Kontakt mehr. Schließlich suchte Gab eins der Kaufhäuser auf, für die er arbeitete, und fragte eine der Kassiererinnen, wo sie Dwayne finden könne. Als die Frau sich die Hand vor den Mund schlug und sich abwandte, wusste Gab Bescheid, und als kurz darauf der Abteilungsleiter mit der Todesanzeige erschien, liefen ihr bereits Tränen über die Wangen.

Dwayne war zwei Wochen zuvor gestorben.

Ein Aneurysma hatte ihn das Leben gekostet. Wie immer war er quer durch die Stadt von einem Job zum anderen, von seinen Kindern zu seiner Freundin (er hatte es noch einmal mit der Bibliothekarin versuchen wollen) gehetzt, und eines Abends hatte sein Körper nicht mehr mitgespielt – ein Blutgefäß war geplatzt und hatte eine Hirnblutung ausgelöst. Es war oben in der Bronx passiert; ein Freund hatte sofort den Notarzt gerufen, aber es war zu spät gewesen.

Alle sagten dasselbe über seine Beerdigung: So viele verschiedene Menschen hatte man nur selten auf einem Haufen gesehen – Alt und Jung, Schwarze, Weiße, Asiaten, Mexikaner. Alle waren sie gekommen. Doch selbst jetzt, neun Monate später, frage ich mich manchmal noch, wann er wieder anrufen wird.

***

Im selben Monat zogen Gab und ich aus dem Familienkeller aus. Zunächst hatten wir – so wie wohl jeder, der vorübergehend bei seinen Eltern oder Schwiegereltern einzieht – gedacht, unser Abstecher in die Nebelwelt des Souterrains würde lediglich ein paar Monate dauern, doch am Ende vergingen acht Jahre. Während jener Zeit zogen etwa ein Dutzend Verwandte von Gab ein und wieder aus; manche blieben Monate länger als vorgehabt, doch niemand so lange wie wir. Wir waren die Champions im Hotel Mama, die Sieger im Wohlfühlwettbewerb, und ab einem bestimmten Punkt glaubten wir wohl selbst nicht mehr daran, dass wir jemals den Absprung finden würden.

Dabei hatten wir es durchaus versucht. Sobald wir wieder einigermaßen flüssig gewesen waren, hatten wir uns nach einem passenden Apartment umgesehen, und einige Male waren wir drauf und dran, unsere Unterschriften unter einen Mietvertrag zu setzen, aber irgendwie kam stets etwas dazwischen. Das Schicksal war gegen uns, und irgendwann resignierten wir, verzichteten auf unsere Unabhängigkeit, ganz so, wie meine Eltern es befürchtet hatten.

Ein paar Monate, bevor wir den Laden verkauften, wurde Gab schließlich doch noch schwanger. Ein Jahr lang hatten wir es vergeblich versucht, und warum es nicht geklappt hatte, blieb letztlich ein Rätsel; dem Fruchtbarkeitstest zufolge hätte alles wie am Schnürchen laufen müssen, weshalb ich annahm, dass es sich tatsächlich um ein psychologisches Problem handelte. Als die Natur dann aber doch mitspielte, geschah es zum genau richtigen Zeitpunkt. Sobald der Laden verkauft war, hatten wir ein schönes finanzielles Polster, und mit Kay ging es auch wieder aufwärts – seit neun Monaten rauchte sie nicht mehr und hatte ihren Blutdruck mit Medikamenten und regelmäßigem Sport gesenkt. Und so hatten wir die perfekte Ausrede dafür, uns endlich wieder um unser eigenes Leben zu kümmern.

Aber wollten wir wirklich wieder unabhängig sein? Waren wir überhaupt noch dieselben Menschen wie damals, als wir unsere Freiheit genossen hatten? Hatte uns der Laden nicht verändert? Konnten wir nach so viel Drama, so viel Schmerz einfach an unsere frühere Existenz anknüpfen, als wäre nichts geschehen? Ich jedenfalls war nicht mehr derselbe. Keiner von uns war es.

Nachdem wir den Laden verkauft hatten, machte Kay eine Art depressive Phase durch. Zum ersten Mal in all den Jahren sprach sie davon, sich eine Auszeit von der Familie zu nehmen.

»Ich bin eine alte Frau«, sagte sie. »Ihr könnt eure Wäsche jetzt selbst machen.« Wenn meine Schwiegermutter während unserer Zeit als Tante-Emma-Laden-Besitzer etwas gelernt hatte, dann, dass auch sie nicht endlos belastbar war, und nun musste sie sich für Familie oder Arbeit entscheiden – beides ging nicht, wenn sie gesund bleiben wollte.

Im Herbst buchte sie einen Flug nach Los Angeles, um ihre älteste Schwester Kunimo zu besuchen. Am Abend zuvor verriet sie uns, dass sie länger bleiben würde, vielleicht sogar über den Geburtstermin unseres Kindes hinaus. Kunimo war kürzlich in ein Seniorenheim gezogen, und Kay überlegte, ob sie sich dort vielleicht ebenfalls ein Apartment nehmen sollte.

Doch aus dem Plan wurde nichts. Die anderen Bewohner des Seniorenstifts engagierten sich allesamt in der Gemeinde, doch nachdem Kay zwei Wochen lang Suppe an Obdachlose ausgeteilt und Müll vom Strand geklaubt hatte, nahm sie postwendend den nächsten Flug zurück, und kurz darauf war ihre düstere Stimmung wie weggeblasen. Sie erklärte uns, sie würde nicht wieder arbeiten gehen, und fragte, ob wir nicht doch bleiben wollten – so könne sie Gab besser mit dem Baby helfen.

Doch Gab war nicht mehr umzustimmen. In den vergangenen zwei Jahren hatte sie versucht, eine noch bessere Tochter zu sein, und sich tagaus, tagein für ihre kranke Mutter aufgerieben. Daher war sie der Meinung, dass sie es sich verdient hatte, ein unabhängiges Leben zu führen, ohne sich dauernd mit ihrem schlechten Gewissen herumplagen zu müssen.

Und dann war da noch ein Grund, endlich auszuziehen: *samchilil.*

Samchilil ist die traditionelle Wochenbettpflege, der sich Mütter in Korea zu unterziehen haben. Wie bei allem in der koreanischen Medizin geht es darum, eine Art Yin-und-Yang-Balance zwischen Heiß und Kalt herzustellen. Nachdem der Fötus den Mutterleib verlassen hat, gilt es der traditionellen Heilkunst zufolge, die verletzliche junge Mutter unter allen Umständen vor Kälte zu schützen; ihr Körper braucht konstante Wärmezufuhr von innen und außen, um Knochenerweichung, Karies und Vitaminmangel zu vermeiden. Und so müssen die frischgebackenen Mütter drei Wochen lang unter mehreren Decken in einem überheizten Zimmer ausharren und bekommen ausschließlich dampfende Schalen mit Algensuppe zu essen, dazu täglich mehrere Gläser »Hirschsaft« – gemahlenes Hirschgeweih mit beißend riechenden Heilkräutern. Sie dürfen nicht duschen, nicht lesen (weil es angeblich den Augen schaden soll) und nichts zu sich nehmen, das schwerer als Babynahrung ist.

»Absolut lächerlich«, sagte Gab kopfschüttelnd, ob-

wohl sie Kays Glauben an die althergebrachten Heilme-
thoden normalerweise nicht in Frage stellte. »Das ist
doch bloß Hokuspokus.« Ich schob es auf ihre schlechte
Stimmung, da ihre Schwangerschaft alles andere als
leicht verlief – im achten Monat wog sie zwanzig Kilo
mehr, hatte also fast ein Drittel ihres sonstigen Körper-
gewichts zugelegt. Doch als Kay aus Los Angeles zurückkam und anfing, schon mal die Zutaten für die Algensuppe und den Hirschsaft zu bestellen, schob Gab dem
Treiben schnell einen Riegel vor.

»Wir müssen auf jeden Fall vor der Geburt umziehen«,
sagte sie. »Drei Wochen ohne Dusche kommt überhaupt
nicht in Frage!«

Erst dachte ich, ich hätte mich verhört. Jahrelang hatte Gab klaglos riesige Gläser Hirschsaft heruntergewürgt,
die ihr alle naselang von ihrer Mutter aufgezwungen
wurden, und nicht ein einziges Mal hatte sie auch nur
den geringsten Widerstand geleistet, während ich mich
stets lieber ins Nebenzimmer verabschiedete, da mir
allein der Geruch den Magen umdrehte.

Nun aber schien Gab selbst entscheiden zu wollen,
was das Beste für sie war. Sie sagte Kay, dass wir ausziehen würden, und Kay bestellte, wenn auch zögernd, die
Zutaten für ihren Hirschsaft ab. Kurz darauf machten
Gab und ich uns erneut auf die Suche nach einer Wohnung, bevorzugt in Bay Ridge oder Sunset Park. Wir
standen kurz davor, einen Mietvertrag für ein Apartment
in Bushwick zu unterzeichnen, als sich – *Wham-o!* –
urplötzlich wieder Gabs schlechtes Gewissen meldete.

»Ich schaffe es nicht«, sagte sie leise, als wir in einem
mexikanischen Restaurant in Park Slope saßen. Sie hatte

wieder einmal über *samchilil* nachgedacht und fragte sich, ob sie nicht doch zu schroff gewesen war. »Was, wenn meine Mutter recht hat?«

»Du glaubst also, dass du weiche Knochen kriegst, wenn du nicht drei Wochen lang Hirschsaft trinkst?«, fragte ich leicht genervt.

»Meine Mutter kennt Frauen, denen genau das passiert ist«, erwiderte Gab abwehrend.

»Und deshalb willst du drei Wochen wie eine Mumie verbringen? Ohne Dusche? Und in eine Bettpfanne pinkeln?«

Gab sah mich betroffen an. »Du verstehst es nicht.« Sie senkte die Stimme. »Ich höre sie überall.«

»Wen?«

»Die Stimmen von meiner Mutter und Emo. Ich sage mir zwar dauernd, dass ich recht habe, aber dann muss ich wieder an unser Baby denken. Wenn ich krank werde, wer soll sich dann um unsere Kleine kümmern? Wer soll ihr geben, was sie braucht, sie in den Schlaf singen und ...« Sie schwieg einen Augenblick. »Außerdem will ich keine schlechten Zähne«, fügte sie kleinlaut hinzu.

Nachdem sie mir auf diese Weise unterbreitet hatte, zu welcher Entscheidung sie gelangt war, besserte sich ihre Laune schlagartig. Sie winkte den Kellner zu sich und bestellte noch eine Vorspeise. »Irgendwas Leckeres, mit Käse überbacken.«

»Aber eins ist dir doch hoffentlich klar«, sagte ich so nachdrücklich wie möglich. »Wenn wir bei deinen Eltern wohnen bleiben, können wir den Umzug gleich ganz vergessen. Wenn das Baby erst einmal da ist, dauert es wahrscheinlich zwei, drei Monate, bis du wieder auf den

Beinen bist, und sobald dein Mutterschaftsurlaub vorbei ist, sind wir auf deine Mutter angewiesen. Und wenn sie die Kleine so richtig ins Herz geschlossen hat, haben wir überhaupt keine Chance mehr, uns etwas Eigenes zu suchen.« Ich beugte mich über den Tisch und fixierte sie mit dem eindringlichsten Blick, den ich wahrscheinlich je zustande gebracht hatte – und einen Moment lang schien es tatsächlich zu funktionieren. Mit geweiteten Augen sah Gab mich an, für ein paar Sekunden wirkte sie wie erstarrt, doch dann spielte ein Lächeln um ihre Lippen.

»Ich weiß«, sagte sie fröhlich. Sie schien überhaupt nicht verstanden zu haben, worauf ich hinauswollte, und richtete den Blick auf den Kellner, der mit der nächsten Vorspeise heraneilte.

»Hast du etwa vergessen, wie frustrierend es ist, nie ein Privatleben zu haben?« Um ein Haar hätte ich mit der Faust auf den Tisch gehauen. »Hast du vergessen, wie oft wir uns gewünscht haben, endlich wieder einmal für uns sein zu können?« Dann legte ich richtig los, rieb ihr jede einzelne Situation unter die Nase, die mich über all die Jahre an den Rand des Wahnsinns getrieben hatte.

Bis mir schließlich der Atem ausging. Gab wischte sich einen Fettspritzer vom Kinn.

»Kannst du das beweisen?«, erwiderte sie. »Mag ja sein, dass du es so gesehen hast, aber irgendwie habe ich all das ganz anders in Erinnerung.«

Im selben Augenblick ging mir auf, dass Gab und Kay keine Chance hatten, sich aus ihren Lebensmustern zu befreien. Obwohl ihnen bewusst war, dass sie in einer

Sackgasse saßen, hielten sie es letztlich nicht für notwendig, etwas an ihrer Lage zu ändern. Und in gewisser Weise beneidete ich sie darum. Als wir wieder zu Hause waren, eröffnete Gab ihrer Mutter, dass wir nun doch bleiben würden, und bat sie, alles vorzubereiten, was für *samchilil* nötig sei.

***

Und so widmeten wir uns dem einzigen Unterfangen, das für eine Familie noch gefährlicher ist als das gemeinsame Betreiben eines Tante-Emma-Ladens: dem Leben mit einem Kind. Wie erfahrene Eltern nur allzu genau wissen, kriegt man sich, sobald es um Kindererziehung geht, plötzlich bei jeder scheinbar noch so belanglosen Entscheidung unweigerlich in die Haare. Mit einem Mal ist alles von Bedeutung, geht es dauernd um Leben und Tod, um nichts weniger als die *Zukunft*. Und je mehr Leute sich bei der Erziehung einmischen, desto unklarer wird, wie besagte Zukunft überhaupt aussehen soll, ganz zu schweigen davon, dass die Ansichten darüber in unserer Familie so weit auseinander liegen wie, nun ja, Boston und Seoul. In gewisser Weise ging es um dieselben Streitpunkte wie seinerzeit im Laden: um Zuständigkeiten, Gewohnheiten, gegensätzliche Anschauungen. Fernsehen, Süßigkeiten, Plastikspielzeug – plötzlich bekam jede noch so läppische Frage eine kosmische Tragweite, und mit einem Mal schien auch Kay wieder genau zu wissen, was sie wollte – und sei es nur, alles dafür zu tun, dass unsere Kleine groß und stark würde.

Tja, und genau darum geht es mir auch. Gar keine

Frage, meine kleine Exkursion in die Welt des Einwanderer-Unternehmertums hat mir nicht zuletzt meine eigenen Werte, Neigungen und Überzeugungen neu bewusst gemacht – und nicht zuletzt geholfen, sie in Frage zu stellen. Mit dem Ergebnis, dass mir nun ein Schurke aus einem Achtziger-Jahre-Ski-Film entgegenblickt, wenn ich in den Spiegel sehe: Seit unserer Zeit als Deli-Inhaber kleide ich mich wie einer dieser Burschen, die lange Schals über weißen Rollkragenpullovern und schnittigen Blazern tragen. Mir ist bewusst, dass ich meiner protestantischen Vergangenheit nie entkommen würde, und habe meinen Frieden damit gemacht. Auf dem großen Ausflug in die Zukunft werde ich den Bremser geben, den Mahner, der im Kino um Ruhe bittet, nach wie vor ein unheilbar zögerlicher, übervorsichtiger, hoffnungslos introvertierter Kontrollfreak, dem der Stock so tief im Hintern sitzt, dass er ihm beinahe aus dem Mund herausschaut, aber es stört mich nicht mehr. Schimpfen Sie mich ruhig einen Ja-Sager, aber wenn mir Kay und George (die doch letztlich nichts mit mir gemeinsam haben, oder?) etwas bewusst gemacht haben, dann a), dass sie genau zu wissen scheinen, wer sie sind, und b), ihnen jene Erkenntnis das Selbstvertrauen gegeben hat, in einem völlig fremden Land ihr Glück zu machen. Zugegeben, das Betreiben eines Deli-Ladens in Brooklyn lässt sich nicht damit vergleichen, was sie erlebt haben – es war weder ein großes Abenteuer noch ein Selbstfindungsversuch, sondern eher ein zufälliger Abstecher auf komplett unbekanntes Terrain. Doch für jemanden wie mich, der lange kein besonders ausgeprägtes Selbstbewusstsein gehabt hat, war es eine gute, wenn nicht die perfekte Möglichkeit, endlich das nötige Vertrauen in sein eigenes Ich zu erlangen. Und dafür kann ich Kay, George und Dwayne weiß Gott nur dankbar sein.

Und jetzt werde ich erst mal ein paar Butterkekse knabbern. Tolle Sache, so ein Laden. Unser Vorrat reicht für ein ganzes Leben.

Danksagung

Während meiner langjährigen Arbeit an diesem Buch habe ich gelegentlich Interviews mit einigen der handelnden Personen geführt. Einmal besuchte ich ein altes Brooklyner Original names Carmine Cincotta, der einen Gemüsestand an der Court Street betrieb. Als ich ihm erzählte, dass ich an einem Buch schrieb, lachte er.

»Aha. Sie haben also den Laden gekauft, um ein Buch schreiben zu können, stimmt's? Geben Sie's zu.«

Was mich ins Grübeln brachte. War es möglich, dass ich mir über meine eigenen Motive nicht im Klaren war? Wie auch immer: Wahr ist, dass ich zu der Zeit, als wir das Deli kauften, mit einem ganz anderen Projekt – einer journalistischen Arbeit – beschäftigt war und im Traum nicht daran gedacht hätte, meine Abenteuer im Einzelhandel zu einem Buch zu machen. Folglich begann ich überhaupt erst etwas aufzuschreiben, als wir den Laden schon eine ganze Weile hatten, was mir die Schreibarbeit später nicht gerade erleichterte – es entpuppte sich als ziemlich schwierig, all die lebhaften und schmerzhaften Erinnerungen auseinanderzuhalten, zu rekapitulieren, was sich wann und wo im Detail ereignet hatte. Theoretisch hätten mir Gab und Kay sicher im einen oder anderen Fall auf die Sprünge helfen können – tja, aber jeder erinnert sich eben anders oder manchmal auch überhaupt nicht mehr.

Letztlich ging es mir darum, meine Erfahrungen und Gefühle festzuhalten, vor allem aber wollte ich mit größtmöglicher Wahrhaftigkeit schildern, inwiefern ich mich während dieser Zeit verändert hatte. Zu diesem Zweck musste ich an der einen oder anderen Stelle, wenn auch nur geringfügig, von den tatsächlichen Ereignissen abweichen. Einige Dialogpassagen sind mehr oder minder nachempfunden, und hier und da habe ich die Chronologie der Ereignisse ein klein wenig zurechtgerückt. Einige Nebenfiguren tragen Charakterzüge mehrerer tatsächlich existierender Personen. Außer im Falle von Familienmitgliedern, Personen des öffentlichen Lebens und Dwayne wurden die Namen sämtlicher Figuren und Firmen, mit denen wir in Geschäftsbeziehung standen, geändert.

Von all den vielen Büchern, deren Lektüre mich beeinflusst hat, haben mich folgende besonders inspiriert: *Albion's Seed* von David Hackett Fischer, *Changes and Conflicts: Korean Immigrant Families in New York* von Pyong Gap Min und *Old Money* von Nelson Aldrich. Mein tief empfundener Dank gilt nicht zuletzt meiner Agentin Gillian Blake, Heather Schroder und meiner Familie.

Murat Topal

Der Bülle von Kreuzberg

Aus dem Leben eines deutsch-türkischen Polizisten
Originalausgabe

ISBN 978-3-548-37291-4
www.ullstein-buchverlage.de

Dönerwetter: Türke und deutscher Polizist – geht das?
Jawohl, sagt sich Murat Topal und beschreitet mit
orientalischer Inbrunst die Laufbahn als Ordnungs-
hüter. Selbst von der schweißtreibenden Ausbildung an
Sturmgewehr und Schreibmaschine lässt er sich nicht
beirren. Endlich wird er Wachtmeister – ausgerechnet in
Kreuzberg, einer Hochburg schlagfertiger Barbesucher
und multikultureller Gesetzesbrecher. Mit jedem neuen
absurden Einsatz wird ihm klar: Der Polizeialltag ist die
perfekte Ausbildung für eine ganz andere Karriere: die
eines Comedians!

»Der Star am deutsch-türkischen Comedy-Him-
mel« *Welt online*

»Murat Topal spielt in der ersten Liga der Comedians.« *Berliner Morgenpost*

ullstein

US348